TABI CONTENTS
旅コンテンツ
完全セレクション

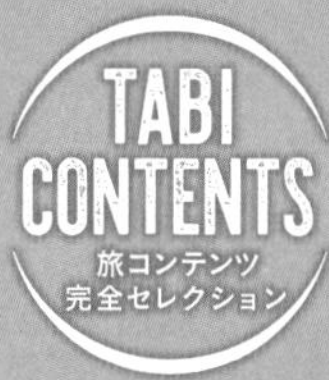

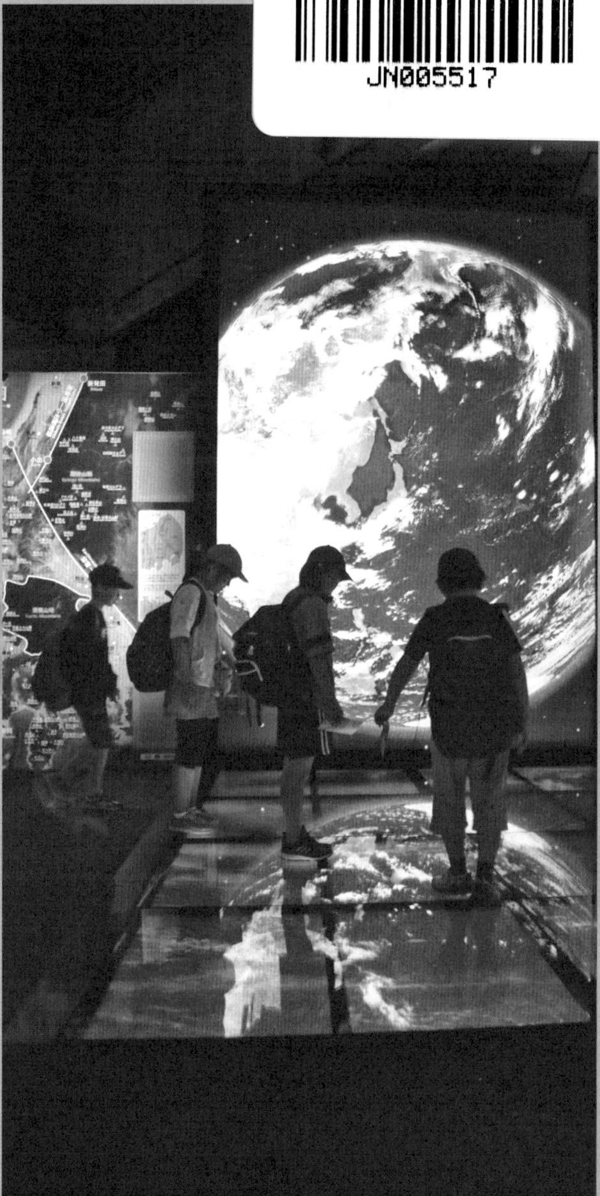

心躍る
博物館

Big fun museums

膨大なモノたちの物語を聴く

**時の流れを刻んだモノたち、未来を告げるモノたち。
静寂の館内に、モノたちの話し声ばかりが騒がしい。**

イタリアのルネサンス期、メディチ家の中庭に置かれた古代の彫刻コレクションを見て、ミケランジェロが学んだという逸話があるが、このことと、同時代人コロンブスのアメリカ大陸発見は無関係ではない。メディチ家では、古代の彫刻などとともに、彼らが新大陸から持ち帰った工芸品などを展示していたらしい。欧州各国は植民地化したアジアやアフリカからモノを集め、展示した。ナポレオンが遠征先から運んだモノたちは今もルーヴル美術館が展示する。

旺盛なモノの渉猟とコレクション、その展示が「博物館」という施設に結実する。伝統は古代ギリシアやエジプトにもあり、ミュージアムの語源は古代ギリシア語のムセイオンだという。

日本では寺社のコレクションから始まったようだ。正倉院の宝物殿などがそれで、飛鳥·奈良時代のこと。近代になると「博物館」がかたちを成してくるが、きっかけは幕末の使節団だ。彼らは大英博物館やロンドン万博を見学。「博物館」の名称は随行した福沢諭吉が作ったらしい。明治·大正になると博物館は続々と誕生。現在の東京国立博物館や国立科学博物館の前身は明治初期だ。

国内最長の歴史を誇る博物館

東京国立博物館(P8)

モノの保護と展示は、文化の継承にほかならない。ミケランジェロが古代に学び、創作に生かしたのは身をもって文化を継承したのだと言える。博物館に展示されたモノを見るとき、私たちは文化の流れのなかに身を置いている。文化は多彩だから、博物館も多彩になる。その数だけ文化の流れがあると言っていいだろう。モノはただそこにあるだけではない。どんなモノにも背後には必ず固有の歴史があり、いわれがある。博物館を訪れるのは、モノたちが語りたがっている物語を聴きにいくためだ。

歴史をつくった名品が集合

セイコーミュージアム銀座(P44)

ノリタケの森 ノリタケミュージアム(P56)

CONTENTS

心躍る博物館

3大国立博物館 P8

東京国立博物館 東京 …… 8
奈良国立博物館 奈良 …… 22
京都国立博物館 京都 …… 28
3大国立博物館のミュージアムグッズ …… 36
九州国立博物館 …… 37

7大企業博物館 P38

INAXライブミュージアム 愛知県 …… 38
セイコーミュージアム銀座 東京都 …… 44
ミキモト真珠島 三重県 …… 48
トヨタ産業技術記念館 愛知県 …… 52
ノリタケの森 ノリタケミュージアム 愛知県 …… 56
資生堂 企業資料館 静岡県 …… 60
ニッカウヰスキー余市蒸溜所 北海道 …… 66
企業博物館内のレストラン …… 70

資生堂 企業資料館(P60)

考古・民族 P71

長崎市恐竜博物館 長崎県 …… 72
玄武洞ミュージアム 兵庫県 …… 78
野尻湖ナウマンゾウ博物館 長野県 …… 80
茅野市尖石縄文考古館 長野県 …… 82
山梨県立考古博物館 山梨県 …… 84
熊本県立装飾古墳館 熊本県 …… 85
土井ヶ浜遺跡・
人類学ミュージアム 山口県 …… 86
兵庫県立考古博物館 兵庫県 …… 88
大阪府立近つ飛鳥博物館 大阪府 …… 90
ウポポイ(民族共生象徴空間) 北海道 …… 92
平取町立二風谷アイヌ文化博物館 北海道 …… 96
国立民族学博物館 大阪府 …… 98
古代エジプト美術館 東京都 …… 102
古代オリエント博物館 東京都 …… 104

科学・宇宙・天文 P109

JAXA筑波宇宙センター 茨城県 …… 110
宇宙科学博物館
コスモアイル羽咋 石川県 …… 114
国立科学博物館 地球館 東京都 …… 118
日本科学未来館 東京都 …… 122
名古屋市科学館 愛知県 …… 124
明石市立天文科学館 兵庫県 …… 126

玄武洞ミュージアム(P78)

自然 P131

国立科学博物館 日本館 東京都 …… 132
北海道立
オホーツク流氷科学センター 北海道 …… 136
フォッサマグナミュージアム 新潟県 …… 138
年縞博物館 福井県 …… 140
静岡県富士山世界遺産センター 静岡県 …… 142
フジヤマ ミュージアム 山梨県 …… 144
TAKAO 599 MUSEUM 東京都 …… 146

歴史・文化・暮らし P161

奈良県立万葉文化館 奈良県 …… 162
宇治市源氏物語ミュージアム 京都府 …… 164
鎌倉歴史文化交流館 神奈川県 …… 166
泰巖歴史美術館 東京都 …… 168
岐阜関ケ原古戦場記念館 岐阜県 …… 172
徳川美術館 愛知県 …… 174
江戸東京たてもの園 東京都 …… 176
北海道開拓の村 北海道 …… 182
博物館 明治村 愛知県 …… 184
海洋文化館 沖縄県 …… 190
鳥羽市立 海の博物館 三重県 …… 192
竹中大工道具館 兵庫県 …… 194

博物館 明治村(P184)

0円で開く学問の扉！ 大学博物館 P150

東京農業大学「食と農」の博物館 東京都 …… 150
JPタワー 学術文化総合ミュージアム
インターメディアテク 東京都 …… 152
駒澤大学禅文化歴史博物館 東京都 …… 154
明治大学博物館 東京都 …… 156
北海道大学総合博物館 北海道 …… 158
東京大学総合研究博物館 東京都 …… 160
佛教大学宗教文化ミュージアム 京都府 …… 160

未知との遭遇！ ユニーク博物館 P198

博物館 網走監獄 北海道 …… 198
日本の鬼の交流博物館 京都府 …… 200
伊賀流忍者博物館 三重県 …… 202
天童市将棋資料館 山形県 …… 203
大谷資料館 栃木県 …… 204
白井そろばん博物館 千葉県 …… 206
漢検 漢字博物館・図書館
漢字ミュージアム 京都府 …… 207
目黒寄生虫館 東京都 …… 208

親子で行きたい！ エンタメ充実ミュージアム P222

カップヌードルミュージアム 横浜 神奈川県 …… 222
岩下の新生姜ミュージアム 栃木県 …… 224
マヨテラス 東京都 …… 226
海洋堂フィギュアミュージアム
黒壁 龍遊館 滋賀県 …… 227
ミツカンミュージアム 愛知県 …… 228
森永エンゼルミュージアム
MORIUM 神奈川県 …… 229
グリコピア神戸 兵庫県 …… 230

食・飲料 P209

月桂冠大倉記念館 京都府 …… 210
ふじのくに茶の都ミュージアム 静岡県 …… 214
サッポロビール博物館 北海道 …… 216
京の食文化ミュージアム・あじわい館 京都府 …… 218
京菓子資料館 京都府 …… 219

工芸・日用品 P231

佐賀県立九州陶磁文化館 佐賀県 …… 232
国立工芸館 石川県 …… 234
多治見市モザイクタイルミュージアム 岐阜県 …… 236
石川県輪島漆芸美術館 石川県 …… 238
浜松市楽器博物館 静岡県 …… 239
ニコンミュージアム 東京都 …… 240
松本市時計博物館 長野県 …… 242
柳宗理デザイン研究所 石川県 …… 243
刀剣博物館 東京都 …… 244
岐阜関刃物会館 関の刃物直売所 岐阜県 …… 245
世界のカバン博物館 東京都 …… 246

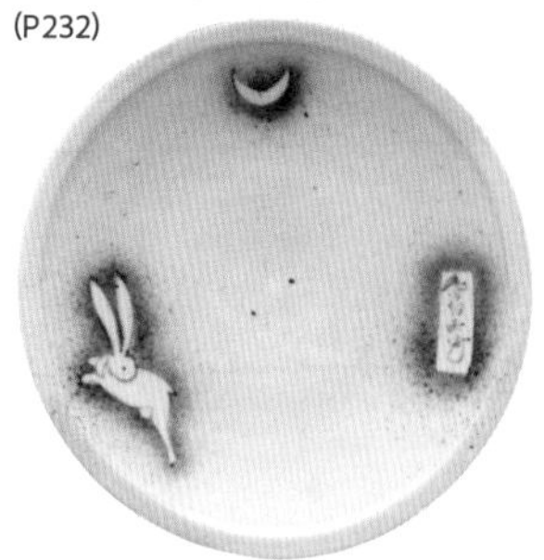

佐賀県立九州陶磁文化館
(P232)

交通・インフラ P251

鉄道博物館 埼玉県 …… 252
京都鉄道博物館 京都府 …… 256
日本自動車博物館 石川県 …… 258
岐阜かかみがはら航空宇宙博物館 岐阜県 …… 262
航空科学博物館 千葉県 …… 264
神戸海洋博物館 兵庫県 …… 265
がすてなーに ガスの科学館 東京都 …… 266
門司電気通信レトロ館 山口県 …… 268

植物・生物・動物 P275

名和昆虫博物館 岐阜県 …… 276
NARA KINGYO MUSEUM
奈良金魚ミュージアム 奈良県 …… 280
太地町立くじらの博物館 和歌山県 …… 284
ほたるいかミュージアム 富山県 …… 286
越前がにミュージアム 福井県 …… 287
我孫子市鳥の博物館 千葉県 …… 288
奥州市 牛の博物館 岩手県 …… 290
馬の博物館 神奈川県 …… 292
牧野富太郎記念館 高知県 …… 294
さいたま市大宮盆栽美術館 埼玉県 …… 298

鉄道博物館(P252)

京都国際マンガミュージアム（P324）

信仰・祭り P303

式年遷宮記念 せんぐう館 三重県 …… 304
島根県立古代出雲歴史博物館 島根県 …… 306
半蔵門ミュージアム 東京都 …… 308
千光寺円空仏寺宝館 岐阜県 …… 310
立山博物館 富山県 …… 312
観蔵院 曼荼羅美術館 東京都 …… 314

メディア・娯楽・スポーツ P317

アドミュージアム東京 東京都 …… 318
SKIP シティ 彩の国ビジュアルプラザ
映像ミュージアム 埼玉県 …… 322
京都国際マンガミュージアム 京都府 …… 324
豊島区立
トキワ荘マンガミュージアム 東京都 …… 326
川崎市 藤子・F・不二雄ミュージアム 神奈川県 …… 328
日本オリンピックミュージアム 東京都 …… 329
札幌オリンピックミュージアム 北海道 …… 330

式年遷宮記念 せんぐう館（P304）

COLUMN 先駆者たちの足跡

日本の考古学・博物学・鉱物学の先駆け
木内石亭 …… 108
江戸の天文学者
間重富 …… 130
日本のエジソン
藤岡市助 …… 274
エコロジストの先駆者
南方熊楠 …… 302

エリア別博物館リスト …… 334
博物館マップ …… 340
索引 …… 348

本書のご利用にあたって

- 本書中のデータは2023年1～2月現在のものです。料金、営業時間、休業日、メニューや商品の内容などが、諸事情により変更される場合がありますので、ご利用の際は事前にご確認ください。
- 本書に紹介した施設、ショップ、レストランなどとの個人的なトラブルに関しましては、当社では一切の責任を負いかねますので、あらかじめご了承ください。
- 開館時間、営業時間は実際に利用できる時間を示しています。ラストオーダー（LO）や最終入館の時間が決められている場合は別途表示してあります。
- 各施設の開館・営業時間は、変更される場合がありますので、ご利用の際は公式HPなどで事前にご確認ください。また、新型コロナウイルス感染症予防対策のため従来と異なる場合があり、今後の推移により変更される場合があります。
- 休業日に関しては、基本的に定休日のみを記載しており、年末年始の休業は原則として記載していません。特に記載のない場合でもゴールデンウィーク、夏季などに休業することがあります。
- 料金は消費税込みの料金を示していますが、変更する場合がありますのでご注意ください。また、入館料などについて特記のない場合は個人で訪れた場合の大人料金のみを示しています。
- 交通表記における所要時間、最寄り駅からの所要時間は目安としてご利用ください。

データの見方

☎ 電話番号 所 所在地 開 開館／開園／開門時間
営 営業時間 休 定休日 料 料金 P 駐車場

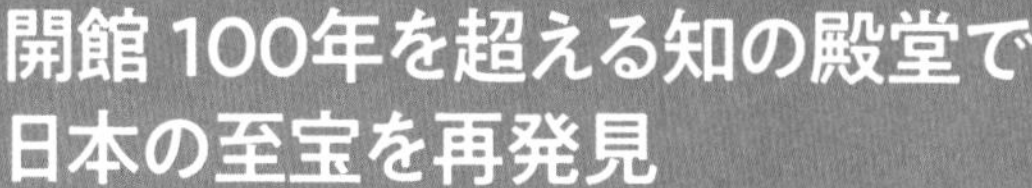

開館100年を超える知の殿堂で
日本の至宝を再発見

3大国立博物館

Special Feature 1

明治時代、博覧会の開催を契機に発足した東京国立博物館、
仏教美術を中心に文化財の収集・保管・調査研究を行う奈良国立博物館、
伝統文化を国内外へ広く発信し続ける京都国立博物館、
日本を代表する3館の魅力を収蔵品とともに詳細解説。

大正天皇の御成婚を記念して建設が計画、明治42年(1909)に開館した表慶館。明治時代を代表する洋風建築として重要文化財に

日本で最も長い歴史を誇る博物館

東京国立博物館

とうきょうこくりつはくぶつかん

東京都台東区

89件の国宝を含む 国内最大級のアーカイブ

明治5年(1872)に開催された文部省博覧会の開幕をきっかけに文部省博物館として発足した国内で最も長い歴史を持つ博物館。日本を中心に広くアジア諸地域にわたる約12万件の、国宝・重要文化財を含む有形文化財を収蔵、その魅力を世界へ発信しつつ、未来へと継承する使命を担う。6館からなり、本館では彫刻、陶磁、刀剣などのほか、縄文時代から江戸時代までの日本美術を展示。東洋館では中国、朝鮮半島、東南アジアなどの美術と工芸、考古遺物が見られる。このほか、平成館、法隆寺宝物館、表慶館、日本近代画家の黒田清輝の作品を展示する黒田記念館がある。

DATA & ACCESS

☎050-5541-8600(ハローダイヤル) 所東京都台東区上野公園13-9 開9:30～17:00(最終入館16:30) 休月曜(祝日、休日の場合は翌平日) 料1000円 交JR山手線・上野駅から徒歩10分 Pなし

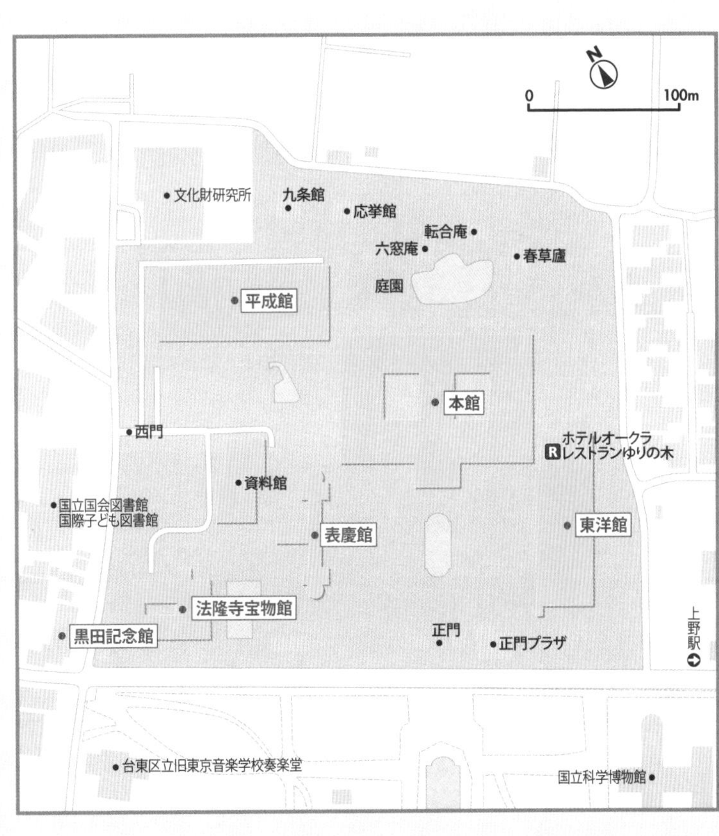

国宝89件、重要文化財649件、収蔵総数12万件

東京国立博物館の至宝セレクション ＜原始時代～古代編＞

重要文化財

しゃこうきどぐう
遮光器土偶
青森県つがる市木造亀ヶ岡出土
縄文時代(晩期)・前1000～前400年

縄文晩期のもので日本で最も有名な土偶のひとつ。極端に大きな目の表現が遮光器(北極圏で用いられたスノーゴーグル)に似ていたことからこの名がつけられた。

国宝

へんぺいちゅうしきどうたく
扁平鈕式銅鐸
伝香川県出土
弥生時代(中期)・前2～前1世紀

鋸歯文(きょしもん)、斜格子文(ななめごうしもん)、渦文(うずもん)で各部が装飾され、土器や木器とも共通する文様が多い。儀礼用と考えられ、神聖な意味を持つともいわれている。

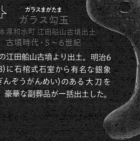

国宝

ガラスまがたま
ガラス勾玉
熊本県和水町 江田船山古墳出土
古墳時代・5～6世紀

熊本県の江田船山古墳より出土。明治6年(1873)に石棺式石室から有名な銀象嵌銘(ぎんぞうがんめい)のある大刀をはじめ、豪華な副葬品が一括出土した。

国宝

きんせいみみかざり
金製耳飾
熊本県和水町 江田船山古墳出土
古墳時代・5～6世紀

上の勾玉同様に江田船山古墳から出土した2つの耳飾り。1つは純金製で、ハート型の飾りが二枚重ねに。揺れると美しく光を反射する。もう1つは、チェーンが3つ連なったデザイン。チェーンの先には青色のガラス玉も付いている。

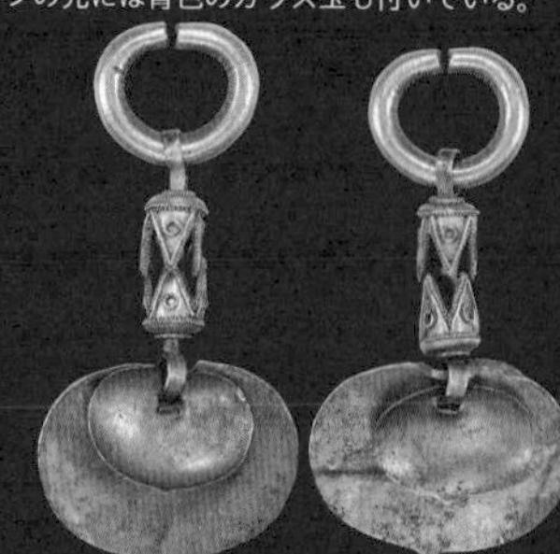

国宝

りゅうしゅすいびょう
竜首水瓶
飛鳥時代・7世紀

水瓶の天馬は中国唐時代と朝鮮の百済の美術の影響を受け、日本で製作されたと考えられている。長い首、下膨れの胴、把手を備えた水差しは、古代イランの地に栄えたササン朝ペルシャが源流。

国宝

埴輪 挂甲の武人(はにわけいこうのぶじん)

群馬県太田市飯塚町出土
古墳時代・6世紀

全身を甲冑で固め、大刀と弓矢をもつ勇ましい人物埴輪。6世紀の東国の武人の姿を知ることができる貴重な資料。

国宝

普賢菩薩像(ふげんぼさつぞう)

平安時代・12世紀

白い象に乗り、両手を体の前で合わせた姿で描かれている普賢菩薩。平安時代、法華経の教えをまとめた経典が篤く信仰され、普賢菩薩はこの法華経を信じる人のもとに現れ、護るとされた。

国宝

扇面法華経冊子(せんめんほけきょうさっし)

平安時代・12世紀

扇面に法華経を写した装飾経。表紙には法華経を守護する十羅刹女(じゅうらせつにょ)が、文字の下には経典の内容とは結びつかない、貴族や庶民の営みが濃彩のやまと絵で描かれている。

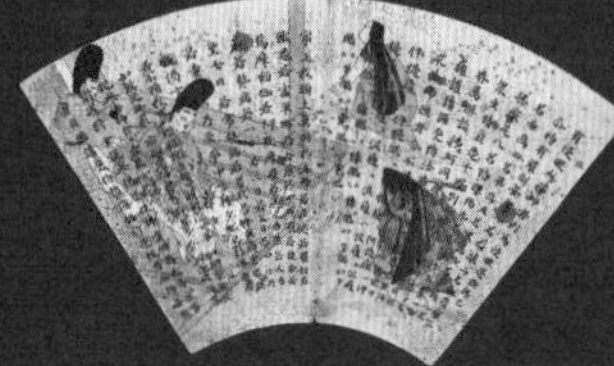

重要文化財

不動明王立像(ふどうみょうおうりつぞう)

平安時代・11世紀

巻き髪で、左肩に弁髪を垂らし、右目を見開き、左目は細め、右下牙で上唇を、左上牙で下唇を噛む姿は、9世紀末に成立し、流行した不動明王のスタイル。

国宝

水滴(すいてき)

中国・唐時代
または奈良時代・8世紀

水滴と匙、墨をのせる台からなる日本最古の文房具。聖徳太子が法華義疏(ほっけぎしょ)を撰したときに使用したとの伝承がある。

国宝

墨台(ぼくだい)

中国・唐時代
または奈良時代・8〜9世紀

墨台とは墨を置く台で、聖徳太子がわが国で初めて法華経など仏教の経典の解説書を書いたときに使ったとされる。現在は1つ欠けているが、かつては周囲に6つの花が表わされていた。

出典:ColBase(https://colbase.nich.go.jp/)
掲載画像は「ColBase」(https://colbase.nich.go.jp/)をもとに作成

国宝89件、重要文化財649件、収蔵総数12万件

東京国立博物館の至宝セレクション <中世～近世編>

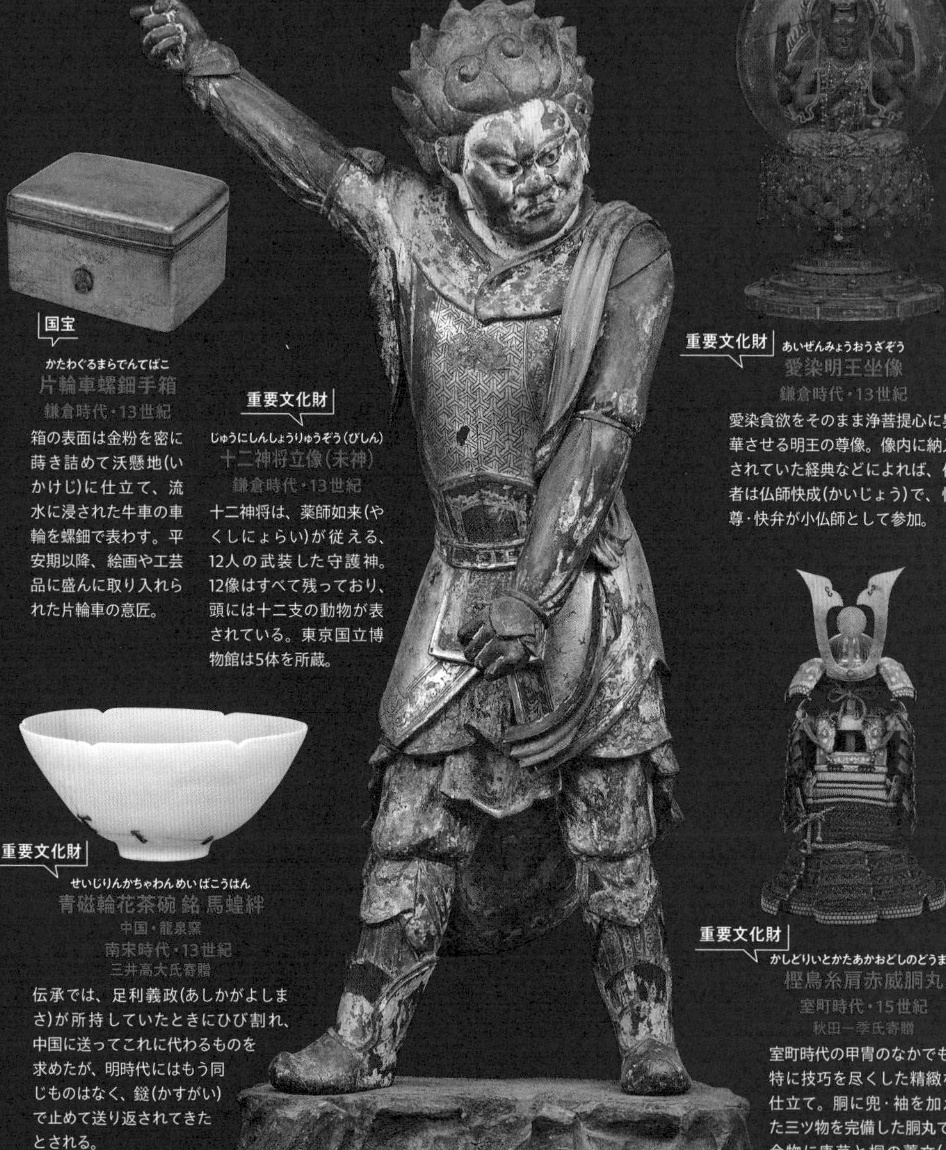

国宝

かたわぐるまらでんてばこ
片輪車螺鈿手箱
鎌倉時代・13世紀

箱の表面は金粉を密に蒔き詰めて沃懸地(いかけじ)に仕立て、流水に浸された牛車の車輪を螺鈿で表わす。平安期以降、絵画や工芸品に盛んに取り入れられた片輪車の意匠。

重要文化財

じゅうにしんしょうりゅうぞう(びしん)
十二神将立像(未神)
鎌倉時代・13世紀

十二神将は、薬師如来(やくしにょらい)が従える、12人の武装した守護神。12像はすべて残っており、頭には十二支の動物が表されている。東京国立博物館は5体を所蔵。

重要文化財

せいじりんかちゃわん めい ばこうはん
青磁輪花茶碗 銘 馬蝗絆
中国・龍泉窯
南宋時代・13世紀
三井高大氏寄贈

伝承では、足利義政(あしかがよしまさ)が所持していたときにひび割れ、中国に送ってこれに代わるものを求めたが、明時代にはもう同じものはなく、鎹(かすがい)で止めて送り返されてきたとされる。

重要文化財

あいぜんみょうおうざぞう
愛染明王坐像
鎌倉時代・13世紀

愛染貪欲をそのまま浄菩提心に昇華させる明王の尊像。像内に納入されていた経典などによれば、作者は仏師快成(かいじょう)で、快尊・快弁が小仏師として参加。

重要文化財

かしどりいとかたあかおどしのどうまる
樫鳥糸肩赤威胴丸
室町時代・15世紀
秋田一季氏寄贈

室町時代の甲冑のなかでも、特に技巧を尽くした精緻な仕立て。胴に兜・袖を加えた三ツ物を完備した胴丸で、金物に唐草と桐の薹文(とうもん)を用いた。

国宝　紅白芙蓉図軸（こうはくふようずじく）
南宋時代・慶元3年（1197）
南宋時代の宮廷画家、李迪（りてき）の代表作として有名。芙蓉は華やかに栄えるという、めでたい意味を持つ花として古くから愛されてきた。1197年にあたる制作年が記されている。

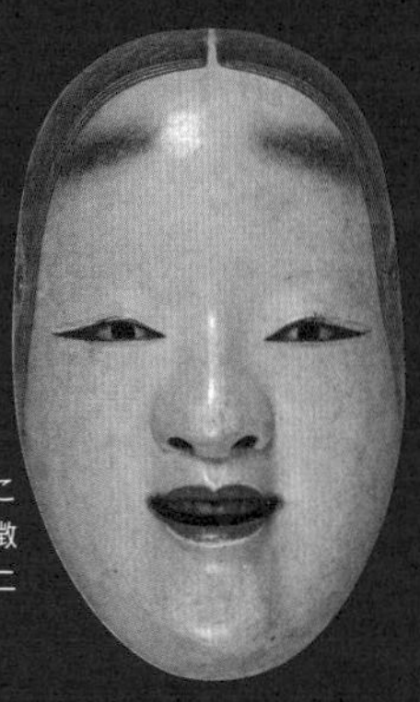

重要文化財　能面 小面（のうめん こおもて）
「出目満昆」焼印
江戸時代・17～18世紀
金春家（こんぱるけ）の名物面で京都金剛家（こんごうけ）が所蔵する「雪の小面」の面裏の特徴を写す。樹種は異なりヒノキ材製。鼻の頭に二重丸のような傷がある点が河内の写しと共通。

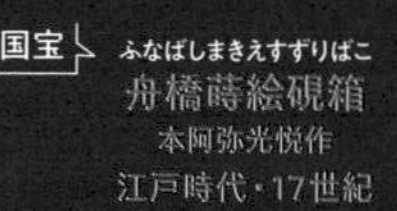

重要文化財　小袖 黒綸子地波鴛鴦模様（こそでくろりんずじなみおしどりもよう）
江戸時代・17世紀
大胆に孤を描く網干（あぼし）模様は、波のようにデフォルメされ、遊び心満点。腰部分を空けた弧を描くような躍動的なデザインが寛文年間に流行した。

重要文化財　市川鰕蔵の竹村定之進（いちかわえびぞうのたけむらさだのしん）
東洲斎写楽筆
江戸時代・寛政6年（1794）
市川蝦蔵は、五代目団十郎の改名。この時期を代表するスケールの大きな歌舞伎役者の特徴が風格をもって描き出されている。

国宝　舟橋蒔絵硯箱（ふなばしまきえすずりばこ）
本阿弥光悦作
江戸時代・17世紀
蓋を山形に高く盛り上げた、本阿弥光悦（ほんあみこうえつ）独特の形の硯箱。豪華でありながら簡潔な印象を与える、光悦の蒔絵のなかでも最も洗練された作行の名品。

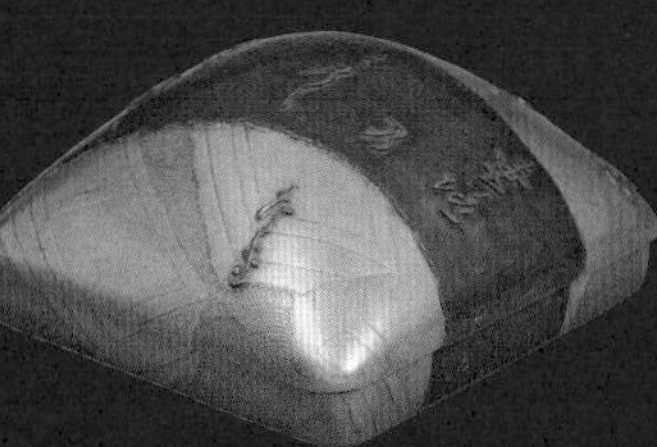

出典:ColBase(https://colbase.nich.go.jp/)
掲載画像は「ColBase」(https://colbase.nich.go.jp/)をもとに作成

国宝89件、重要文化財649件、収蔵総数12万件

東京国立博物館の至宝セレクション <中世～近世編>

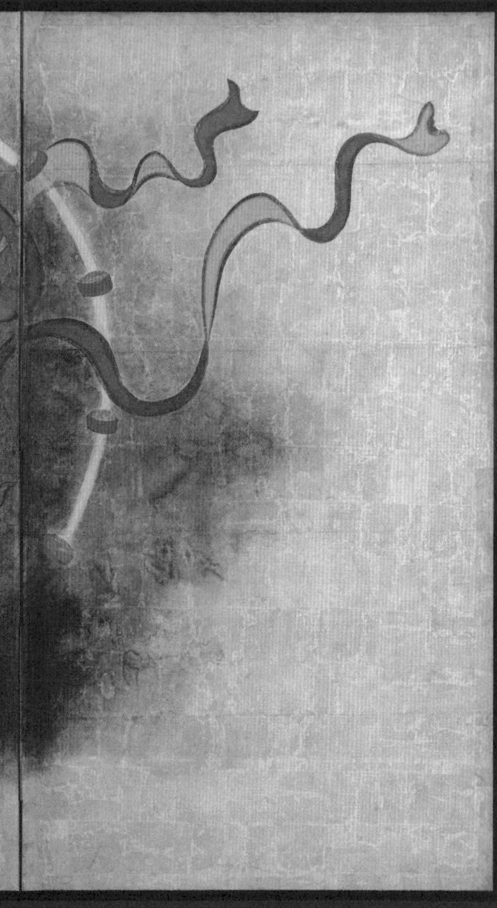

重要文化財

ふうじんらいじんずびょうぶ
風神雷神図屏風
尾形光琳筆
江戸時代・18世紀

右側に風神、左側に雷神が描かれた屏風が2枚でセットになったもの。俵屋宗達(たわらやそうたつ)が描いた国宝の「風神雷神図屏風」(京都・建仁寺蔵)を、尾形光琳が(おがたこうりん)忠実にトレースした作品。しかし、宗達版で下界を見下ろしていた雷神の視線の向きは、光琳版では風神をまっすぐ見るように変えられている。

重要文化財

ごしょぐるままきえすずりばこ
御所車蒔絵硯箱
江戸時代・17世紀

蓋の表裏から身の内にかけて、流水に御所車や殿舎が描かれた豪華な硯箱。高蒔絵を基調に切金(きりかね)を丹念に置き、付描(つけがき)で波を描くなど、多様な蒔絵技術が駆使されている。

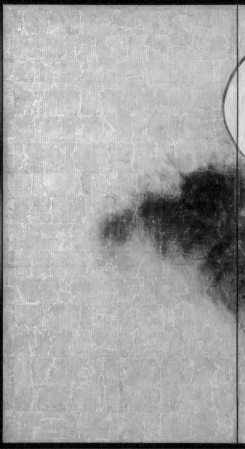

重要文化財

ねずみしのせきれいもんはち
鼠志野鶺鴒文鉢
安土桃山～江戸時代・16～17世紀

美濃焼のなかでも志野と呼ばれる種類の器で、ねずみ色の地に、岩にとまる鶺鴒(せきれい)や水の流れなどが白い線で描かれている。口径は28.5㎝、畳の上での利用を想定し、足が付いている。

重要文化財

そめつけりゅうとうもんさげじゅう
染付龍濤文提重
青木木米作
江戸時代・19世紀

江戸時代後期に活躍した青木木米(あおきもくべい)は、文人陶工として知られた。日本独特の提重の形に中国明代の万暦青花にならった龍の主文様を取り入れている。

出典:ColBase(https://colbase.nich.go.jp/)
掲載画像は「ColBase」(https://colbase.nich.go.jp/)をもとに作成

本館 2階

ほんかんにかい

縄文時代から江戸時代まで 日本の歴史の流れをつかむ

本館2階は、縄文時代から江戸時代まで、日本文化の歴史をたどる「日本美術の流れ」をテーマに構成されている。学校の教科書で見た名品にも出会え、初めて訪れるなら特におすすめの展示フロアとなっている。展示内容は定期的に変更されるため、たびたび訪れたい。

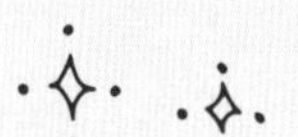

1 縄文から古墳時代まで 日本美術のあけぼの

美しい縄目文様が施された縄文土器。特に中期の豪華な装飾に魅了。金属器が使用され始めた弥生期の洗練された造形を経て、大陸からさまざまな技術が伝わった古墳時代への美術的変遷を鑑賞。

2 仏教伝来期の造形美 仏教の興隆

6世紀中期、欽明天皇時代に日本に公式に仏教が伝来し、百済から多くの寺院建築家や技術者が来日して日本の仏教美術が発展。飛鳥・奈良時代の経典、舎利容器、仏具などが展示されている。

3 国宝1点と向き合える 国宝室

貴重な国宝が展示され、間近に鑑賞できる。展示品は約1カ月ごとに変えられ、年間十数点の国宝と出会える。部屋の中央に椅子が設置され、じっくりと国宝と向き合える。

4 仏教美術の発展と繁栄 仏教の美術

平安時代後期、空海らが中国から正純密教を持ち帰ったことを契機に、密教美術が発展。末法思想と浄土教の隆興時、国内で生まれた多彩で新たな仏教美術を展示。

展示される国宝の年間スケジュールがWebサイトで公開されている。事前にチェツクしてからの来館がおすすめ

⑤ 日本的美意識の展開
宮廷の美術

平安から室町期までの宮廷美術の展開を展示。大陸文化の模倣から平安中期には日本独自の美術へと展開。和歌や『源氏物語』などの物語が生み出され絵巻物が誕生し、工芸品へと発展した。

⑥ 禅宗伝来から水墨画へ
禅と水墨画

鎌倉期、中国から禅宗とともに伝来したのが水墨画などの南宋・元の美術。禅寺院では中国にならい水墨画の技法で多くの絵画が描かれた。室町期には、水墨画が仏教界以外に拡大・定着した。

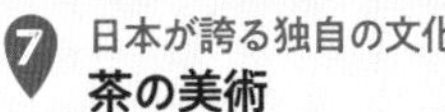

⑦ 日本が誇る独自の文化
茶の美術

室町期に生まれ安土桃山期に千利休により確立された茶の湯。書や絵画、花器、茶器など、茶の湯に内包された独特の世界観を反映した美術や道具工芸を数多く生み出した。

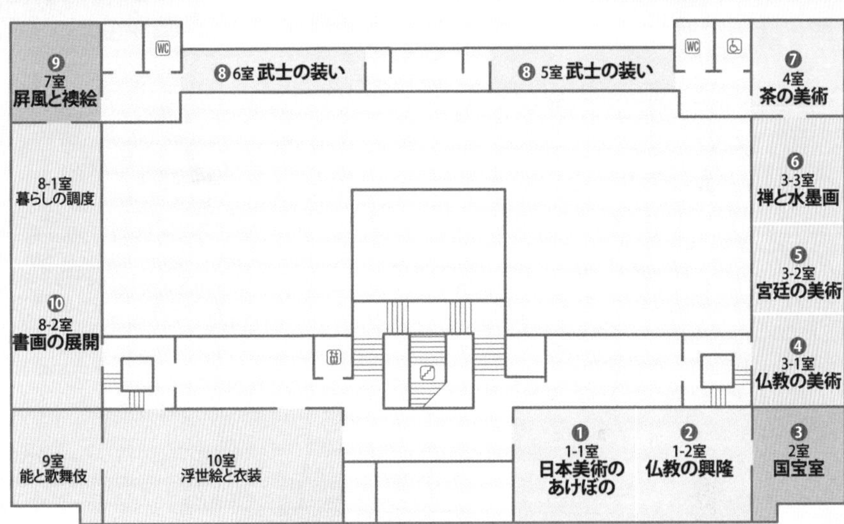

⑧ 公家と庶民文化の融合
武士の装い

室内には甲冑や刀剣が並ぶ。公家と庶民、仏教文化が融合し武士文化が誕生。武士の世で展開した刀剣、甲冑の類やそれを生み出した匠の技術などが遺物とともに展示。

⑨ 各流派の違いを堪能
屏風と襖絵

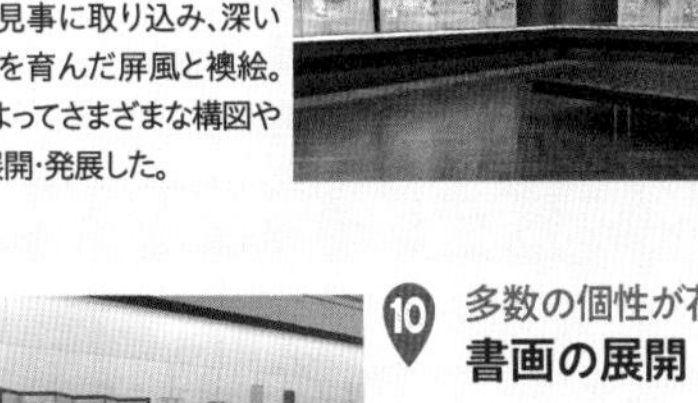

自然美を屋内に見事に取り込み、深い日本人の自然観を育んだ屏風と襖絵。各流派の誕生によってさまざまな構図や技法などが広く展開・発展した。

⑩ 多数の個性が花開く
書画の展開

安土桃山期には狩野永徳が桃山様式の絵画を確立。江戸期に狩野派が幕府の御用絵師の地位を築き、俵屋宗達、尾形光琳など、同時に多数の書画家が活躍した。

※掲載している写真は実際の展示とは異なります。展示予定はWebサイトをご確認ください。

彫刻をテーマにした展示室。各コーナーの展示品は時代やテーマごとに定期的に変わり、そのジャンルを詳しく紹介

本館 1階

ほんかんいっかい

時代の流れをつかんでから より深く広く日本を知る

1階ではジャンル別により深く鑑賞できる。彫刻、工芸、陶磁、漆工などのテーマから構成され、中央には期間限定の特別展示も。近代に絞った美術や工芸コーナーのほか、アイヌや沖縄などの民族資料も鑑賞でき、日本文化の裾野の広さが実感できる展示内容となっている。

1 その時代の個性を見る 彫刻

奈良時代の奈良地方中心から、平安以降、仏教の普及とともに全国的に造像が展開。造形的には南北朝時代以降は衰退していく。このコーナーでは、平安から鎌倉時代の木彫像を中心に展示し、日本彫刻の魅力を詳細に紹介している。

2 独自の発展をした漆芸 漆工

平安時代から江戸時代に至る各時代の漆工作品を展示。日本で独自の発展を遂げた漆芸技法「蒔絵(まきえ)」を中心に、その歴史的な流れをたどるとともに、多彩な漆芸の展開を紹介している。

3 多様な日本の金属工芸 金工

古代から近世に至る日本の金属工芸品の多様な表現と歴史的展開を展観。鍛造技法によって製作された作品や、鍛造製品に特有の緊張感のある繊細な造形表現と発展の歴史を展示。

4 名工らの一振りに魅了 刀剣

平安時代から江戸時代に至る各流派の刀剣を紹介。刀剣の外装に使われる鐔(つば)、目貫(めぬき)、小柄(こづか)などの刀装具などもみることができる。

5 日本全国の陶磁の歩み
陶磁

奈良時代から江戸時代までの日本陶磁史が概観できる。古代・中世、茶陶、京焼、伊万里と時代の流れに従いながら産地や様式で分類して展示している。焼き締めの花入や樂家歴代の作品、小倉安之氏寄贈による讃窯資料などが見られる。

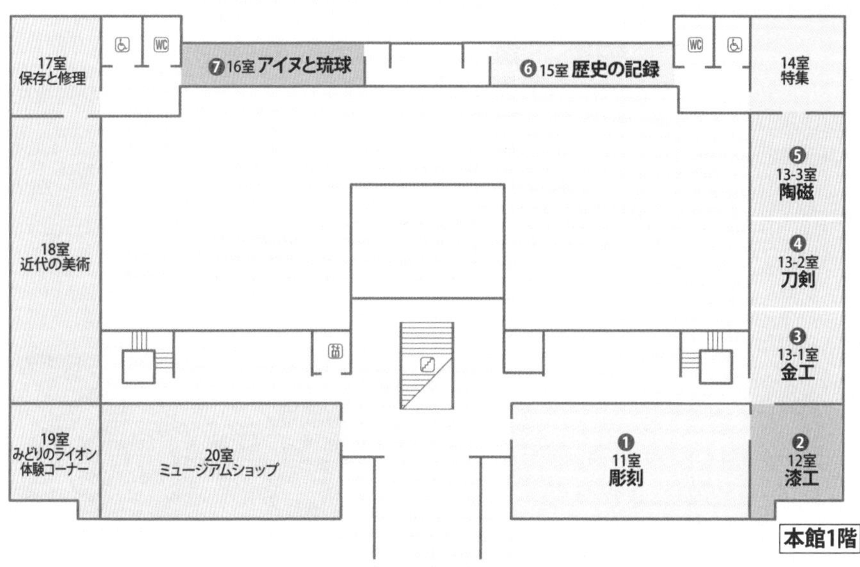

6 各資料が歴史を物語る
歴史の記録

歴史や民族に関する資料や作品も多く所蔵。絵図・地図、古文書・古書、拓本や模写、写真など「歴史を語る」コレクションを展示。

7 収集された貴重な資料
アイヌと琉球

3世紀以降、北海道などで独自展開したアイヌ文化。15世紀以降、南西諸島で独特な文化を発展させた琉球王国。衣装や生活用具など幅広い資料を展示紹介。

※掲載している写真は実際の展示とは異なります。展示予定はWebサイトをご確認ください。

平成館

へいせいかん

考古資料を見ながらたどる 旧石器時代から江戸時代まで

平成11年(1999)、法隆寺宝物館の開館に続いて開館。1階の考古展示室では、旧石器時代から江戸時代までの日本の歴史をたどる。縄文時代の土偶や、弥生時代の銅鐸、古墳時代の埴輪などが見られる。2階は特別展示用の展示室、ほかにもラウンジや講堂、ガイダンスルームなどがある。

3

1

2

1 今上陛下のご成婚を記念し開館。休憩できるドリンクコーナーなども
2 通史展示、テーマ展示で構成されている1階の考古展示室
3 露出展示台に並ぶ埴輪は圧巻

東洋館

とうようかん

多種多様に発展した東洋美術 同時に幅広く鑑賞できる

平成25年(2013)のリニューアルオープン以来「東洋美術をめぐる旅」をコンセプトにした展示館に。中国、朝鮮半島、東南アジア、西域、インド、エジプトなどの美術と工芸、考古遺物を展示している。

3

1

2

1 ミュージアムショップやVRシアターのほか、別館1階にレストランもある
2 殷時代から漢時代の青銅器の容器、楽器、武器や馬具、銅鏡などを展示
3 文明誕生の地、西アジア、エジプト、東地中海地域の古代美術などを紹介

法隆寺宝物館

ほうりゅうじほうもつかん

貴重な正倉院宝物に並ぶ 法隆寺の遺物コレクション

明治11年(1878)に法隆寺から皇室に献納され、戦後、国に移管された宝物300件余りを収蔵・展示。正倉院宝物と双璧をなすコレクションとして高い評価を受けている。

1

2

1第2室展示の「金銅仏・光背・押出仏」。6～8世紀の金銅仏などを紹介
2第3室の伎楽面は作品保護のため金・土曜のみの通年展示となっている

黒田記念館

くろだきねんかん

近代洋画の巨匠、黒田清輝 その画業を顕彰するための館

黒田清輝の遺言により、昭和3年(1928)に竣工、帝国美術院附属美術研究所として開所した。黒田清輝の油彩画約130点、デッサン約170点、写生帖などを所蔵している。

1

2

1館内の黒田記念室では、遺族から寄贈された遺作の油彩画、素描等を展示
2黒田記念館の建屋は昭和初期の岡田信一郎設計の美術館建築として貴重

表慶館

ひょうけいかん

宮廷建築家の片山東熊が設計 日本初の本格的な美術館

明治42年(1909)に開館した、日本で初の本格的な美術館。設計は、鹿鳴館を設計したジョサイア・コンドルの弟子で、東宮御所(現迎賓館)なども手がけた宮廷建築家の片山東熊。

中央と左右に美しいドーム屋根が配され、上層部の外壁面には製図用具、工具、楽器などをモチーフにしたレリーフがある

ミュージアムカフェ＆ショップ

ホテルオークラレストラン ゆりの木

ホテルオークラレストラン ゆりのき

東洋館別館1階にあるホテルオークラによる本格的レストラン。和洋中の食事メニューのほかケーキなどデザートも堪能できる。

☎03-5685-5125

ミュージアムショップ

本館1階、東洋館1階、正門プラザにミュージアムショップがある。約4500種類の美術、考古、歴史に関係する図書やミュージアムグッズを販売。

※掲載している写真は実際の展示とは異なります。展示予定はWebサイトをご確認ください。

日本有数の収蔵数を誇る貴重な仏教美術の殿堂

奈良国立博物館

ならこくりつはくぶつかん

奈良県奈良市

彫刻や絵画、書跡、工芸など仏教美術の至宝を収蔵

東大寺や興福寺など古刹、古社に囲まれた奈良公園の一角にあり、国宝や重要文化財など多数の貴重な仏教美術を収蔵。その保存や研究、展示とともに、一般への普及活動を行っている。慶応3年(1867)のパリ万博を契機に日本文化の良さが見直され、奈良では奈良博覧会が開かれるようになり、明治28年(1895)には帝国奈良博物館が開館。のちに奈良帝室博物館、昭和27年(1952)には奈良国立博物館へと名称を変更した。毎年秋には正倉院展が開催されている。

DATA & ACCESS

☎050-5542-8600(ハローダイヤル) 所奈良県奈良市登大路町50 開9:30～17:00(土曜は～20:00)最終入館は各30分前 休月曜(祝日の場合は翌日、連休の場合は終了後の翌日) 料700円 交近鉄奈良線・近鉄奈良駅から徒歩15分 Pなし

仏教美術に関する研究資料の作成、収集、整理、保管と関連図書などの公開を目的に設置されている仏教美術資料研究センター。利用は事前申し込みによる予約制

なら仏像館の左右対称の優美な姿は平等院鳳凰堂を彷彿させ、周囲の自然との調和が美しい

博物館は奈良公園の一角にあり、園内の鹿が博物館付近を訪れることも

国宝13件、重要文化財114件、収蔵総数1911件
国宝52件、重要文化財306件を含む1974件の寄託品

奈良国立博物館の至宝セレクション

国宝 やくしにょらいざぞう
薬師如来坐像
平安時代・9世紀

平安時代初期の木彫仏で像の高さは４９．７ｃｍ。像の頭から膝の先まで一つの材から彫り出した一木造の像。表面の彫りは鋭く、強さがみなぎる造形性には、木彫の魅力が十分に詰まっている。

国宝 ごひけまん
牛皮華鬘
平安時代・11世紀

華鬘とは、仏堂内を飾るための荘厳具。本品は厚手の牛皮製で、表裏に迦陵頻伽（かりょうびんが）や宝相華を描いている。平安時代の優雅な彩色や金銀箔を用いた精緻な装飾が見どころ。

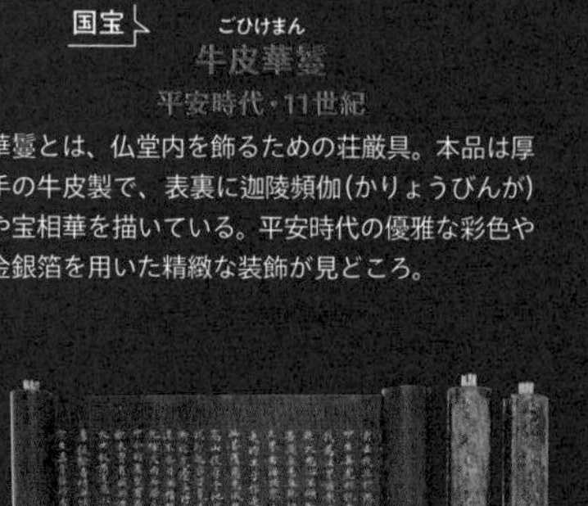

国宝 こんこうみょうさいしょうおうきょう　かんだいいち～じゅう（こくぶんじきょう）
金光明最勝王経　巻第一～十（国分寺経）
奈良時代・8世紀

この経を敬えば国が護られると説く経典。天平13年(741)、聖武天皇は全国に国分寺を建立し、塔に金字の最勝王経を安置するよう命じた。奈良時代写経を代表する名品。

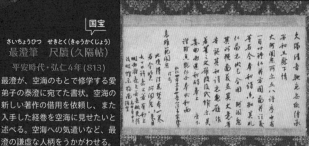

国宝 はすからくさまきえきょうばこ
蓮唐草蒔絵経箱
平安時代・12世紀

動物の皮を型で成形し、漆で塗り固めて作られた箱。表面には金粉を蒔いて蓮華や蝶の文様を表している。側面に付けられた金具も精緻で美しい。中には経典が収められたと考えられる。

国宝 さいちょうひつ　せきとく（きゅうかくじょう）
最澄筆　尺牘（久隔帖）
平安時代・弘仁4年(813)

最澄が、空海のもとで修学する愛弟子の泰澄に宛てた書状。空海の新しい著作の借用を依頼し、また入手した経巻を空海に見せたいと述べる。空海への気遣いなど、最澄の謙虚な人柄をうかがわせる。

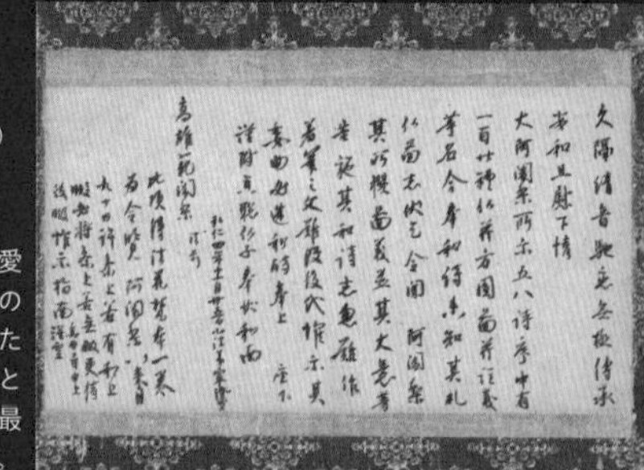

重要文化財

りきしりゅうぞう
力士立像
奈良または中国・唐時代・8世紀

仏法の守護神・金剛力士の像。あごの張った四角い顔に髭をたくわえた面白い表情や、肩幅が広く腰を絞ったプロポーションや手のしぐさがユニーク。

重要文化財

ざおうごんげんりゅうぞう
蔵王権現立像
平安時代・12世紀

修験道の本尊で、開祖である役行者(えんのぎょうじゃ)が感得した日本独自の尊像。均整の取れた彫りの浅い穏やかな表現に、平安時代後期12世紀の特色が表れている。

重要文化財

たもんてんりゅうぞう
多聞天立像
平安時代・11～12世紀

四天王のうち北方を守護する多聞天像。兜をかぶり、宝塔を高く掲げている。力強く躍動感のある姿が魅力的。もとは興福寺に伝来した。

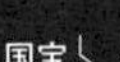

国宝

じゅういちめんかんのんぞう
十一面観音像
平安時代・12世紀

十一面観音は頭上に11の顔をいただく変化観音。蓮華座に坐し、右手首に数珠を掛け、左手に紅蓮華を挿した水瓶を持つ姿を描く。豊かな彩色と精緻な截金文様による平安仏画らしい美麗な表現が魅力。

国宝

ししゅうしゃかにょらいせっぽうず
刺繡釈迦如来説法図
飛鳥時代または中国・唐時代・7～8世紀

ほとけの姿を刺繡で表した作品。赤い衣を着た釈迦の周囲には菩薩や比丘、供養者が集い、上部には瑞鳥に乗る仙人や楽器を奏でる菩薩が表される。1000年以上を経てなお、鮮やかな色彩をとどめている。

国宝

さんすいず(すいしょくらんこうず)
山水図(水色巒光図)
室町時代・15世紀

文人たちが理想とした山水に囲まれた静寂な書斎を画題とする。都の俗塵のなかでの生活を余儀なくされた禅僧たちは画中に理想郷を求めた。詩画軸を代表する名品である。

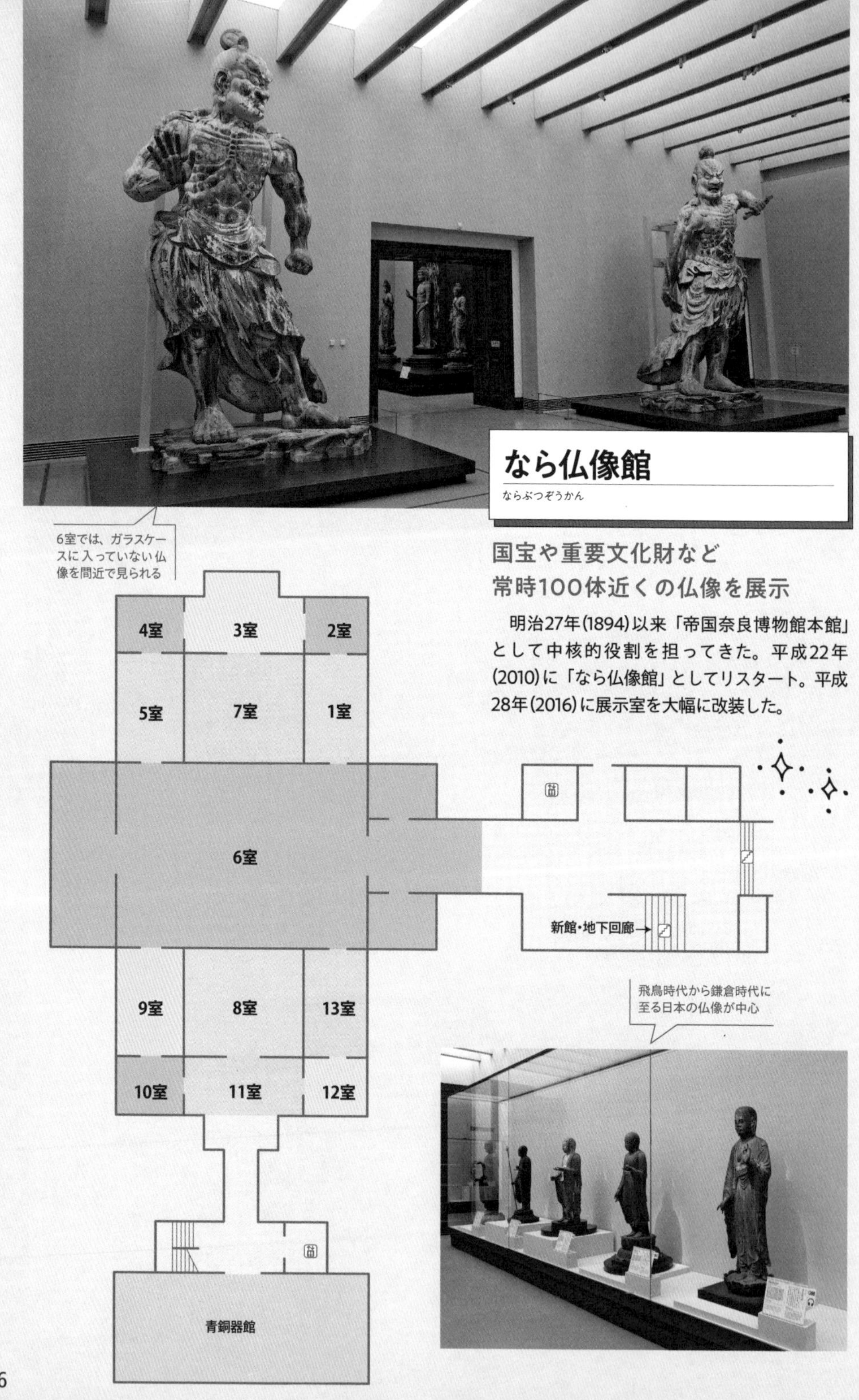

なら仏像館

ならぶつぞうかん

国宝や重要文化財など常時100体近くの仏像を展示

明治27年(1894)以来「帝国奈良博物館本館」として中核的役割を担ってきた。平成22年(2010)に「なら仏像館」としてリスタート。平成28年(2016)に展示室を大幅に改装した。

左が東新館、右が西新館。基本設計は吉村順三によるもの

新館
しんかん

春の特別展や秋の正倉院展 名品展の会場としても利用される

東新館は平成9年(1997)に完成した展示場。これによって展示計画が大きく改められ、春の特別展や秋の「正倉院展」が行われるほか、特別陳列の会場としても随時利用される。西新館は昭和47年(1972)に完成。絵画や書跡、工芸品などの名品展を行うことが多く、平成10年(1998)、全国の公共建築100選に選ばれた。

青銅器館
せいどうきかん

古美術商寄贈の中国古代の青銅器 380余点のコレクションを展示

昭和12年(1937)に収蔵庫として建設され、平成14年(2002)に古美術商坂本五郎氏のコレクション・中国古代の青銅器展示施設としてオープン。380余点のコレクションから選りすぐりの120点ほどを展示している。

中国の商(殷)から漢の時代にかけての青銅製容器や楽器が主体

ミュージアムカフェ & ショップ

ミュージアムショップ

展覧会のカタログや仏像をモチーフにしたオリジナルグッズなど、おしゃれな商品が多数。

レストラン 葉風泰夢
レストラン ハーフタイム

奈良国立博物館内にある上品なカフェ。特製カレーライスや生パスタなど食事系メニューもある。
☎0742-22-1673
開10:00～17:00

↑地中海野菜入りの生パスタ1500円

※掲載している写真は実際の展示とは異なります。展示予定はWebサイトをご確認ください。

日本および東アジアの文化財の魅力を発信

京都国立博物館

きょうとこくりつはくぶつかん

京都府京都市

先人から託された文化と社寺伝来の宝物を未来へ

1000年以上日本の都であった京都ゆかりの文化財や美術品を展示する博物館。明治30年(1897)に開館し、平安から江戸時代にかけての文化財を中心に収集保管、調査研究と普及活動を行っている。赤坂離宮などを設計した片山東熊による明治建築の本館(明治古都館)と、平成26年(2014)に開館したモダンな平成知新館からなる。およそ1万5000件を収蔵する平成知新館では、名品ギャラリー(平常展示)と特別展を交互に開催するほか、研究員による講座、上方らくごや京都の伝統芸能などのイベントも実施している。なお、明治古都館は免震対策と各種調査のため、2023年2月現在展示休止中。

DATA & ACCESS

☎075-525-2473(テレホンサービス) 所京都府京都市東山区茶屋町527 開9:30~17:00(最終入館16:30)、特別展期間中は変更の場合あり 休月曜(祝日の場合は翌平日)、ほか不定休 料700円(特別展は別料金) 交京阪本線・七条駅から徒歩7分 Pあり

重厚感の漂う表門。噴水のある庭の向こうに明治古都館が位置する

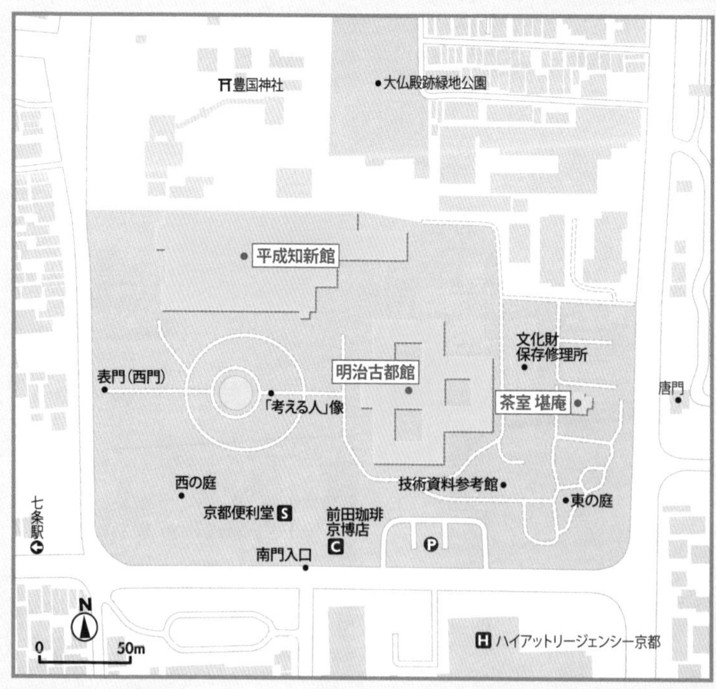

ほぼ開館当時の姿でたたずむ本館の明治古都館。四季の花々が咲く庭園にも、屋外展示などの見どころが点在する

現代的なデザインの平成知新館には、障子や格子窓といった日本建築をイメージさせる要素がふんだんに取り入れられている

国宝 29件、重要文化財 200件、所蔵総数 8279件 ※2022年3月末

京都国立博物館の至宝セレクション

国宝

手鑑「藻塩草」(242葉)

てかがみ「もしおぐさ」

奈良～室町時代・8～16世紀

巻子本(かんすぼん)や冊子装などから一部を切り取り集めて帖にした手鑑。奈良から室町時代までの242葉の優れた古筆切が集められ、江戸時代に筆跡鑑定として活躍した古筆家の台帖として伝わった。

国宝

釈迦金棺出現図

しゃかきんかんしゅつげんず

平安時代・11世紀

釈迦が入滅したことを知った摩耶夫人(まやぶにん)が涅槃の場に駆けつけ悲しんでいると、釈迦が大神通力で棺のふたを開け身を起こし、母のために世の無常を説いた。息をのむ光景が描かれた美しく壮大な仏画。

重要文化財

三彩釉骨蔵器

さんさいゆうこつぞうき

奈良時代・8世紀

器形は正倉院の薬壺に酷似しているが、発掘時には火葬骨がおさめられていた。鮮やかな三彩釉がかけられた奈良三彩の代表作。

重要文化財

東之宮古墳 三角縁複波文帯三神三獣鏡

ひがしのみやこふん さんかくぶちふくはもんたいさんしんさんじゅうきょう

古墳時代・4世紀

東之宮古墳は、愛知県犬山市白山の山頂にある前方後方墳。昭和48年(1973)、竪穴式石室より発掘された。

重要文化財

伎楽面 迦楼羅

ぎがくめん かるら

奈良時代・8世紀

東大寺の大仏開眼会に用いられたとされる面。迦楼羅とはインドの聖なる鳥ガルダで、ヴィシュヌ神の乗り物とされる。仏教に取り入れられ守護神となった。

国宝

十二天像のうち水天

じゅうにてんぞうのうちすいてん

平安時代・12世紀

十二天像は平安以来、宮中の真言院で毎年正月に行われた修法に用いられた。繊細な截金(きりかね)文様など、善美を尽くした最盛期の仏画。

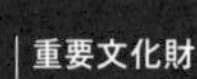

重要文化財

十二天面のうち梵天

じゅうにてんめんのうちぼんてん

平安時代・10世紀

かつて東寺に伝来した行道面のひとつ。長保2年(1000)の同寺の火災時に取り出されたと記録に残る十二天面にあたるものとされる。

重要文化財

げんじものがたりずじょう まぼろし
源氏物語図帖 幻
長次郎筆
桃山時代・17世紀

54枚からなる『源氏物語』の色紙帖。第35図までは土佐光吉の作、以降は長次郎なる土佐派の絵師の作。「幻」は紫の上を偲ぶ場面。

重要文化財

まつかわびしだんこもんようこそで
松皮菱段小文様小袖
江戸時代・17世紀

辻が花に類する紋染。松皮菱(まつかわびし)形の段替りを構成し、細やかな刺繍と摺箔(すりはく)でさらに段模様を表す。鮮やかな光沢が特徴。

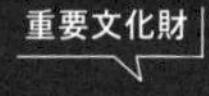

きばむしゃぞう
騎馬武者像
南北朝時代・14世紀

黒毛馬に乗った武者の肖像画。上部の花押は、室町幕府第2代将軍・足利義詮(あしかがよしあきら)(1330～1367)のもの。像主は初代将軍の足利尊氏(たかうじ)と伝えられてきたが、現在では高師直(こうのもろなお)説も出ている。

重要文化財

かちょうえまきらでんかくどっくり
花鳥蒔絵螺鈿角徳利
桃山～江戸時代・16世紀

ヨーロッパへの輸出用に作られた南蛮漆器の角徳利。専用の櫃に6本1組で収められ、ワインを入れたと思われる。近年英国から逆輸入された。

はなだいとおどしどうまる かぶと・おおそでつき
縹糸威胴丸 兜・大袖付
室町時代・15世紀

縹糸とは、露草の花で染めた糸。甲冑は黒漆を塗った革と鉄小札(こざね)を1枚交ぜに組み、縹糸で威したもの。兜と大袖を完備した貴重な胴丸。

重要文化財

たいこうぼうずびょうぶ
太公望図屏風
尾形光琳筆
江戸時代・17世紀

元禄期前後に活躍した尾形光琳が江戸に下向する前に描いたとされる。世を避けていた太公望こと呂尚(りょしょう)が、周の文王に見いだされる逸話を描いた作品。

出典:ColBase(https://colbase.nich.go.jp/)
掲載画像は「ColBase」(https://colbase.nich.go.jp/)をもとに作成

平成知新館 3階

へいせいちしんかんさんかい

芸術性豊かな考古遺物と東アジアの優美な陶磁器を紹介

縄文から平安時代までの考古遺物の数々と、日本の奈良時代から江戸時代にかけて発展していった陶磁器を展示。中国や朝鮮半島の青磁や白磁も見どころ。

1 変わらぬ美しさを放つ 陶磁

日本の奈良から江戸時代にわたる陶磁器を展示している。また、中国の漢から唐時代の俑、宋・元時代の青磁や天目、元・明時代の青花や五彩磁、朝鮮半島の白磁も紹介。

2 日本文化の礎にふれる 考古

日本各地から出土した縄文・弥生の遺物をはじめ、古墳時代の須恵器なども展示。また寺院跡・経塚などから出土した奈良から平安時代の考古遺物など、いにしえの文化にふれられる。

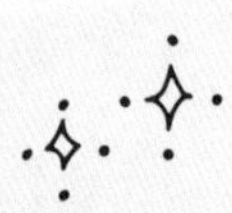

古墳時代には豪族から庶民まで、さまざまな階級の人々をモチーフにした埴輪が作られた。菅笠をかぶった埴輪男子像の姿からも、当時の文化をうかがい知ることができる

3階

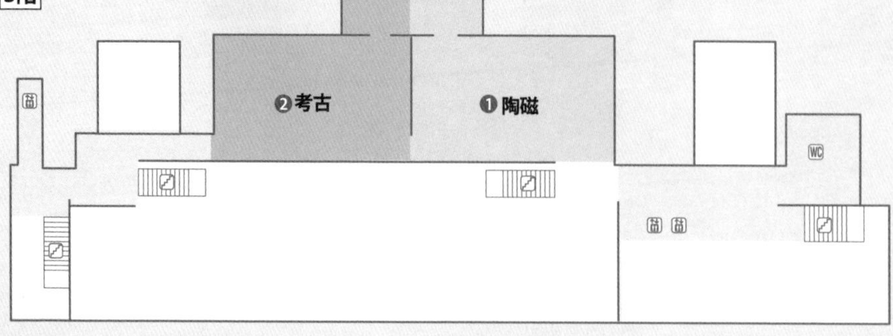

出典:ColBase(https://colbase.nich.go.jp/)
掲載画像は「ColBase」(https://colbase.nich.go.jp/)ほか、京都国立博物館提供の画像をもとに作成

平成知新館 2階

へいせいちしんかんにかい

時代と人々の心を映す 至宝の絵画を鑑賞できる

絵巻、肖像画、仏画、水墨画など日本に残る絵画の傑作が集結。さらに桃山から江戸時代にかけての屏風や襖絵、中国絵画も展示している。

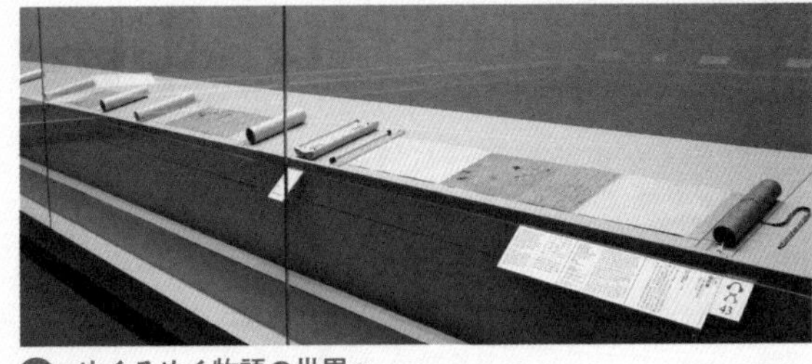

1 めくるめく物語の世界へ 絵巻

文章と挿絵で説話や物語が綴られる絵巻。平安から鎌倉時代の、やまと絵の作風にふれられる多彩な絵巻が揃う。

2 信仰と美の出合い 仏画

平安から鎌倉時代に描かれた曼荼羅や釈迦如来像などの礼拝用の尊像を展示。儀式に使われた屏風や、色鮮やかな社寺縁起絵や祖師像も並ぶ。

4 日本絵画の成熟 近世絵画

桃山から江戸時代の絵画を展示。伊藤若冲、池大雅、与謝蕪村、円山応挙、長沢芦雪など個性的な画家たちの作品にふれられる。

3 水墨画の世界 中世絵画

中国の宋・元・明時代の絵画様式に基づいた鎌倉から室町時代に描かれた絵画を展示。明兆や雪舟などの画僧や、狩野派のような専門絵師集団の作品を紹介している。

5 大家の画風を間近に 中国絵画

南宋、北宋に始まり元から清時代までに描かれた水墨画、山水画、人物画、仏画など、さまざまな作品を展示。各時代の大家の名品を間近に見られる。

2階

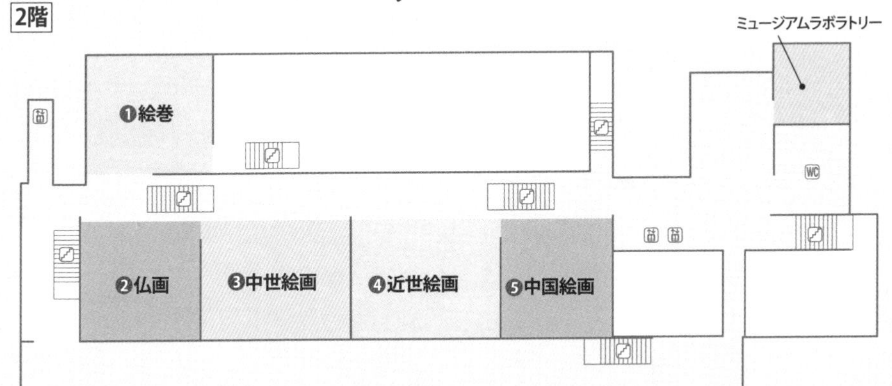

※掲載している写真は実際の展示とは異なります。展示予定はWebサイトをご確認ください。

平成知新館 1階

へいせいちしんかんいっかい

平安から江戸時代に至る魅力あふれる文化財が集結

日本の平安から江戸時代にわたる彫刻、書跡、染織、金工、漆工作品を展示。受け継がれる技術と美の世界を堪能できる。また、中国やインド、朝鮮半島から伝来した貴重な書跡や仏像も見られる。

1 多彩な像に出会う 彫刻

平安・鎌倉時代に作られた日本の仏像や神像を中心に展示。インドやパキスタン・ガンダーラの仏像、中国・朝鮮半島の石仏や金銅像なども展示。

2 奥深い書の世界 書跡

日本をはじめ中国、朝鮮半島からもたらされた視覚芸術としての「書」を中心に展示。経典の写本や、古文書などの古記録類も見ることができる。

3 伝統の技を知る 染織

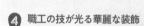

日本の古代から近世におよぶ染織品を中心に、染織技術の発達、意匠の意味などを紹介する。

4 職工の技が光る華麗な装飾 金工

仏教寺院の儀式、荘厳、供養などに用いられた仏具や、寺社奉納品としての銅鏡、七宝による飾金具、茶湯釜、さらに刀剣や甲冑など武具類も見られる。

5 漆芸文化にふれる 漆工

日本の代表的な工芸品である蒔絵を中心に、中国、朝鮮半島、琉球などで作られた漆芸品を展示する。

1階

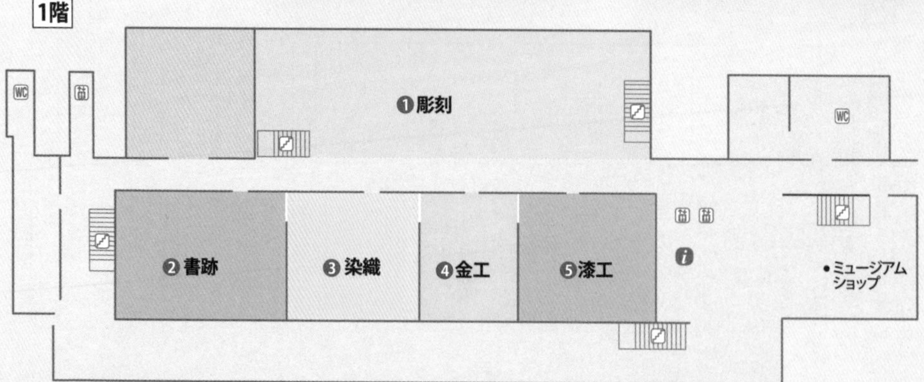

※掲載している写真は実際の展示とは異なります。展示予定はWebサイトをご確認ください。

明治古都館
めいじことかん

設計は宮廷建築家・片山東熊。建物の優美さは今なお健在

優美なレンガ造りの洋風建築は京博のシンボル的存在

「帝国京都博物館」として明治30年(1897)に開館した。フランス・ルネサンスとバロック様式を取り入れた明治期のレンガ建築の意匠は今も開館当初の姿を保ち、昭和44年(1969)に本館と表門、袖塀が重要文化財に指定された。

茶室 堪庵
ちゃしつ たんあん

しっとりした緑のなかにたたずむ母家の右側にあるのが茶室「堪庵」

東の庭にたたずむ数寄屋造りの茶室

博物館東の庭にある茶室。昭和33年(1958)に京都の実業家で茶人でもあった上田堪一郎氏によって寄贈された建物で、大徳寺真珠庵「庭玉軒」を写したものとされる。予約をすれば茶会などで一般利用することもできる。

噴水のあるエリアにロダンの「考える人」の像がある

西の庭では、豊臣秀吉が架けさせた五条大橋の橋脚と橋桁の実物が見られる

ミュージアムカフェ & ショップ

カフェ 前田珈琲 京博店
カフェ まえだこーひー きょうはくてん

老舗コーヒー店のオリジナルブレンドが楽しめるガラス張りで眺望も抜群のカフェ。スイーツメニューも充実。

☎075-533-6262 開9:15 ～ 17:00

↑庭園が眺められるテラス席も心地よい

←スペシャルブレンド「龍之助」550円は一番人気

ミュージアムショップ 京都便利堂
ミュージアムショップ きょうとべんりどう

収蔵する名品をあしらったオリジナルグッズをはじめ、コロタイプ印刷を用いた仏像ハガキなども好評。

☎075-551-2369 開9:30 ～ 17:00(博物館の営業時間に準ずる)

↑人気のオリジナルのステーショナリー

←過去展の図録や専門書も豊富に揃う

3大国立博物館のミュージアムグッズ

収蔵品モチーフから地域ゆかりの品まで、各館こだわりのグッズを来館記念に持ち帰りたい。

←海洋堂が手掛けた『風神雷神図屏風』のフィギュア2体セット1万1000円
■東京国立博物館

↓『見返り美人図』をモチーフとした牛皮製のストラップ1100円(上)と円山応挙の「朝顔狗子図杉戸」のキーホルダー800円(下)
■東京国立博物館

←↑「染型」をモチーフにした帆布素材のバッグ各2530円
■京都国立博物館

←『八橋蒔絵螺鈿硯箱』をモチーフにした缶入りのクッキー1080円。アプリコット、チョコサブレなど7種の味が楽しめる
■東京国立博物館

↑酒井抱一筆『夏秋草図屏風』の扇子2750円
■東京国立博物館

↓仏像をかわいらしくデザインした元気が出る仏像スタンプ330円(1個)。柄は23種類揃う
■奈良国立博物館

→オリジナルマスキングテープ275～396円。テープの幅は20㎜と30㎜の2種類、猫の六毛撰』や「ヒエログリフ」など多彩な柄が揃う
■東京国立博物館

←伊藤若冲筆『玄圃瑤華』の場面からデザイン。創立150周年を記念して作られた手ぬぐい1650円
■東京国立博物館

←↓刺繍が入った螺鈿紫檀五絃琵琶デザインのハンカチ770円。白と黒の2色が揃う
■奈良国立博物館

↓国宝『松椿蒔絵手箱』の椿の模様をかたどったクリップ370円(3個セット)
■京都国立博物館

↑菅笠をかぶる農夫の埴輪を模したピンズ550円
■京都国立博物館

⇧京友禅『束熨斗文様振袖』のクリアファイル440円
■京都国立博物館

⇧正倉院宝物をデザインしたハンカチ各1320円
■奈良国立博物館

⇦⇩華やかな天平時代をイメージした40本入のお香、天平のかほり1100円(左)、天平のさくら1320円(下)
■奈良国立博物館

21世紀に誕生した もうひとつの国立博物館に注目!!

九州国立博物館

きゅうしゅうこくりつはくぶつかん

福岡県太宰府市

交易の歴史をひもときながら 日本文化の形成の物語を紹介

かつて「遠の朝廷」と呼ばれ、日本における世界との交流の地であった太宰府に、東京、奈良、京都に次ぐ4番目の国立博物館として平成17年(2005)に誕生。日本とアジア、西欧との文化交流史を重視し、常設展を「文化交流展示室」と位置づけ。旧石器時代から江戸時代まで、時代別に5つのテーマに分けて、それぞれの文化交流を物語る800～1000点の作品を常時展示する。

DATA & ACCESS

☎050-5542-8600(ハローダイヤル) 所福岡県太宰府市石坂4-7-2 開9:30～17:00(最終入館16:30) 休月曜 料700円 交西鉄太宰府線･太宰府駅から徒歩10分 Ⓟあり

写真提供:九州国立博物館

重要文化財
かちょうまきえらでんせいがん
花鳥蒔絵螺鈿聖龕
安土桃山時代・16世紀
西欧に輸出された教会祭儀用の漆器のひとつ。器形はヨーロッパ人の注文、技術は日本の蒔絵、螺鈿などの漆芸、意匠は和様折衷という特色をもつ作品。

重要文化財
いろえふじだなもんおおざら
色絵藤棚文大皿
江戸時代・17世紀
近世の九州陶磁の技術の粋を集めた鍋島様式の色絵大皿。内面は『源氏物語』の藤棚を、外面には花唐草を配した美品。

出典:ColBase(https://colbase.nich.go.jp/)
掲載画像は「ColBase」(https://colbase.nich.go.jp/)をもとに作成

日本をリードした
ものづくりのマインドが凝縮

7大企業博物館

Special Feature 2

明治の幕開きとともに、急速な発展を遂げた近代日本。
その歩みを支えた歴史ある企業に受け継がれてきた
膨大な資料の数々や、創業当時からの貴重なコレクションにふれ、
「ものづくり」への熱い想いを体感してみたい。

「世界のタイル博物館」の天井を飾るイスラームタイル張りドーム。モスクや宮殿を彩った幾何学パターンを見事に再現

タイル

土とやきもので世界を彩る

INAX ライブミュージアム

イナックスライブミュージアム

愛知県常滑市

世界の建築物を飾った装飾タイルの美しさに出会う

水まわり・建材製品を開発、提供するLIXILが運営する、やきものの多様な世界を体感できる文化施設。日本六古窯のひとつに数えられる常滑で培われたやきものの技術や仕組みを6つの施設で紹介。なかでも世界のタイル約7000点を収蔵する「世界のタイル博物館」は圧巻。大正から昭和の外壁を飾ったタイルとテラコッタの実物展示や、日本の近代化を支えた土管製造現場の再現も見どころ。体験教室もおすすめだ。

DATA & ACCESS

☎0569-34-8282 所愛知県常滑市奥栄町1-130 開10:00~17:00 休水曜(祝日の場合は開館) 料700円 交名古屋鉄道常滑線・常滑駅から知多バスで10分、INAXライブミュージアム前バス停下車、徒歩2分 Pあり

↑美しい図柄が目を引くイギリスのヴィクトリアンタイル

↑屋外にあるテラコッタパークでは、建物を彩った歴史あるテラコッタの造形を、自然光のもとで鑑賞できる

ランドマークの煙突が立つ窯のある広場。随所にタイルや土管を見つけることができる

土管製造の隆盛を再現

窯のある広場・資料館

大正時代に建造された土管工場の巨大窯と建屋、煙突を保存し、土管製造にまつわる資料を展示する。当時の道具や機械が展示され、窯焚きの様子を再現する映像も見どころ。

1 建屋の中には土管を焼く両面焚倒焔式角窯(りょうめんだきとうえんしきかくがま)を保存・公開
2 高さ22mの煉瓦造りの煙突

ミュージアムショップ

「世界のタイル博物館」1階には、タイル関連の素敵なオリジナルグッズや図録、建築関連の書籍などが揃う。

装飾タイルの宝石箱

世界のタイル博物館

紀元前から近代までの世界の装飾タイル7000点以上を収蔵。タイル研究家の山本正之氏のコレクションをもとに、タイルの歴史や魅力にふれられる。

1 地域別に分類された色彩豊かなタイルが壁一面に展示されている
2 世界でも珍しい装飾タイル専門の博物館

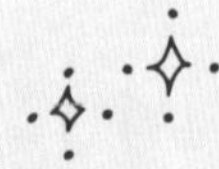

体験！MUSEUM

土と触れあえる体験が充実

陶楽工房

陶を使ったものづくりが体験できる。タイルアート体験や絵付けなど、小さな子どもから大人までが楽しめる、豊富なメニューが揃っている。

土・どろんこ館

やきものの原料となる土の展示や、土の魅力に触れる体験教室が人気。オリジナルの光るどろだんごづくり（1個900円）はぜひ体験したい。（要予約）

企業HISTORY

帝国ホテル旧本館と初之烝・長三郎親子

伊奈製陶（INAX、現 LIXIL）の創業者・伊奈長三郎と父親の初之烝は、大正 7 年（1918）にフランク・ロイド・ライトが設計した帝国ホテル旧本館建設のための「帝国ホテル煉瓦製作所」の技術顧問に就任。煉瓦やタイルの色やデザインの細かな要望に応じながら、斬新なホテル建設の実現に貢献した。小さなタイルひとつにも、作り手の想いを結実させる INAX の創業の精神は、今も受け継がれている。

貴重な文化遺産に出会える

テラコッタパーク

近代建築の外壁を華やかに飾った15物件の建築装飾材テラコッタを展示。青空と緑のもとに映える美しい文化遺産を散策しながら鑑賞できる。

建築装飾と歴史をひもとく

建築陶器のはじまり館

建築陶器と呼ばれる建物の外壁を飾ったやきもの製のタイルやテラコッタ。大正から昭和初期に作られた、日本を代表する選りすぐりの作品を展示する。

1 社会情勢や近代史をひもときながら建築陶器の歴史を解説
2 近代日本の建築装飾の全盛期を紹介する貴重な施設

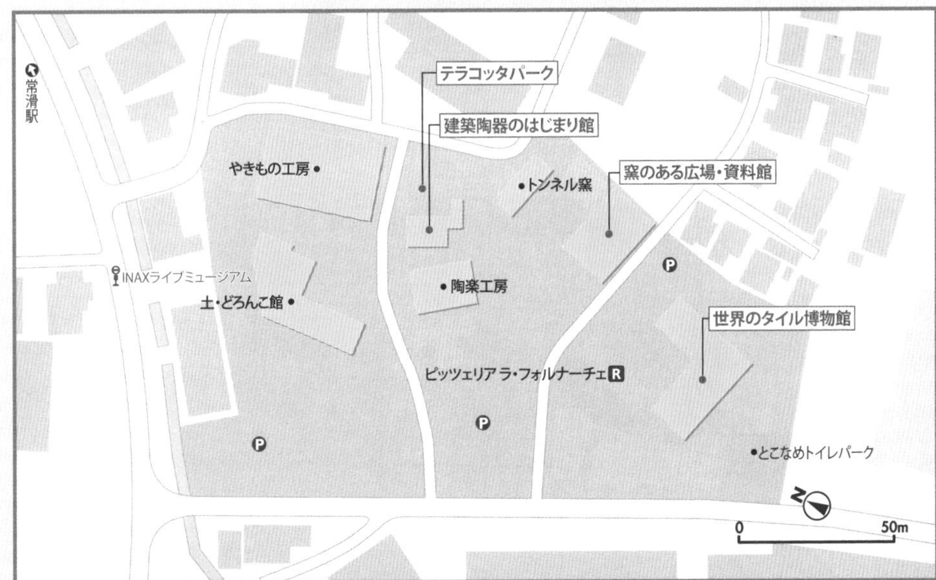

世界の陶工たちの工夫と情熱の跡を感じる

INAXライブミュージアム
必見のマスターピース ※一部、同種のタイルを展示

【オリエントのタイル】

王や神への畏敬の念から、ピラミッドや神殿の単調な壁を、円錐形のやきものやタイルで装飾した。

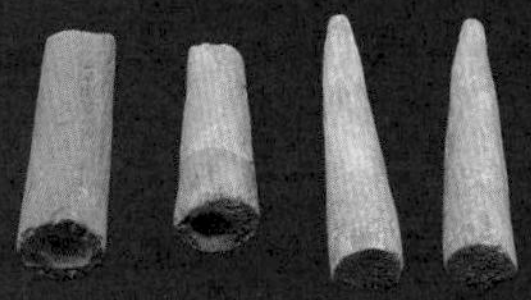

粘土釘

メソポタミアでは、頭部を着色した粘土釘を使って壁面文様を描いた。のちのモザイク装飾の始まりとされる。

エジプト・ファイアンスタイル

エジプト・ジェセル王の階段ピラミッド地下通廊壁面に使用された、世界最初の施釉タイルといわれる。

【オランダのタイル】

大航海時代に豊かになった市民層にタイルが普及。中国の染付磁器の影響を受けた陶器質タイルが主流に。

白地藍彩タイル

17～18世紀に製造された、デルフト焼と呼ばれる白地藍彩タイル。浸水や湿気から土壁を守るために使われた。

【イスラームのタイル】

イスラーム文化に花開いた精緻な装飾宇宙。モスクや王侯貴族の居館に施され、今も往時のタイルが残る。

ラスター彩獣文星形タイル

星や十字形を組み合わせ建物の壁面を飾ったタイル。表面に金属的な輝きを持つラスター彩が施されている。

藍地多彩チューリップ文タイル

オスマントルコ帝国時代に建てられた、宮殿を飾った美しい草花模様のタイル。赤・青・白の対比が特徴的。

多彩謁見図組絵タイル

宗教施設では偶像崇拝は禁止だが、宮殿などには物語に登場する人物や動物が描かれた鮮やかなタイルも。

【スペインのタイル】

イスラーム芸術・文化を継承しながら、イタリアのマヨリカ陶器の影響を受けたタイルが多く作られた。

多彩幾何文クエンカタイル

14～15世紀のタイルで、異なった色釉が混じらないよう、模様の輪郭を押し型で畝状にしたのが特徴。

多彩組絵タイル

スパニッシュ・マヨリカの絵画的なタイル。錫釉の下地に明るい色彩で静物や果物などが描かれている。

白地藍彩銘文タイル

16世紀のタイル。中国や日本の染付磁器が伝来し、強い影響を受けて作られたタイルが多く登場。

【イギリスのタイル】

機械化が進み大量生産が可能になる一方で、手仕事を再評価するアーツ・アンド・クラフツ運動が起こった。

多彩草花文銅版転写タイル

細密画のような絵付けを銅版転写によって施したタイル。これにより生産効率が飛躍的に向上した。

多彩草花文象嵌タイル

湿式成形の素地にローラーでくぼみをつけ、そこに着色した粘土泥漿を流し込んで象嵌する手法のタイル。

多彩草花文手描きタイル

アーツ・アンド・クラフツ運動に参加した陶芸家も、手描き原画をプリントする技法で傑作タイルを残した。

【中国のタイル】

明代、清代の染付磁器は中近東から西洋で人気を博したが、中国では黒や灰色の煉瓦も多く作られた。

鳳凰画像塼

漢時代に建築材として用いられた低温焼成の煉瓦。模様の鳳凰は南・東など方角を表す四神のひとつでもある。

押型千秋万歳敷塼

漢時代に作られた低温焼成のタイル。長寿・繁栄を願った文字と幾何学文を配したもの。

花鳥文染付陶板

清代に作られた染付磁器タイル。白地藍彩タイルが輸出され、中近東やヨーロッパで広く流行する元となった。

【日本のタイル】

日本のタイルのルーツは6世紀に伝わる瓦に遡る。明治期には西洋から装飾性豊かなタイルが伝わる。

緑彩花文敷瓦

東大寺建立(751年)時のものとされる、奈良三彩様式を備えた、日本最初の釉を使った焼物。

染付草花文本業敷瓦

転写技術で文様付けしたもの。瀬戸では、磁器の製法を「新製」、従来の陶器によるものを「本業」と区別。

多彩薔薇文レリーフタイル

明治時代末に初めて国産された、多色装飾タイル。昭和初期までマジョリカタイルとして親しまれた。

時計

時の計測の歴史が凝縮

セイコーミュージアム銀座

セイコーミュージアム ぎんざ

東京都中央区

日本の時計産業をけん引したイノベーションの軌跡を知る

2020年にセイコー発祥の地・銀座に移転しリニューアルした「時計」の総合文化施設。同社が歩んだ140年の歴史を物語る所蔵品約1万2000点のうち500点を6つのフロアに展示し、服部時計店から精工舎を立ち上げ、日本の近代化とともに歩み続けたセイコーの技術の軌跡を知ることができる。日時計や水時計から江戸時代の和時計など、いにしえの時計コレクションも見ごたえがある。

DATA & ACCESS

☎03-5159-1881 所東京都中央区銀座4-3-13 セイコー並木通りビル 開10:30~18:00(事前予約制) 休月曜 料無料 交地下鉄銀座線·銀座駅から徒歩すぐ Pなし

↑3階では、清朝時代の日時計や、水時計など人類と時計の歩みに関する展示も充実

服部金太郎の創業の精神にふれられ、貴重な黎明期の国産時計が見られる2階の展示室

挑戦と努力の足跡

常に時代の一歩先を行く

服部時計店～精工舎の創業時期を紹介。戦乱期と鎖国制度によって欧米に遅れをとっていた日本の時計産業の近代化を進め、「東洋の時計王」と呼ばれるに至った服部金太郎の挑戦と努力を続けた足跡がわかる。

1 明治25年(1892)、精工舎の設立から2カ月で発表した国産の八日巻掛け時計
2 日本初の目覚まし時計。自社一貫製法でさびにくい外装も実現し人気を博した

創業140年を総観

精巧な時間

八日巻掛け時計に始まり、世界の標準を変えたクオーツウオッチの登場まで、セイコーの歴史と技術とともに代表製品を総観できる4階フロア。時代の流れと時計の多様性にもふれられる。

江戸時代の和時計。「不定時法」と呼ばれる時刻制度に対応した日本独自の機械式時計

企業
HISTORY

「東洋の時計王」と呼ばれた服部金太郎

明治14年(1881)に設立した服部時計店を母体に、明治25年(1892)には自社の製造工場を兼ね備えた精工舎を設立した服部金太郎。精密で正確な技術への探究心は「常に時代の一歩先を行く」企業精神となり、関東大震災や第二次世界大戦といった停滞期をも乗り越え、日本の時計産業を今なおけん引し続けている。

時計の多様性を楽しむ
いろいろな時間

匠の技が光る美意識を追求した時計、GPS電波修正時計など、多様な価値観に合わせたさまざまなセイコー製品を展示している。

正確性のニーズに挑む
極限の時間

1960 年代に始まったスポーツ計時とスポーツウオッチの歴史を紹介。限界に挑むアスリートの記録を正確に刻む計時機器、極限に臨む冒険家たちの命を守るスポーツウオッチ等、宇宙から深海まで活躍する機器を展示している。

陸上競技や競泳で活躍する1000分の1秒の計測機器

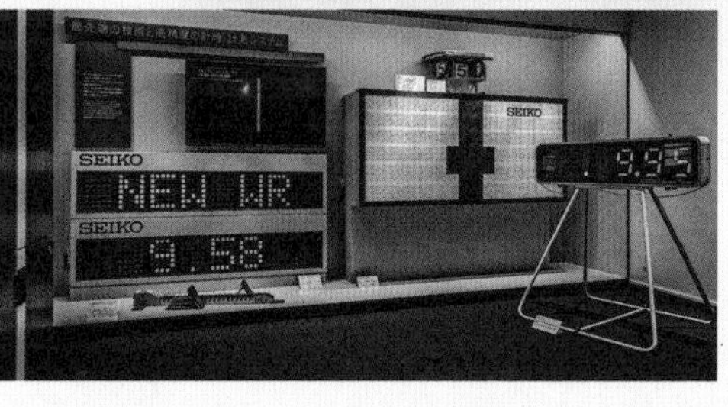

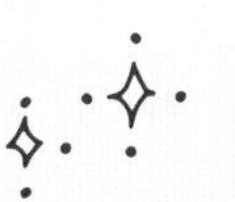

進化する「時間」計測の技術
自然が伝える時間から人がつくる時間

7000年前のエジプトにまで遡る、時を計る道具としての時計の歴史を追う。その仕組み、精度、大きさなど進化する時計の歴史を紹介している。

ミュージアムグッズ

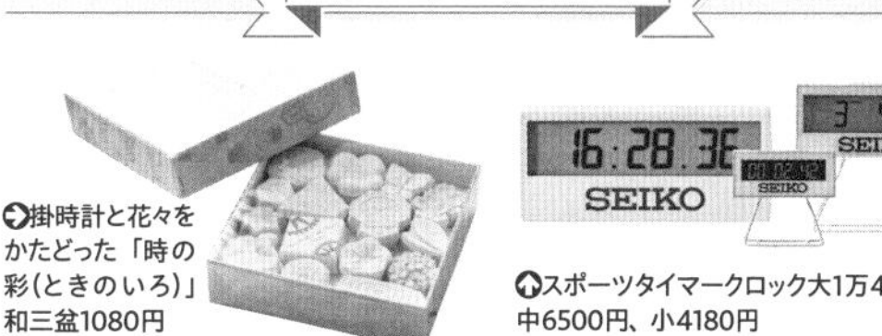

➲掛時計と花々をかたどった「時の彩(ときのいろ)」和三盆1080円

⬆スポーツタイマークロック大1万450円、中6500円、小4180円

日本の時計産業の歴史がここにある

セイコーミュージアム銀座
必見のマスターピース

タイムキーパー
1895年

創業からわずか３年で開発にいたった精工舎初の懐中時計。精度の高いシリンダー脱進機を搭載したもの。

セイコー
1924年

セイコーブランドウオッチの第1号。関東大震災の年まで製品ごとにブランドを命名していたが、震災後、精密で正確な時計を作り続けるという精工舎創業の原点に立ち返り、ブランドをSEIKOに統一した。

スーパー
1950年

セイコー初、小秒針ではなく、時分針と同じセンターに秒針を配置した中三針の腕時計。この製品以降、日本で本格的な中三針腕時計の時代が到来した。

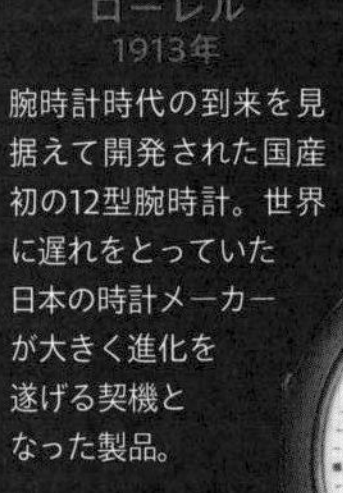

ローレル
1913年

腕時計時代の到来を見据えて開発された国産初の12型腕時計。世界に遅れをとっていた日本の時計メーカーが大きく進化を遂げる契機となった製品。

初代グランドセイコー
1960年

マーベルの後継機種、名機クラウンをベースに、当時の技術を結集し精度・信頼性・見やすさを徹底的に追及、腕時計の最高峰を実現した。

5スポーツスピードタイマー
1969年

針飛びのない垂直クラッチ機構と、動作がなめらかなコラムホイールを同時に搭載した世界初の自動巻クロノグラフ。日・曜日付。

クオーツアストロン
1969年

世界初のクオーツウオッチ。時間精度１カ月±5秒以内という高精度を実現。のちに「セイコー方式」と呼ばれるクオーツ時計の標準となった製品。

セイコーLCV.F.A.
1973年

世界で初めて時間・分・秒の６桁液晶表示を実現したデジタルウオッチ。FE型液晶表示素子と照明ランプは、以降のデジタルウオッチの標準となった。

真珠

養殖真珠発祥の島

ミキモト真珠島

ミキモトしんじゅしま

三重県鳥羽市

世界的ジュエリーブランド「ミキモト」の歴史を凝縮

真珠王と呼ばれた御木本幸吉(1858～1954)が、世界で初めて真珠の養殖に成功した島だ。かつては相島(おじま)と呼ばれていた鳥羽湾に浮かぶ島で、観光施設としての開島は昭和26年(1951)。島内には真珠博物館や御木本幸吉記念館があり、真珠の養殖を支えた海女の実演なども行われる。真珠を販売するパールプラザもぜひ立ち寄りたい。

DATA & ACCESS

☎0599-25-2028 所三重県鳥羽市鳥羽1-7-1 開10:00～17:00(最終入館16:00) 休無休 料1650円 交JR／近鉄・鳥羽駅から徒歩10分 Pあり

美しい真珠の世界を知る

真珠博物館

「人と真珠のかかわりを考える」をテーマにする。館内では、華麗でノーブルなきらめきに満ちた真珠の美術工芸品の展示や、真珠ができる仕組みなどの解説も行われている。

1 2階展示室では博覧会に出品した美術工芸などを展示 2 1階展示コーナーではスタッフが真珠のできる仕組みを紹介 3 実物、パネル、映像などを交えた展示が充実

1

島内でハート形の縁石を見つけると恋愛成就や夫婦円満の御利益があるとか

企業 HISTORY

ミキモト真珠島を訪れた各国のセレブたち

御木本幸吉は、尊敬する渋沢栄一にならって民間外交の道を志し、海外から数々の賓客や観光客を迎える「もてなしの場」として相島を整備し、ミキモト真珠島を誕生させた。その後、各国の王侯貴族、政治家、大使、実業家、ジャーナリストなど多彩な人々がこの島を訪れている。昭和50年(1975)にはイギリスのエリザベス女王夫妻も来島。現在も来客のリストには世界の要人、学者文化人の名前が多く見られる。

⬆真珠を愛したエリザベス女王も来島した

2

3

真珠王の遺品の数々を展示

御木本幸吉記念館

鳥羽のうどん屋「阿波幸」に生を受け、96歳で亡くなるまでの生涯をさまざまな資料で紹介する。生家の「阿波幸」の復元や愛用の日用品、コレクションなども展示され幸吉の暮らしぶりも体感できる。

⬇初期の養殖場の設計図。アコヤ貝を育む相島に設けられた養殖場の位置などが描かれている

体験! MUSEUM

真珠養殖を支えた海女

海女の実演を見学

島内の海女スタンドでは、伝統的な潜水作業に従事する海女たちを見学できる。5〜6mも素潜りをする海女たちの姿は感動的だ。

ミキモト真珠島
必見のマスターピース

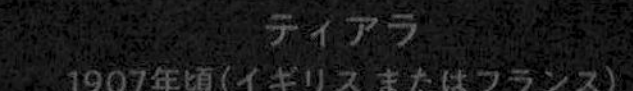

ティアラ
1907年頃（イギリス またはフランス）

直径が14mm、ユニークな形のバロック真珠にプラチナの輝きが華やかさを添える。ティアラは社交界で広く用いられたもので、特に皇族との同席には必須のアイテムだった。

ミキモトパークラウン
1978年

養殖真珠85周年を記念して制作された。0.1カラットのダイヤモンド188個、真珠872個と18金地金700gで作られている。

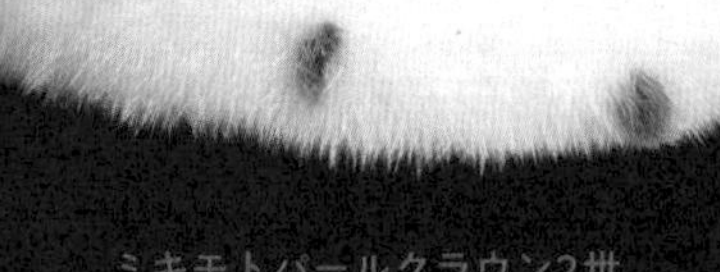

ミキモトパールクラウン2世
1979年

真珠796個、0.1カラットダイヤモンド17個、18金地金950gで作られている。ビザンチン帝国の王冠をモデルにしたもの。

ペンダント・ネックレス「蘭」
1898年頃（フランス）
アールヌーボージュエラーのジョルジュ・フーケ（1862～1957）の作品。きわめて繊細かつ写実的に蘭の花を表現している。

蛇のネックレス
19世紀中期
（イギリス）
尻尾をくわえた蛇は始めも終わりもない「永遠」を意味するものとして、ヴィクトリア時代にも愛された。

帯留「矢車」
1937年
パリの万国博覧会に出品された、日本近代ジュエリー史に名を残す逸品。付属部分を組み替えることにより、12通りの使い分けができる設計。

世界の発明王エジソンからの手紙
（御木本幸吉記念館に展示）
1928年
昭和3年（1928）12月に幸吉に送られた手紙。その前年に直接会見した際に、エジソンが幸吉を称賛した「真珠とダイヤモンドだけは私の研究所でできなかった」という話は有名。

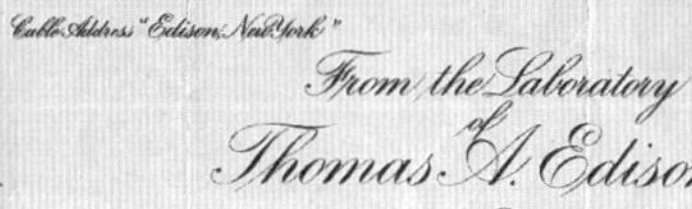

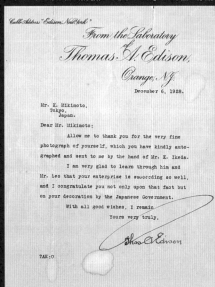

Cable Address "Edison, New York"

From the Laboratory of Thomas A. Edison, Orange, N.J.

December 6, 1928.

Mr. K. Mikimoto,
Tokyo,
Japan.

Dear Mr. Mikimoto:

Allow me to thank you for the very fine photograph of yourself, which you have kindly autographed and sent to me by the hand of Mr. K. Ikeda.

I am very glad to learn through him and Mr. Seo that your enterprise is succeeding so well, and I congratulate you not only upon that fact but on your decoration by the Japanese Government.

With all good wishes, I remain

Yours very truly,

Thos A Edison

TAE:O

夢殿
1993年
御木本真珠発明100周年記念事業の中心とされる美術工芸品。養殖真珠をふんだんに使ったミキモト装身具の技量を結集させた作品。

自動車

自動車の歴史から未来を展望

トヨタ産業技術記念館

トヨタさんぎょうぎじゅつきねんかん

愛知県名古屋市

日本経済を牽引するトヨタ その軌跡と技術力を凝縮

トヨタ自動車を創業した豊田喜一郎氏の生誕100年にあたる平成6年(1994)6月に開館。トヨタグループ17社の共同事業として運営され、豊田佐吉が明治44年(1911)に織機の研究開発のために創設した赤レンガの試験工場の建物を利用して建設。繊維機械館と自動車館からなり、日本経済をけん引している企業の創業時からの歴史と最新技術までを細かく学べる。

DATA & ACCESS

☎052-551-6115 所愛知県名古屋市則武新町4-1-35 開9:30～17:00(最終入館16:30) 休月曜(祝日の場合は翌日) 料500円 交名鉄名古屋本線・栄生駅から徒歩3分 Pあり

ミュージアムグッズ

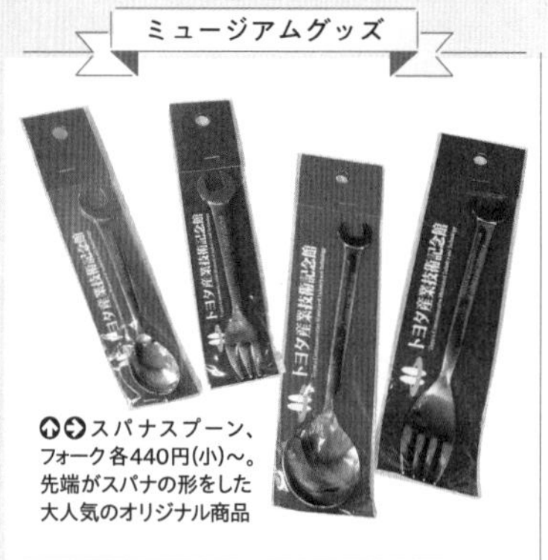

↑→スパナスプーン、フォーク各440円(小)～。先端がスパナの形をした大人気のオリジナル商品

トヨタ自動車の全貌を展示

自動車館

延べ床面積約7900㎡のフロアはまるで自動車工場内。3つのゾーンで自動車技術や生産技術などを展示。懐かしく貴重な名車も見られる。

動く産業革命は必見

蒸気機関

蒸気機関は産業革命の原動力。展示されている蒸気機関は100年以上前のスルザー社製で巨大なフライホイールが動く様子が見学できる。

創業期から現在まで、各時代の開発技術の変遷とその時代を代表するトヨタ車を展示

企業 HISTORY

自動車産業の基盤を築いた豊田喜一郎

父・豊田佐吉の自動織機開発に協力、さらに紡績機械も開発したのが、日本の自動車産業の父の豊田喜一郎だ。何度も試行錯誤と挫折を繰り返しながらも、昭和９年(1934)にA型エンジン第１号完成、翌年には、A１型乗用車とG１型トラック試作車を完成させ、のちに量産化にも成功。昭和12年(1937)にトヨタ自動車工業(株)の設立後、さまざまなグループ会社の設立もてがけた。繊維機械事業を基盤に自動車の大量生産を目指して国産技術の開発に努め、日本の自動車産業の基盤を築いた。

ミュージアムカフェ

ソフトドリンク、軽食、スイーツなどが楽しめるセルフスタイルの店。繊維機械館と自動車館の間にあり休息に最適。
☎052-551-6243 開9:30～17:00

これぞ世界のトヨタの原点
繊維機械館

大正時代に建てられた紡績工場の約3500㎡の建屋をそのまま使用。紡織機械が約100台展示され、豊田佐吉が生み出した独自技術の詳細も学べる。

金属加工の実演で技術体験
金属加工コーナー

金属加工の代表的技術、鋳造、鍛造、切削作業をオペレーターがわかりやすく解説しながら実演。目の前で貴重な技術が体験できる。

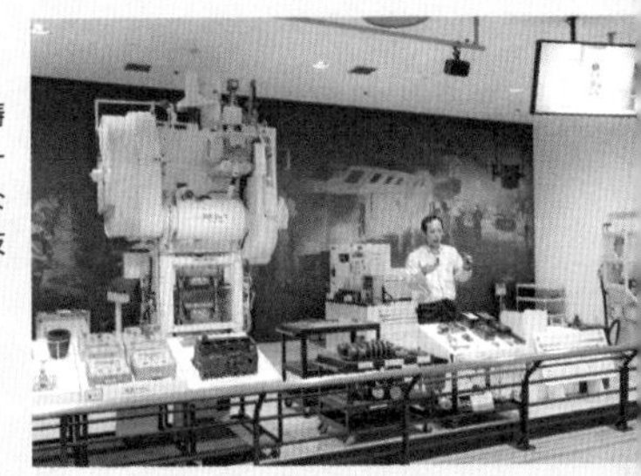

時代を代表するトヨタの名車

トヨタ産業技術記念館
必見のマスターピース

AA型乗用車
1936年

豊田喜一郎が開発した最初のエンジンを搭載したAA型は、画期的な流線形のデザインで、斬新なスタイル。1404台生産され、AA型で築かれた技術が、自動車産業を支える基礎に。

トヨダG1型トラック
1936年

昭和10年(1935)11月にフォードトラックを模したシャシーにA型エンジンを搭載したG1型トラックを発表。改良を重ねた結果、急速な技術の向上につながった。

トヨペットクラウンRS型
1955年

初代クラウン。トヨタが独力で純国産技術により開発した最初の本格的な乗用車。乗り心地のよい堅牢な足回り、最高速度は時速100kmで、昭和31年(1956)「ロンドン・東京5万キロ」走行に挑戦し成功。

トヨエースSKB型トラック
1956年

トヨタ自動車工業がシャシーを、豊田自動織機製作所がエンジンを、トヨタ車体がボデーを担当し、各社の技術を動員し、誕生した実用本位の軽トラック。

初代セリカ
1970年

日本初の“スペシャルティカー”として登場。既存のセダンから独立した外観と車名を備えていて、ユーザーの好みに応じて仕立てることができる、フルチョイス・システムを採用し話題に。

初代カローラ
1966年

国際市場に通じる高速性能に優れたファミリーカーとして開発。わが国のマイカー時代の先駆けとなった車。性能、居住性、維持費、価格などすべての面でファミリー層に高い評価を得た。

初代セルシオ
1970年

1980年代に入るとアメリカ向け自動車の輸出自主規制が開始。それに対応して海外での現地生産体制が進められるなか、セルシオは世界市場で高い評価を得られる高性能·高品質な車として誕生。

レクサスLFA
2010年

トヨタの高級ブランドであるレクサスが、平成22年(2010)に発売した2ドアクーペ。最高峰のスーパーカーとして、2年間で500台のみ生産された貴重な車で、トヨタが長年培ってきたレーススピリットが凝縮。

初代プリウス
2000年

ハイブリッドシステムを採用した世界初の量産車で21世紀のクルマ像の先駆け。1.5ℓガソリンエンジンと電気モーターを備え、それぞれの駆動力を走行状況に応じて最適に組み合せるシステムを採用。

ミライ
2014年

酸素と水素を「燃料電池」に取り込んで電気をつくり、その電気でモーターを回して走る燃料電池自動車(FCEV)。化石燃料の使用を抑えるという世界的な動きを受け、トヨタの新たな提案が詰まっている。

磁器

近代陶業の歴史を伝える

ノリタケの森 ノリタケミュージアム

ノリタケのもり ノリタケミュージアム

愛知県名古屋市

明治期以降の陶磁器を展示
ノリタケミュージアム

明治から昭和初期までに製造された「オールドノリタケ」をはじめ、デザイン画や数々のテーブルウェアを展示。歴代のディナー皿と当時のできごとも併せて紹介するコーナーでは、ノリタケ食器のデザインの流れがわかる。

ノリタケの森のカフェ

Café grand vert
カフェ グラン ヴェール

ライフスタイルショップ「ノリタケスクエア名古屋」内併設のカフェ。散策の合間に、ノリタケの食器で、心地よいくつろぎのカフェタイムを過ごすことができる。

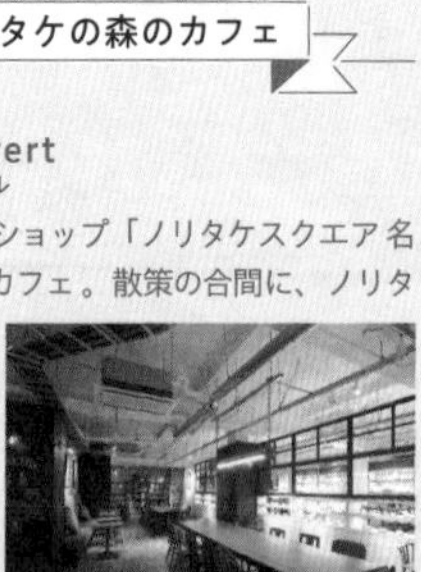

開11:00～17:00
(LO16:30)

匠の技を見学
クラフトセンター

ノリタケミュージアムのある建物の1-2階はボーンチャイナの製造工場。生地の成形から絵付けまで、ノリタケの技と伝統を間近で見学できる。

工業製品として作られた食器からは、当時の時代背景や市場のニーズがうかがえる

一日楽しめる産業観光施設 ノリタケの森

ノリタケの森は、陶磁器メーカー「ノリタケ」が、創立100周年の記念事業として平成13年(2001)に本社敷地内に開設した産業観光施設。四季折々の風景が楽しめる敷地を無料開放し、地域の人々に親しまれている。広い園内には、陶磁器の参観工場、ノリタケの直営店やレストランなどが点在。子どもから大人まで気軽に楽しめる絵付け体験も人気だ。ノリタケミュージアムでは、歴史的価値も高い華やかなオールドノリタケや洋食器などを展示している。

DATA & ACCESS

☎052-561-7114 所愛知県名古屋市西区則武新町3-1-36 開10:00～17:00(施設により異なる) 休月曜(祝日の場合は翌日)、カフェとショップは無休 料500円(ノリタケの森は入園無料) 交JR東海道本線·名古屋駅から徒歩15分 Pなし(周辺駐車場利用)

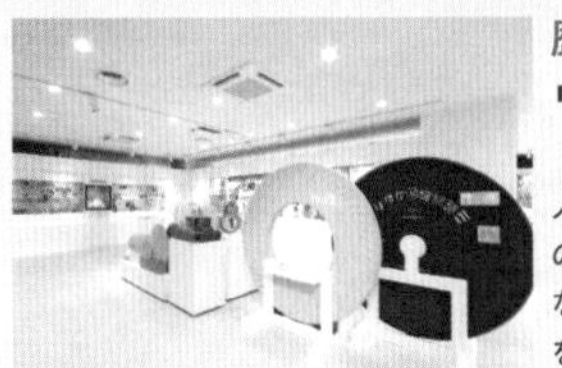

歴史と事業を紹介

ウェルカムセンター

ノリタケの歴史、事業や会社紹介の映像が見られるほか、さまざまな分野で活躍している製品、技術を紹介している。

さまざまなアートに出会う

ノリタケの森ギャラリー

陶芸、絵画、彫刻などのアートを身近に楽しめるギャラリー。有名作家の個展から市民の美術展まで、幅広く作品発表の場を提供している。

体験!

クラフトセンターで皿やマグカップに絵付け

絵付け体験

クラフトセンター2階では、お皿やマグカップなどに絵付け体験ができる。真っ白なボーンチャイナ製品に自由に絵を描いて世界にひとつのオリジナル作品を作ろう。

企業 HISTORY

白く精緻な洋食器を日本で作りたい

ノリタケカンパニーの前身となる日本陶器合名会社が、輸出商社・森村組により創立されたのは明治 37 年(1904)のこと。それまでも飾皿などの装飾品としての陶磁器は輸出していたが、実用的な洋食器へと取扱い品の転換を図り、その生地製造のために誕生した。しかし窯業の近代化が遅れていた日本において、その事業は困難を極めた。試行錯誤の末、大正 3 年(1914)、SEDANと名付けたディナーセットが完成。やがて、ノリタケの名は洋食器メーカーとして世界に広がっていった。

ノリタケミュージアム
必見のマスターピース

デザイン画帖
色絵エナメル金点盛薔薇文双耳花瓶
1910年頃

明治43年(1910)頃にニューヨークで描かれたデザイン画(左)と、それをもとに日本で作られアメリカに輸出された花瓶(右)。忠実に再現された現物からは、品質に対する真摯な姿勢が伝わってくる。

ディナーセット
「WHITE & GOLD」
1930年

大正元年(1912)、ファンシーウェア(装飾品)として誕生した絵柄を、昭和5年(1930)にディナーウェアに展開した。当初は、絵付けのほとんどを手作業で行っていた。平成22年(2010)まで販売したロングセラー商品。

色絵花鳥文皿
(藤村與兵衛工場製)
明治20年代

鶉や牡丹などを鮮やかな配色で描いた皿。当時は瀬戸などから生地を仕入れ、各地にあった取引先の工場で絵付けし、輸出していた。藤村はその絵付け工場のひとつ。

色絵金彩鳥文
ゲームセット
1911-1921年

ゲームは狩りを意味し、それにつながるモチーフが描かれたセット。主な輸出先であったアメリカ市場の消費者が抱いていた、ヨーロッパへの憧憬を反映している。

色絵盛上
松オウム文皿
1891-1921年

松とオウムが器面いっぱいに描かれた、直径30㎝を超える存在感のある大皿。周囲を囲んだ洋風の文様は、落ち着いた華やかさを放っている。

色絵エナメル金盛水牛文飾壺
1891-1921年

水牛のいる水辺の風景を描いた華やかな製品。絵柄は転写紙によるものだが、上から手描きでリタッチし、油絵のような描写に仕上がっている。

色絵幾何学文
コンポート
1920-1931年

1920～30年代に流行したアール・デコ様式のコンポート。アール・デコの特徴である幾何学模様が大胆な色彩で描かれている。

色絵ラスター彩婦人形蓋物
1920-1931年

ノリタケ・アール・デコには、女性や動物などを模した製品が多くある。また、当時好まれた金属などの質感を表現するため、メタリックな輝きを発するラスター彩という絵具を多用している。

化粧品・広告

美のクリエイションの歴史

資生堂 企業資料館

しせいどう きぎょうしりょうかん

静岡県掛川市

化粧のパイオニア精神を体感 国民的化粧品企業の資料館

創業120周年を迎えた平成4年(1992)に開設。商品のみならず、メディアを駆使して日本の化粧文化をけん引してきた資生堂が、その長い歴史から生まれたさまざまな資料を展示。商品パッケージやポスター、広告、テレビCMなどの資料を通して、企業の歴史とともに日本における化粧の歴史の変遷が見てとれる。

DATA & ACCESS

☎0537-23-6122 所静岡県掛川市下俣751-1 開金曜10:00～16:30(最終入館16:00) 休金曜のみ開館(祝日の場合も開館、夏期・年末年始は休館) 料無料 交JR東海道本線・掛川駅から徒歩20分 Pあり

時代ごとのデザインを鑑賞

パッケージの変遷

1階では、明治5年(1872)の創業から100年間の商品パッケージを時代ごとに展示。昭和47年(1972)以降の商品は2階に。「スキンケア」「メイクアップ」「サマー・サンケア」などのカテゴリー別で展示している。

歴史の産物が一堂に

企業文化のあゆみ

明治5年(1872)、日本初の民間洋風調剤薬局として創業。日本初の練歯磨や資生堂を象徴する化粧品、大正時代の香水ほか、明治から現代までの宣伝制作物などを展示している。

1 美容部員の歴代コスチュームも展示
2 昭和初期や戦後の高度成長期の宣伝制作物などの展示も興味深い

1

2

企業 HISTORY

資生堂スタイルを確立した立役者 山名文夫のデザイン

イラストレーターでグラフィックデザイナーでもあった山名文夫（1897～1980）は、資生堂スタイルの確立に最も貢献したとともに、日本のグラフィックデザイン黎明期の先駆者でもあった。彼が資生堂意匠部員となった昭和4年(1929)、意匠部は銀座７丁目の完成まもない資生堂化粧品部の建物にあり、そこから多くのデザインが生まれた。当時の先進的な女性たちの心をとらえ、世のなかに資生堂のイメージを印象づけた、山名の繊細にして優美、そしてモダンな女性像。以来、高級ブランド「ドルックス」のまったく新しい唐草文様のデザインや花椿マークのロゴに手を加えるなど、長期にわたり優れた作品や広告を生んだ。

まるで芸術作品さながら

宣伝広告

時代ごと消費者に刺激を与えてきた宣伝広告物。商品の宣伝ツールでありつつ商業アートとしての評価も高い。明治、大正、昭和、平成の各時代を彩った代表的ポスター・コルトンを多数展示。

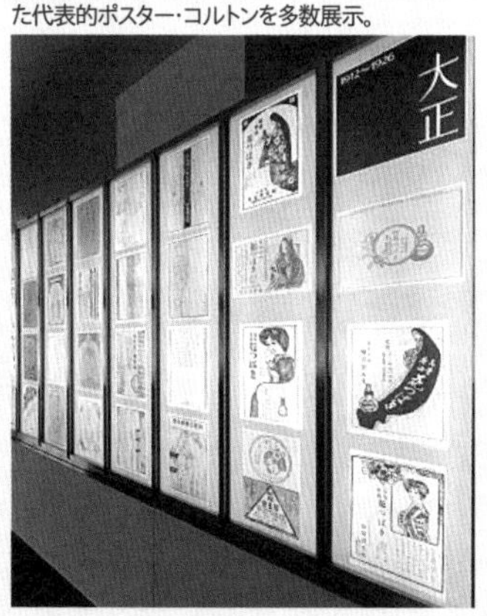

ミュージアムグッズ

↑山名文夫はじめ資生堂デザインのポストカード。約50種、各100円

↑山名文夫のデザインが印刷されたトートバッグ 1600円

→ハンカチは、左が山名文夫のデザイン、1000円。右は矢部季の「つるばら」1200円

資生堂 企業資料館
必見のマスターピース

オイデルミン
1897年

同社初の化粧品。当時最先端の西洋薬学技術処方でボトルデザインは西洋風で斬新なものだった。「資生堂の赤い水」と親しまれ、今も後継品が販売を続けるロングセラー。

フローリン
1915年

福原信三(ふくはらしんぞう)が欧米留学の知識と経験を生かし開発した頭髪香水兼香油。流行のひさし髪に合うと支持された。西洋的デザインや4つの専売特許を得る高品質も特徴。

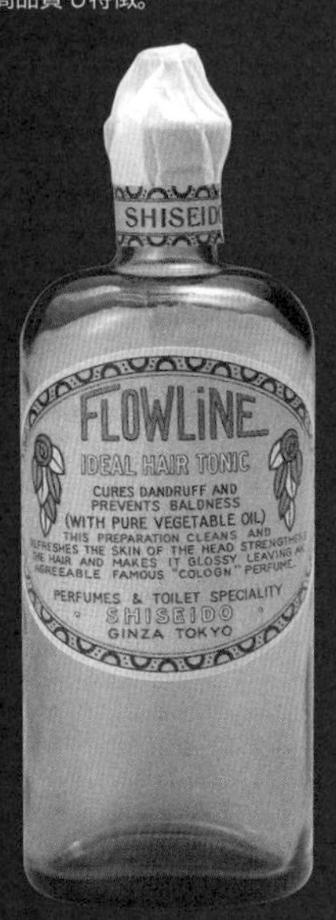

香水 花椿
1917年

資生堂初の香水。大正当時の西欧のモダニズムに日本的感覚を盛り込んだデザインで、ガラス栓の上部には花のレリーフが施されている。資生堂フレグランスの原点。

コールドクリーム
1918年

上質なクリームとして、白い玉瓶の蓋は薄い膜で包まれ金糸で結んである。前田貢のデザインによる赤い外箱は昭和3年(1928)に追加され、以来「赤箱クリーム」と親しまれた。

モダンカラー粉白粉
1932年

山名文夫が珍しくパッケージに女性を描いたもの。アール・デコ調で、戦前の資生堂デザインを代表する一品。

ドルックス
1951年

経済が復興しはじめ、当時の資生堂を代表するブランドも復活。戦前の前田貢の「カリグラフ」から山名文夫が新しい唐草を生み出した。優雅で上品な図柄はそのまま。

香水 ホワイトローズナチュラル
1954年

天然の白バラエッセンス使用の最高級香水。当時の大卒初任給の約2倍の価格で、ボトルはクリスタルガラスの多面カットの手作り。外箱は白バラを幻想的に表現。

クリームパクト
1960年

しっとりと肌にのり、自然な美しさをつくるコンパクト型油性白粉。白地の容器に金色で流麗な資生堂スタイルの唐草文様が刻まれ、高級感あふれるパッケージデザインだ。

香水 禅
1964年

東京オリンピックを機に日本趣味が再流行した海外向けに「禅」を表現した香水を開発。黒漆塗りのボトルに高台寺蒔絵を基にした草花を金泥で描き、東洋の幽玄を表現。

アンジェリーク
1991年

フランス人調香師、ジャン・ルイ・シュザックによる香水。ビジュアルシンボルにアンディ・ウォーホルによる天使をあしらった。ボトルはらせんを描いて昇っていくモスクをイメージ。

オイデルミン グローバル
1997年

化粧品事業100年記念に原点である「オイデルミン」を再生。深い赤、シンプルでシャープなフォルム、反転させ記号化したロゴなど、同社の美的哲学を象徴的に表現。

資生堂 企業資料館
必見のマスターピース

矢部 季
1925年

女性の横顔が流麗で優美な曲線で描かれ、アール・ヌーヴォーとアール・デコが調和した代表的なポスター。資生堂デザインの基調として採用された。

資生堂化粧品デー
資生堂化粧品一円御買上げ毎に洩れなく粗景呈上
自四月廿日
至五月廿日

前田 貢
1930年

同社の唐草文様を完成させたデザイナーの一人。当時の常識を破る縦横のバランスが斬新で前衛的なアール・デコのポスター。

沢 令花
1926年

雪の夜のコート姿の女性を描いたアール・ヌーヴォー調の作品。季節感が織り込まれたこれらのポスターが毎月契約店(チェインストア)に配布されていた。

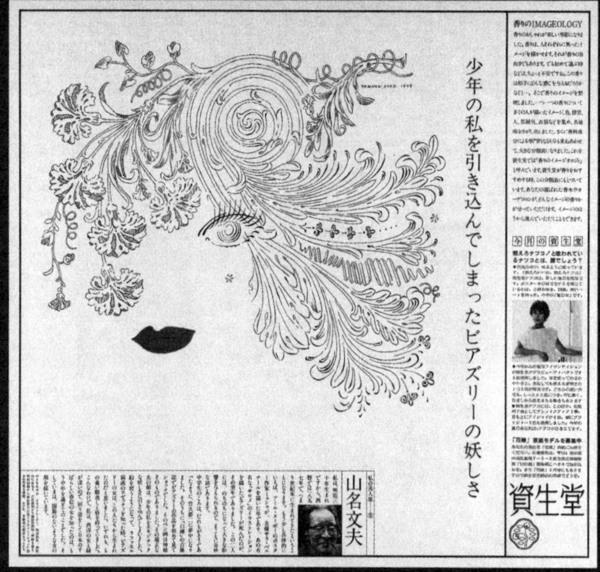

山名文夫
1960年(上)
1979年(右)

上は、唐草文様と女性像を繊細な線描画で一体化。優美な女性像を生んでいる。右は最晩年の作品。終生、唐草文様を追求し、唐草と女性美が融合された究極にたどり着いた。洗練され気品ある永遠の女性美を表現している。

山本武夫
1938年

伝統的な美人画が特徴。昭和初期、契約店(チェインストア)向けに、当時のデザイナーたちは時代を先取る美しい女性像を描き、資生堂のイメージアップに貢献した。

水野卓史
1961年

資生堂初のキャンペーン「キャンディトーン」のポスター。昭和39年(1964)以降、広告表現の主体はイラストレーションから写真へと切り替わっていく。

ウイスキー

ニッカウヰスキー発祥の地

ニッカウヰスキー余市蒸溜所

ニッカウイスキーよいちじょうりゅうしょ

北海道余市町

竹鶴政孝の夢の続きが今も原点で受け継がれている

創業者、竹鶴政孝が夢への出発点として選んだ北海道余市。創業時と変わらない伝統の技、連綿と続くウイスキーづくりへの情熱が力強く重厚なモルト原酒を育んでいる。余市蒸溜所の工場施設の見学はガイドツアーのみ(インターネットまたは電話での予約制)で、ニッカミュージアム、有料試飲コーナー、ギフトショップ、レストランは、自由に入場、利用できる。

DATA & ACCESS

☎0135-23-3131 所北海道余市町黒川町7-6
開9:00～16:30(ガイドツアー最終案内15:00～)
休無休 料無料 交JR函館本線・余市駅から徒歩3分
Pあり

昭和9年(1934)7月、前身の大日本果汁株式会社が設立。木造平屋建ての旧事務所が残る

2022年2月、キルン塔(第一乾燥塔)など10の建造物が重要文化財に登録された

ブレンダーの日常を解説

ブレンダーズ・ラボ

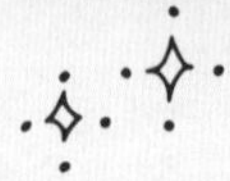

ニッカウヰスキーのブレンダーの3つの役割「現行商品の味を守る」「既存原酒から新しい味わいをつくる」「未来を見据えて原酒の仕込みに携わる」を映像で紹介。実際に使われているブレンダーズテーブルを再現。

企業 HISTORY

火を操る職人とポットスチル

ストレートな剛熱が生む重厚かつ芳醇なシングルモルトの製造の要、ポットスチル。余市の1号ポットスチルは昭和11年（1936）に誕生し、現在も蒸溜棟内に静かに鎮座している。熟練の職人が汗にまみれながら炉に石炭をくべる。石炭による直火蒸溜という伝統手法を現在でも守り続けている蒸溜所は、世界でも稀有である。

余市川
S ディスティラリーショップ・ノースランド
P
R ニッカ会館
ニッカミュージアム
ブレンダーズ・ラボ
ストーリー・オブ・ニッカウヰスキー
ディスティラーズ・トーク
テイスティング・バー
旧竹鶴邸
製樽棟
道の駅スペースアップルよいち
旧ビン詰め工場
醗酵棟
旧事務所
蒸溜棟
正門
余市駅
0　100m

4ブランドの世界観を解説

ストーリー・オブ・ニッカウヰスキー

代表する4つのブランド「余市」「竹鶴」「ブラックニッカ」「フロム・ザ・バレル」の歴史やストーリー、世界観を紹介するコーナー。

伝統の技を継承する者

ディスティラーズ・トーク

ブレンダーによるスペシャルトーク映像などで、ウイスキーづくりに携わるスタッフたちの生の声が聴ける。

原点でニッカを味わう

テイスティング・バー

蒸溜所限定商品などニッカウヰスキーのさまざまな製品の試飲ができる(有料)。中央には実際のポットスチルを配置。

ニッカ創業のストーリーを紹介する竹鶴イズムコーナーもあり

体験！MUSEUM

ウイスキーへの理解を深める

ガイドツアー

1日9回、所要時間約70分、無料のツアーを毎日実施。ニッカの歩みや、ウイスキーの製造工程について解説してくれる。最後の試飲タイムも楽しみだ。またガイドツアーとは別に、セミナーまたはランチが付いた有料イベントも用意。ツアー、イベントはHPから要予約。

抱き続けた夢を現実のものに

ニッカウヰスキー余市蒸溜所 必見のマスターピース

リンゴジュース
1935年

前身の大日本果汁株式会社はリンゴジュースを販売。栄養価が高くいくつかの病院でも取り扱われるなど、「本物に対するこだわり」がうかがえる。

第1号ニッカウヰスキー
1940年

昭和11年(1936)にようやく1基のポットスチルが届き、念願のウイスキーの蒸溜を行う。試行錯誤を経て、昭和15年(1940)6月に発売。

ブラックニッカ(特級)
1956年

余市モルトを使ったスコッチタイプのブレンデッドウイスキー。ニッカウヰスキーを「日本の洋酒界を代表するブランドにしたい」という竹鶴政孝の想いのもと、こだわりの自信作として発売。余市モルトの力強く重厚な個性が際立つ。

フロム・ザ・バレル
1985年

「ウイスキーの小さな塊」を表現した四角いボトルが特徴。モルト原酒とグレーン原酒を合わせたブレンデッドウイスキーで、世界的な酒類品評会で多くの受賞歴を持つ。

シングルモルト余市
1989年

重厚で深みのある味わいのシングルモルトウイスキー。本場スコットランドでも珍しくなった石炭直火蒸溜を採用している。

竹鶴ピュアモルト
2000年

「異なる土地で生まれた複数の原酒をブレンドすることで、ウイスキーは味わい深く豊かになる」という信念のもと、余市と宮城峡、2つの蒸溜所で造られた複数の原酒を使用する。

企業博物館内のレストラン

お店のつくりや内装、器そのものと盛り付けられた料理から、企業の個性が感じられる。

ノリタケの森

Restaurant Kiln

レストラン キルン

食器と料理のマリアージュ

赤レンガ建築と豊かな緑に囲まれた園内を眺めながら、モダンな空間で創作フレンチが楽しめる。料理を引き立てるノリタケの美しい食器の魅力にふれてみたい。

☎052-561-7304 営11:30～14:30、17:30～20:30(LO19:30) 休月曜(祝日の場合は翌平日)

↑ランチ、ディナーのほか、アフタヌーンティーや貸切パーティなど多様なニーズに応える

↑明るく心地良い店内からは煙突が見える

↑店内や外装に美しいタイルが使われているところも魅力

↑生ハムとルッコラのピッツァは1800円

INAXライブミュージアム

Pizzeria la fornace

ピッツェリア ラ・フォルナーチェ

知多半島の旬を味わう

「世界のタイル博物館」に併設されたピッツェリア。薪窯で焼くピッツァと、旬の食材をたっぷり使ったパスタ、自家製のイタリアンドルチェが揃う。テラス席も完備。

☎0569-34-8266 営10:00～18:00(LO17:15) 土・日曜、祝日は～21:00(LO20:00) 休水曜

ニッカウヰスキー
余市蒸溜所

レストラン樽

レストラン たる

ニッカの伝統を料理で

余市町のブランド豚「北島豚」をはじめ、北海道産の素材を使ったランチやスイーツメニュー、お酒に合う料理を揃える。ニッカウヰスキーのテイスティングセットも楽しめる。

☎0135-23-4611 営10:30～15:50(LO15:20) 休12月25日～1月7日

↑ニッカ会館の1階に入る。ディスティラリーショップ・ノースランドも隣接

↑木の温かみを感じる落ち着いた雰囲気の店内

↑余市北島農場産麦豚バラ肉のポークシチューオムライス1340円

考古・民族

時空を超えて、古代への旅

恐竜

太古の恐竜世界と自然を体感

長崎市恐竜博物館

ながさきしきょうりゅうはくぶつかん

長崎県長崎市

恐竜の復元ロボットや本物の化石にワクワク

長崎市の南部、野母崎（のもざき）地区に国内3番目の恐竜専門の博物館として2021年に誕生。長崎の沿岸部では多くの恐竜化石が産出されており、これらの貴重な標本や全長13mのティラノサウルスの全身骨格レプリカなど、約180点の標本を展示している。最新技術で動く恐竜の復元ロボットや、本物の化石にさわることができるコーナーもあり、太古の恐竜世界を実感できる。

DATA & ACCESS

☎095-898-8000 所長崎県長崎市野母町568-1
開9:00～17:00(最終入館16:30) 休原則月曜
料500円 交JR長崎本線·長崎駅から長崎バスで52分、恐竜パーク前バス停下車、徒歩5分
Pあり

最新の学説をベースに羽毛やうろこを再現したティラノサウルス科の復元ロボット

恐竜の全身骨格が並ぶ展示室は見どころのひとつ。大きな窓からは世界文化遺産に登録された端島(軍艦島)が望める

ティラノサウルス類の
進化

1 迫力の骨格標本がすごい

恐竜の時代

実物大の骨格標本がいくつも展示され、その迫力に圧倒される。長崎で発見された恐竜化石や実物の化石にさわることができるコーナーもあり、太古の恐竜世界がリアルに迫ってくる。

世界最大級といわれる6700万年前のティラノサウルスの全身骨格のレプリカも展示

炭鉱の形成と哺乳類の進化を紹介
燃える石の時代

長崎で炭鉱が形成された新生代に、陸上と水中に進出していった哺乳類を紹介する。軍艦島や高島など、炭鉱で栄えた島々やそこで採掘されていた石炭についても紹介し、大地の仕組みや歴史を学ぶことができる。

幻の鳥の標本は必見!
現代の恐竜たち

長崎市にゆかりの深い鳥を中心に恐竜の生き残りといわれる鳥類を展示。絶滅した幻の鳥「ドードー」の全身骨格レプリカや、季節ごとに見られる野鳥のスライドショーなどもある。

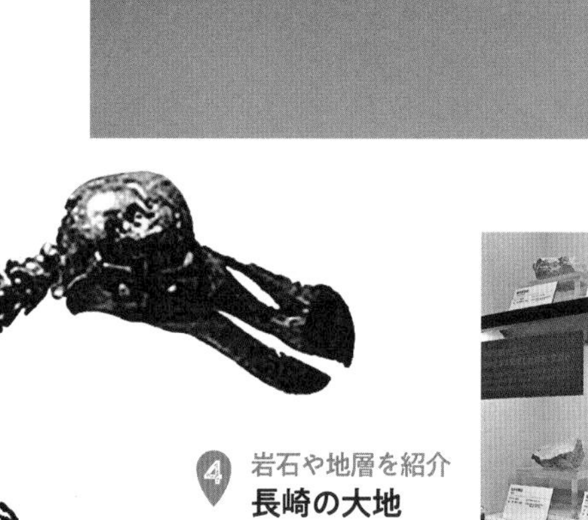

ドードーの骨格標本。江戸時代、生きたドードーが出島に持ち込まれたという

岩石や地層を紹介
長崎の大地

約8000万年前の化石が1300点以上も発見されている長崎半島。ここを構成する岩石や地層の成り立ちについて、実物の岩石標本や壁面イラストで紹介。岩石の種類や自然を学ぶことができる。

進化の流れを知る
生命の記録

生物の目や顎などの化石を使って、先カンブリア時代から古生代までの進化の大きな流れを紹介。模型に触れることで目と顎の重要性と進化を実感することができる。

さまざまな哺乳類の骨格標本や、その時代に形成された石炭や岩石を展示

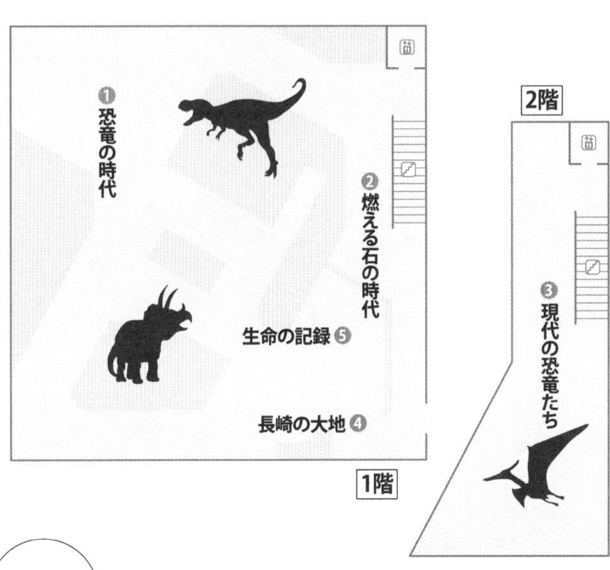

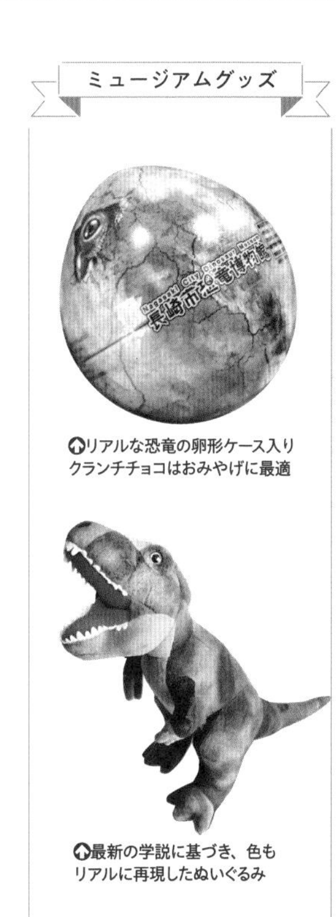

ミュージアムグッズ

↑リアルな恐竜の卵形ケース入りクランチチョコはおみやげに最適

↑最新の学説に基づき、色もリアルに再現したぬいぐるみ

体験プログラムに挑戦

恐竜しおり

恐竜イラストに色を塗って作る恐竜しおりや、ちぎり絵で作るポストカードなど、内容を変えてワークショップを実施。

化石・岩石・鉱物

見て触れて石の不思議を体感

玄武洞ミュージアム

げんぶどうミュージアム

兵庫県豊岡市

世界各地から集められた宝石や鉱物のコレクションを展示

玄武洞は山陰海岸のジオパークを代表する景勝地で、国の天然記念物。玄武岩という名前の由来となった場所でもあり、かつて地球上に地磁気が逆転した時代が存在したことを証明するきっかけとなった世界的価値のある場所でもある。玄武洞ミュージアムでは玄武洞の歴史や数々の発見を紹介するとともに、世界各地から集められた石や恐竜の化石などを展示。地球の神秘にふれることができる。

DATA & ACCESS

☎0796-23-3821 所兵庫県豊岡市赤石1362 開9:00～17:00 休水曜(1月のみ) 料800円 交北近畿豊岡自動車道・但馬空港ICから車で25分 Pあり

体験！MUSEUM

当日受付でも体験できる

化石発掘体験、石のアクセサリー作り

豊岡産「コリヤナギ」と「籐」を用いたかご編み、石のアクセサリー作り、化石発掘体験ができる。本物の化石が出る化石発掘体験では、出た化石はすべて持ち帰れる。

生命進化の歴史をたどる

化石ゾーン

ティラノサウルスの子ども「ティンカー」は化石ゾーンのシンボル的存在。そのほか翼竜や大型化石などを見て、古代に思いを馳せながら生命進化の軌跡をたどることができる。

↑→今にも動き出しそうな魚など生前そのままのような化石も魅力的

玄武洞の不思議な魅力

岩石ゾーン

玄武洞の成り立ちや発見、その美しさなどを映像や展示で紹介。山陰海岸にはゾウの足跡化石が多いことにちなみ全長7mのステゴドンの化石を展示している。

世界の鉱物が大集合
鉱物ゾーン

2階の鉱物ゾーンには世界各地から集められた神秘的な鉱物や宝石が並ぶ。叩くと美しい音の出るカンカン石やくねくね曲がるこんにゃく石など、体験展示もある。

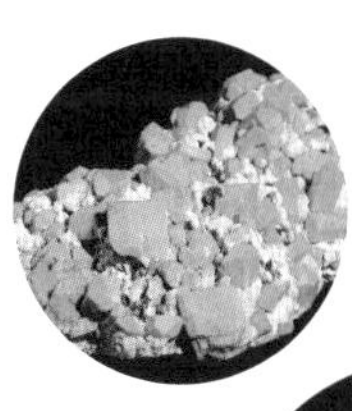
発見時にアメリカ中で話題となった、世界一のアマゾナイト

ブラックライトを当てるとカラフルに光る石

四角形の結晶がいくつも連なった黄鉄鉱(おうてっこう)

放射状の結晶が刀のように輝く輝安鉱(きあんこう)

ミュージアムカフェ

レストラン＆カフェ玄武洞
レストラン＆カフェげんぶどう

円山川に面し、その美しい景観とともに、地元の食材を使った季節感あふれる多彩なメニューが楽しめる。地元のブランド和牛・但馬牛などを使ったランチメニューや手軽なバーガーも人気。

☎0796-23-3821 開9:00〜17:00(LO16:30、モーニング〜11:00)、ランチは11:00〜15:00(LO14:50)

但馬牛 ハンバーグランチ1890円

ナウマンゾウ

氷河時代の信州を知る

野尻湖ナウマンゾウ博物館

のじりこナウマンゾウはくぶつかん

長野県信濃町

約４万年前の野尻湖での自然と人の関わりがわかる

昭和37年(1962)から60年にわたって、一般人参加型で続けられている野尻湖発掘調査。約8万5000点に及ぶその資料を収蔵、なかでも重要な遺物や化石1000点を展示する。ナウマンゾウの実物大復元像をはじめ、ナウマンゾウと同じ時代に生きたオオツノジカの化石、日本有数の古さである旧石器時代の人類の石器や骨器、植物や昆虫の化石もあり、氷河時代の信州を総合的に知ることができる。

DATA & ACCESS

☎026-258-2090 所長野県信濃町野尻287-5
開9:00～17:00 休月の末日(土·日曜、祝日の場合は翌平日)、3·4·7·8月は無休 料500円 交上信越自動車道·信濃町ICから車で5分 Ⓟあり

ナウマンゾウの実物大復元像

常設展示室

ナウマンゾウ、オオツノジカの巨大さに目を奪われる。ナウマンゾウの歯や牙の化石の展示や、骨格などからつくられたナウマンゾウの鳴き声を聞くこともできる。

1

2

1 野尻湖ではナウマンゾウの歯の化石だけでも約50頭分を発見
2 牙が長く発達しているのもナウマンゾウの特徴のひとつ

もっと知りたい!!

骨器を特徴とする「野尻湖文化」

野尻湖の遺跡で発掘されたナウマンゾウの化石とともに旧石器時代の人類が使った道具も見つかっている。木製の槍、ナイフ形石器、骨製のクリーヴァー(ナタ)やスクレイパー(皮を剥ぐ道具と推定)などで、野尻湖人と呼ばれる旧石器人類が野尻湖に残したものだ。「野尻湖文化」と呼ばれる骨器を特徴とする文化は、約4万8000年から3万3000年前。わが国で最も古い人々の暮らしを知る貴重な資料だ。

日本の氷河時代を代表するナウマンゾウ。およそ36万年前から2万8000年前まで生息したとされる

4万年前の野尻湖人になってみよう
体験ミュージアム

4万年前の野尻湖の絵の前で、鹿の皮の衣装や猪の首飾りなどをつけて野尻湖人になった気分で写真撮影してもらえるコーナーもある。

ミュージアムグッズ

↑ナウマンゾウ自由帳350円。ナウマンゾウの特徴などの解説付き

↑グッズショップは1階にある

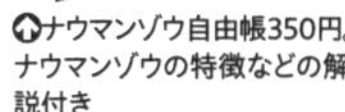

→発掘ノート350円。調査用のフィールドノートには発掘に必要な資料が充実

↓革キーホルダー300円。ナウマンゾウの牙とオオツノジカの角が並んだ「月と星」のデザイン

縄文

縄文の世界へタイムトリップ

茅野市 尖石縄文考古館

ちのしとがりいしじょうもんこうこかん

長野県茅野市

2体の国宝土偶が迎える 縄文集落研究の原点

縄文遺跡の宝庫となった八ヶ岳山麓にある遺跡と博物館。日本で最初に縄文集落の具体的内容が確認され、国の特別史跡に指定されている尖石遺跡・与助尾根遺跡と、出土品の石器や土器など約2000点を展示する。現在5体ある国宝土偶のうち「縄文のビーナス」と「仮面の女神」の２体が見られる。土偶や土器づくりなどの縄文体験コーナーも人気だ。

DATA & ACCESS

☎0266-76-2270 所長野県茅野市豊平4734-132 開9:00~17:00(最終入館16:30) 休月曜、休日の翌日(休日、土・日曜の場合を除く) 料500円 交JR中央本線・茅野駅からメルヘン街道バスで20分、尖石縄文考古館前バス停下車すぐ Pあり

仮面をつけた姿に見えることから、仮面土偶と称される

仮面の女神

平成12年(2000)に中ッ原遺跡より出土。中が空洞になった中空土偶で、縄文後期のものと推定。高さ34cm、重さ2.7kg。

国宝「縄文のビーナス」。粘土に雲母が混ぜられ金色に輝く姿は圧巻

膨大な出土品を間近に

常設展示室

A～Dまで4つのコーナーに分かれる常設展示室。尖石遺跡の発掘調査に関する資料をはじめ、国宝の２体の土偶と、市内各地の遺跡から出土した遺物を展示。

写真提供:茅野市尖石縄文考古館

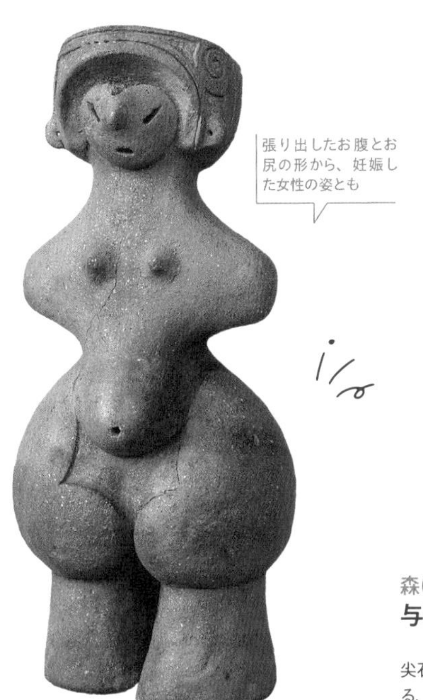

張り出したお腹とお尻の形から、妊娠した女性の姿とも

縄文のビーナス

昭和61年(1986)に棚畑遺跡より出土。切れ長のつり上がった目や尖った鼻は、縄文中期の土偶特有の顔つき。

謎は深まるばかり

全身がほぼ完存して発掘された2つの土偶

これまで、土偶の多くは壊れた状態で発見されていたことから、その役割は、けがや病の治癒を祈って体の同じ部位を壊して埋めたのではと考えられてきた。「仮面の女神」は、右足が意図的に外されたと思われる形で発見されたのに対し、「縄文のビーナス」は完全な形で集落の広場の穴に埋められており、その意図は謎であるものの、ほかの土偶とは扱いが明確に異なる土偶である。

⬆2体の土偶が発見されたときの状態。仮面の女神の出土現場は保存・再現されている

森にたたずむ縄文の住居

与助尾根遺跡

尖石縄文遺跡の北側に隣接する、日本で最初に縄文集落の具体的内容が確認された遺跡。現在は、縄文中期に同時に存在したと考えられる6件の竪穴式住居が復元されている。

さまざまな角度から土器を観察できるよう工夫された展示室

考古学

土の中からのメッセージ

山梨県立考古博物館

やまなしけんりつこうこはくぶつかん

山梨県甲府市

館内には3万年以上前の旧石器時代から明治時代までのさまざまな考古資料が展示されている

旧石器時代から近代まで 山梨の悠久の歴史を学ぶ

数々の巨大古墳を有する甲斐風土記の丘・曽根丘陵公園の中心施設として昭和57年(1982)に開館して以来、山梨の考古資料を広く県内外に紹介する場として親しまれてきた博物館。旧石器時代の石器をはじめ、縄文時代の華麗な縄文土器、土偶、弥生時代の弥生土器、木製農具、さらには、国指定史跡銚子塚古墳附丸山塚古墳や国指定史跡甲府城跡から発掘された出土品などを数多く展示している。

DATA & ACCESS

☎055-266-3881 所山梨県甲府市下曽根町923 開9:00～17:00(最終入館16:30) 休月曜(祝日の場合は翌日)、1月第2火曜(この日が1月8日である場合は第3火曜)～翌週月曜まで 料220円 交JR中央本線・甲府駅から車で20分 Ｐあり

深鉢形土器(縄文時代)

昭和37年(1962)に甲州市殿林遺跡で発見された重要文化財。大型で均整のとれた形と精緻な文様が特徴で、過去にイタリアやフランスなどでも展示され、高い評価を得た。

土偶(縄文時代)

アーモンドのような目と愛らしい表情で、縄文人の風貌を推測することもできる。博物館の公式キャラクター「いっちゃん」は、この土偶をモデルとしている。一の沢遺跡出土。重要文化財。

容器形土偶(弥生時代)

顔面や頭髪の表現から、左が男性(父親)、右が女性(母親)で、骨壺として墓内に安置されていたと考えられている。笛吹市岡遺跡出土。山梨県指定文化財。

体験！MUSEUM 考古学が身近になる

さまざまな「ものづくり教室・体験」

付属施設「風土記の丘研修センター」では、16歳以上と小中学生の親子を対象としたものづくり教室(各月1回程度)を開催。いずれも事前予約が必要。

少人数向け体験学習

「古代の火起こし」「勾玉作り」「青銅鏡作り」「トンボ玉作り」を随時実施。

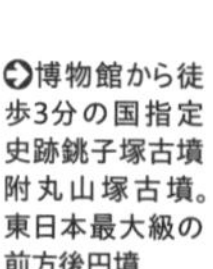

金箔付鬼瓦「風神」(近世)

金箔や朱を施された瓦は、織田豊臣時代に築城された城郭装飾で多く見られる。国指定史跡甲府城跡出土。山梨県指定文化財。

➡博物館から徒歩3分の国指定史跡銚子塚古墳附丸山塚古墳。東日本最大級の前方後円墳

写真提供:山梨県立考古博物館

出土した副葬品。ほかに彩色まで忠実に再現したチブサン古墳や鴨籠(かもご)古墳石棺の実物大のレプリカなどを展示

装飾古墳

日本初の古墳博物館

熊本県立装飾古墳館

くまもとけんりつそうしょくこふんかん

熊本県山鹿市

装飾古墳室

展示のメインは5～7世紀頃に造られた古墳内部の石棺や石室。精巧に再現され、文様や彩色を間近に見ることができる。

豊富な出土品の展示 古代体験も充実

全国でもまれな古墳専門の博物館。熊本県内にある装飾古墳のなかでも主要な12カ所のレプリカ展示や、火おこしや勾玉づくりなどさまざまな古代体験ができる。装飾古墳は石室や石棺などに絵画や文様が描かれたもの。その多くが菊池川流域に集中しており、周辺は「肥後古代の森」として広大な歴史公園に整備されている。その中心にある博物館は、安藤忠雄氏設計の前方後円墳形で、建物自体もユニークだ。

DATA & ACCESS

☎0968-36-2151 所熊本県山鹿市鹿央町岩原3085 開9:30～17:15（最終入館16:45）休月曜（祝日の場合は翌日）料430円 交九州自動車道・植木ICから車で15分 Pあり

出土品の充実度に注目

常設・企画展示室

菊池川流域で出土した遺物の展示室と、肥後古代の森の5つの地区から史跡を集めた2つの展示室がある。また、企画展示室では古墳をテーマにしたイベントを随時開催。

体験！MUSEUM

古代人の装身具を自作

古代アクセサリー作り

人気No.1の勾玉作りは、黒、ピンク、白3種類の天然石から選んで紙やすりで磨いていくもの。石がピカピカになっていく過程が楽しめる。

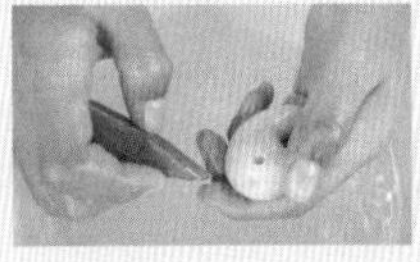

壮大な古墳群を一望

岩原古墳群

古墳時代中期の5世紀に造られた岩原古墳群は、熊本県内最大級の前方後円墳、岩原双子塚古墳をはじめ大小13基の古墳が集まる国指定史跡。移築復元した横山古墳もあり、博物館のスロープからは大小の円墳を見渡すことができる。

弥生

弥生人を物語る骨の展示

土井ヶ浜遺跡・人類学ミュージアム

どいがはまいせき・じんるいがくミュージアム

山口県下関市

弥生時代の暮らしの痕跡 日本の歴史を視覚的に学ぶ

土井ヶ浜遺跡は、海を望む砂丘から出土した弥生時代前期から中期の墓跡。昭和28年(1953)から19回の調査が行われ、300体を超える人骨が見つかった。その保存状態のよさと、埋蔵品などの学術的価値の高さから国の史跡に指定された。発掘当時の様子をドーム内に再現したほか、縄文時代から弥生時代にかけて変化していく日本人について視覚的に紹介している。

DATA & ACCESS

☎083-788-1841 所山口県下関市豊北町神田上891-8 開9:00～17:00 休月曜(祝日の場合は翌日) 料200円 交JR山陰本線・長門二見駅からブルーライン交通バスで10分、土井ヶ浜バス停下車、徒歩3分 Pあり

展示「『英雄』の死の謎」。弥生時代、戦いで弓矢を受けた戦士とみられる

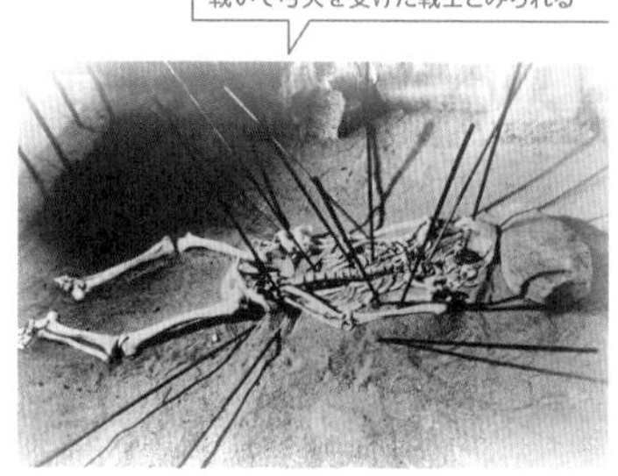

３Ｄ映像で土井ヶ浜遺跡を解説

弥生シアター

巨大な古代の舟が観覧席になったユニークなシアター。博物館のマスコットキャラクター、ボニーが案内役となって土井ヶ浜遺跡が生まれた背景や土井ヶ浜弥生人を紹介。250インチ大画面の3D映像でわかりやすく教えてくれる。

2300年以上前の遺構面を保存し、その上に当時の墓を再現。さまざまな方法で埋葬された人骨や装身具を臨場感たっぷりに見ることができる

発掘時そのままの弥生時代の集団

土井ヶ浜ドーム

弥生時代の人骨が300体以上も埋葬された土井ヶ浜遺跡が発掘された当時そのままに、レプリカを使ってドーム内に展示。骨の並べ方や埋葬方法、石棺などから、当時の墓の様子や風習などが学べる。

象徴的な貝の装身具を巨大化

ゴホウラの腕輪のモニュメント

沖縄や鹿児島海域に生息する大型の巻き貝、ゴホウラで作った腕輪の巨大なモニュメント。土井ヶ浜遺跡から出土した人骨がこの腕輪をつけていた。ミュージアムの象徴的な存在として、撮影人気スポットになっている。

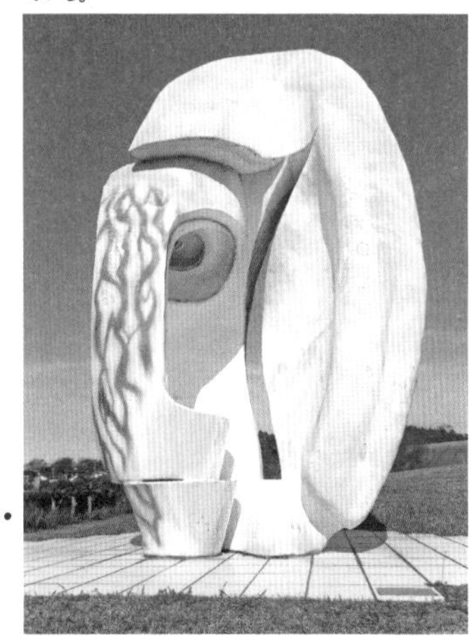

弥生時代の暮らしを実感

常設展示室

出土した装身具などの埋蔵品や土器、ジオラマなどを展示。弥生人の生活様式を身近に感じることができる。土井ヶ浜弥生人の骨の特徴や、時代によって変化する日本人の骨格の違いが一目瞭然。

1 当時の文化の高さがわかる土器や貝の装身具などを展示
2 弥生人の日常をリアルに再現した等身大のジオラマ

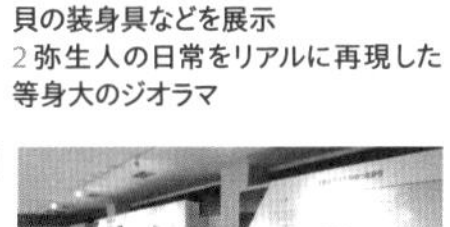

1

2

体験！MUSEUM

骨について学ぶ自然人類学体験講座

ホネホネウォッチング

屋内で人骨模型の発掘体験をするプログラムが、2023年8月以降スタート予定。

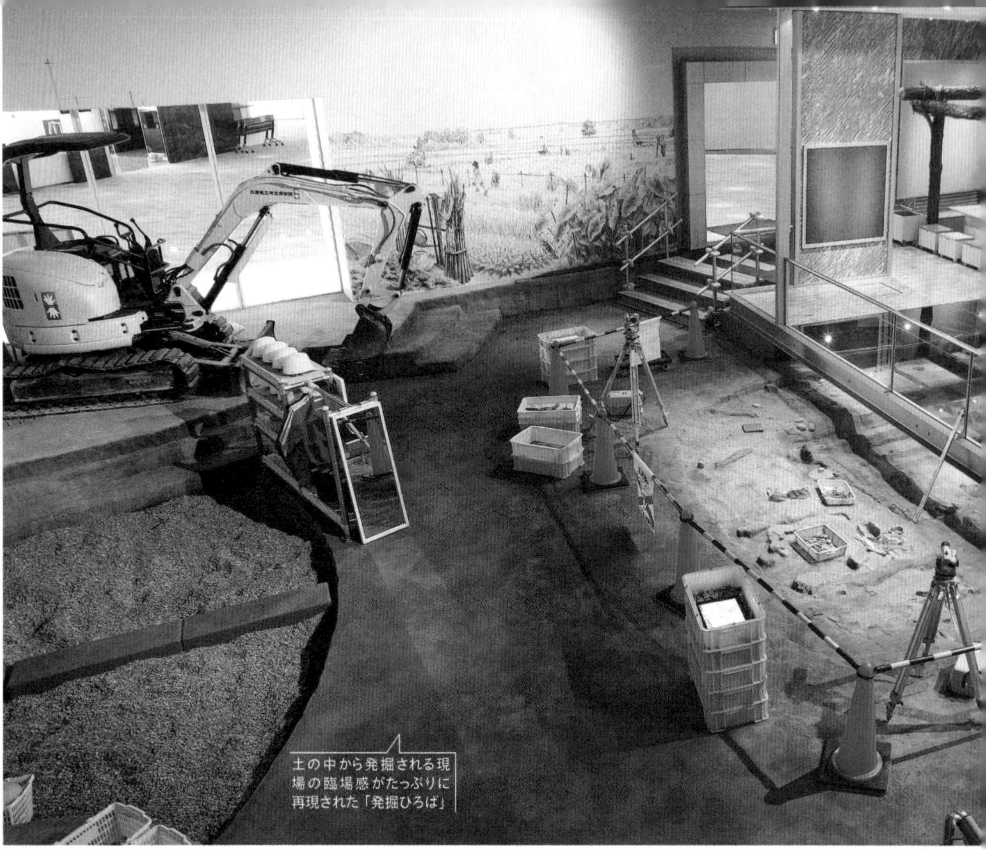

土の中から発掘される現場の臨場感がたっぷりに再現された「発掘ひろば」

考古学

古代を体感できるワンダーランド

兵庫県立考古博物館

ひょうごけんりつこうこはくぶつかん

兵庫県播磨町

発掘調査現場で考古学者気分に

はっくつ体験

大中（おおなか）遺跡をイメージした発掘現場を実物大で再現。発掘調査で使う実物の機械や道具を展示している。スコップを持って発掘プールで昔の遺物を掘り出してみよう。

開最終受付17:10(10～3月最終受付16:10)、先着24組(1組約5人まで、当日予約制)

3500年を一望する

ときのギャラリー

はるか昔から土の中で眠っていた土器たちが展示されている。縄文時代から江戸時代までの、土器の形の変化に注目したい。

古代のロマンにふれて感じる土に埋もれた歴史の始まり

弥生時代の集落遺跡である遺跡公園「播磨大中古代の村」に平成19年(2007)にオープン。展示の船や石棺に触れながら考古学を学べる、参加体験型の博物館だ。常設のテーマ展示では縄文・弥生時代の社会や交易などを、実物資料とジオラマ、模型とともに参加型展示を加えてわかりやすく解説。発掘体験コーナーもあり、出土品整理作業や金属器処理など、貴重な作業風景も見学できる。

DATA & ACCESS

☎079-437-5589 所兵庫県播磨町大中1-1-1
開9:00〜17:00 休月曜(祝日の場合は翌平日)
料200円ほか 交JR山陽本線・土山駅から徒歩15分
P町営駐車場利用(有料)

人々の世界観を体感
テーマ展示

人、環境、社会、交流の4つのテーマで展示。実物資料やイラスト、復元品で太古の人々の姿や環境、社会のあり方、大陸との交流などを、体験も交えながら解説する。

2

1

3

1 明治29年(1896)に発掘された雲部車塚(くもべくるまづか)古墳の埋葬施設を再現
2 古墳時代の人が描いた絵をもとに復元された原寸大の準構造船
3 狩りのための小型武器や土器を発明した縄文人の暮らしを再現

弥生時代にタイムスリップ
播磨大中古代の村

博物館に隣接する史跡大中遺跡は、昭和37年(1962)に地元の中学生3人により発見された今から約1900年前の弥生時代後期の集落遺跡。

体験！MUSEUM

豊富な体験プログラム

毎日できる古代体験

開館日には毎日古代体験を実施。古代人たちの技術や工夫を学ぶためのメニューが揃っている。

ときどきドキドキ体験

毎週土・日曜には、展示されている大きな石棺に入ったり、古代船に乗ったりできる(当日受付、観覧券が必要)。

古墳

古墳から学ぶ国家の成り立ち

大阪府立 近つ飛鳥博物館

おおさかふりつちかつあすかはくぶつかん

大阪府河南町

巨大古墳が造られた時代 古代のロマンを体系的に学ぶ

難波と大和飛鳥を結ぶ羽曳野市周辺を「近つ飛鳥」といい、古代の官道・竹内街道の沿線に施設が位置する。周辺には多数の古墳が点在しており、それらを中心に、古墳時代から飛鳥時代までの文物や、大陸から伝来した文化との関わりを展示、紹介する。建物の建築は安藤忠雄氏が手掛け、平成の古墳としてデザインしたことでも知られる。隣接する公園の古墳群も見ものだ。

DATA & ACCESS

☎0721-93-8321 所大阪府河南町東山299 開10:00～17:00(最終入館16:30) 休月曜(祝日の場合は翌日)、ほか臨時休あり 料310円 交南阪奈道路・羽曳野東ICから車で10分 Pあり

1

2

巨大前方後円墳築造の秘密に迫る

古代国家の源流

仁徳天皇陵古墳をはじめとする多くの古墳が造られた時代。日本古代国家の形成をテーマに、武器や武具など鉄製品、埴輪などを展示。最大の前方後円墳である仁徳天皇陵古墳の築造当時の様子を復元した巨大ジオラマも迫力満点だ。

3

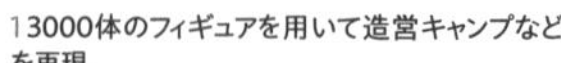

1 3000体のフィギュアを用いて造営キャンプなどを再現
2 当時の居館や倉庫群など建物のミニチュアも精巧に作られている
3 高度な加工技術が見てとれる古墳時代の石棺

世界遺産に認定されている仁徳天皇陵古墳とその時代を150分の1スケールで再現

ミュージアムカフェ

chikatsu_cafe
チカツ_カフェ

ソフトドリンクのほかにカレーライスやピザなどの軽食メニューがあり、古墳をかたどった器で提供するデザート類が充実。

☎0721-93-4463
開11:00〜16:00頃

12種類のアイスが選べる古墳パフェ

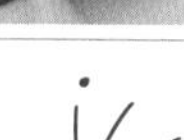

埋葬から知る古代の精神世界
黄泉の国

古墳内部の横穴式石室を出土状態のまま忠実に再現したコーナー。遺体を安置する玄室と通路の羨道（せんどう）、埋納された土器などを真上から見ることができる。

最新の科学で考古学を解明する
現代科学と文化遺産

考古学で活用される現代科学の技術を学べるコーナー。保存方法や調査に関する最新の科学を学ぶことができる。三ツ塚古墳から出土した修羅の実物も展示。

国際交流の軌跡
近つ飛鳥と国際交流

「倭の五王」の時代から、聖徳太子が活躍した飛鳥時代を紹介する。仏教の伝来など、日本が多大な影響を受けた中国大陸や朝鮮半島との交流を表す出土品を多数展示している。

近つ飛鳥風土の丘

散歩しながら本物の古墳群を見学

博物館のすぐ隣には、日本を代表する群集墳「一須賀古墳群」があり、見て、触れて、学べる史跡公園として整備されている。公園には東京ドーム約6個分もある広大な丘に、約100基の古墳が点在し、そのなかの40基が見学できる。梅や桜が咲く園内は、花見の名所としても人気。入場無料。

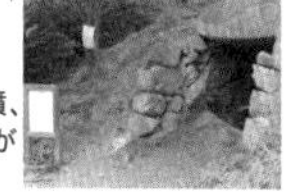

➡整備された古墳、横穴式石室の内部が見学できる

アイヌ文化

アイヌ文化の魅力を発信

ウポポイ(民族共生象徴空間)

ウポポイ(みんぞくきょうせいしょうちょうくうかん)

北海道白老町

多彩な体験を通して楽しく学べる大規模空間

古くから先住民族アイヌの人々が暮らしてきた白老町に位置し、国立アイヌ民族博物館と国立民族共生公園で構成されるナショナルセンターで、アイヌに関するさまざまな資料を展示する。公園内にはアイヌの伝統的な集落が再現され、伝統芸能の上演や工芸品の制作体験を楽しめる施設が点在。アイヌの伝統料理が味わえるカフェやレストランもある。

DATA & ACCESS

☎0144-82-3914(公益財団法人アイヌ民族文化財団) 所北海道白老町若草町2-3 開9:00～17:00(季節により変動あり) 休月曜 料1200円 交JR室蘭本線・白老駅から徒歩10分 Pあり

体験交流ホールでは舞踊や歌などの実演が見学できる

伝統的コタン

ウポポイとはアイヌ語で「(おおぜいで)歌うこと」。全国からの投票により決定

体験交流ホール

工房
国立アイヌ民族博物館
エントランス棟
※イメージです

国立アイヌ民族博物館

こくりつアイヌみんぞくはくぶつかん

アイヌ文化をトータルに知ることができるため、ウポポイで最初に訪れたい施設

アイヌの歴史・文化を主題にした国立博物館

独自の言語や文化、歴史を持つアイヌ民族を紹介。基本展示室では「ことば」「世界」「くらし」「歴史」「しごと」「交流」の6つのテーマに分けて紹介。独創的な文様で飾られた衣類や儀礼品、工芸品などを展示する。企画展や特別展を実施する特別展示室もある。2階のロビーからポロト湖を一望でき、ショップも併設する。

6つのテーマに分類

基本展示室

博物館のメインの展示室で、円形の室内は一度に全貌を見渡せる。展示室は、「ことば」「世界」「くらし」「歴史」「しごと」「交流」の6つのテーマに分けられ、多彩な角度からアイヌ文化の魅力に迫ることができる。

自然豊かな園内を見渡せる

パノラミックロビー

2階ロビーにある大きな窓からは、ポロト湖と湖畔の美しい景色を楽しむことができる。見学途中の休憩にもぴったり。

約1万5000点の資料が揃う

ライブラリ

アイヌ民族や世界の先住民族に関する資料が閲覧できる図書館。展示を見学して興味を持ったことは、ここで調べられる。

多様な展覧会を開催

特別展示室

アイヌ文化、先住民族文化に関する幅広いテーマの企画展示を定期的に開催。基本展示室でアイヌ文化を俯瞰してから訪れると、より理解が深まる。

アイヌ文化を映像で紹介

シアター

高精細・大画面映像を駆使して映像でアイヌ文化をわかりやすく紹介する施設。座席数96席、入場無料で、約40分おきに20分の作品を上映している。

ミュージアムグッズ

➲アイヌの文様をあしらったポケットサーモボトルは2色展開

➲オリジナルのマグカップにもアイヌ文様をデザイン

国立民族共生公園

こくりつみんぞくきょうせいこうえん

先住民族アイヌの文化を見て体験して深掘りできる

施設の大部分を占める広大な公園スペースに、アイヌ文化を学べる体験型施設が立ち並ぶ。独特の文様を刻むアイヌの木彫や刺繍の制作体験、伝統芸能上演の鑑賞、伝統的な家屋チセの室内見学などを楽しみながらアイヌの生活文化を肌で感じられる。アイヌの伝統料理を味わえるカフェやレストランもある。

伝統的コタンでは、コタンでの暮らしや、伝承されてきた芸能について紹介。民族衣装を着用した写真撮影も可能

アイヌ集落を再現した空間

伝統的コタン

チセと呼ばれる家屋が並び、アイヌの伝統的な生活空間やコタン（集落）を再現。自然素材で造られたチセの内部見学では、当時の暮らしぶりについて話を聞くこともできる。

優雅な舞を鑑賞

体験交流ホール

ユネスコの無形文化遺産に登録されたアイヌ古式舞踊。伝統楽器の演奏や歌も楽しめる。

伝統楽器の音色を堪能

体験学習館

アイヌの楽器や食に関する体験プログラムを主に週末と祝日に実施。楽器演奏鑑賞では、ムックリやトンコリなど、伝統楽器の音色が楽しめる。

伝統工芸を体験

工房

木彫や織物など、アイヌの手仕事の実演見学のほか、制作体験（有料）のプログラムも実施。

カムイ シンフォニア

アイヌ創世神話を題材にしたプロジェクションマッピングショー「カムイ シンフォニア」が開催される（冬期は休止）。

写真提供：アイヌ民族文化財団

アイヌ文化

アイヌの生活用具を保存・継承

平取町立二風谷アイヌ文化博物館

びらとりちょうりつにぶたにアイヌぶんかはくぶつかん

北海道平取町

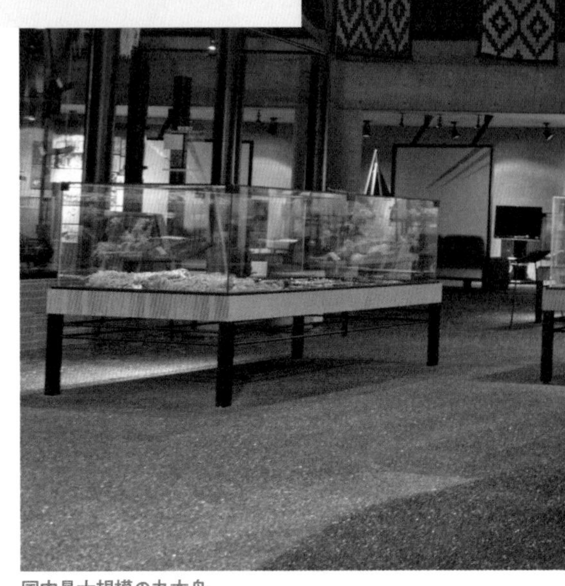

学術的研究にも活用される アイヌ関係資料を収蔵

沙流川(さるがわ)流域のアイヌのさまざまな資料を展示。重要有形民俗文化財「北海道二風谷及び周辺地域のアイヌ生活用具コレクション」をはじめ、数多くの視聴覚資料、関係図書ほか、重要文化的景観にも選定されたチセ群がある。付近には、萱野茂(かやのしげる)二風谷アイヌ資料館、旧マンロー邸、沙流川歴史館、平取町アイヌ文化情報センターなどがあり、徒歩圏内で移動できる。

DATA & ACCESS

☎01457-2-2892 所北海道平取町二風谷55 開9:00～16:30 休12月16日～1月15日、11月16日～4月15日の月曜 料400円 交日高自動車道・日高富川ICから車で30分 Pあり

国内最大規模の丸木舟

大地のめぐみ

農耕、狩猟、運搬に加え葬送などに関する資料を紹介。特に国内最大規模の丸木舟は圧巻。二風谷で現在活躍中の工芸家の作品類も展示もされている。

日常生活を概観

人々の暮らし

育児・遊戯娯楽・木彫・衣類・食事・住居などをテーマに、古い生活用具類を展示。彫り物や縫い物に見られるアイヌの伝統的な技工や美しい文様に注目したい。

重要有形民族文化財「北海道二風谷及び周辺地域のアイヌ生活用具コレクション」1121点のうち、919点を所蔵

アイヌの口承文芸にふれる
神々のロマン

信仰、伝説、物語など精神文化を紹介。ユカラ(英雄叙事詩)、カムイユカラ(神謡)、ウウェペケレ(昔話)をビデオなどで詳細に鑑賞できる。

美的センスあふれる技巧
造形の伝統

アイヌの繊細な技巧と造形美を紹介しているゾーン。モレウ(アイヌ文様)を構成する装飾と優れた造形など、手仕事で培われたアイヌの美の世界に魅了される。

アイヌのチセづくりを継承

アイヌ文化を象徴する空間
チセ群
チセぐん

茅葺きのアイヌの伝統家屋のチセが9棟復元されている野外施設。アイヌ工芸、アイヌ語、アイヌ古式舞踏などの学習や発表、文化継承の場として活用されている。

民族

世界の民族と[illegible]を見渡す

国立民族学博物館

こくりつみんぞくがくはくぶつかん

大阪府吹田市

人々の暮らしが再現された中央・北アジアの展示コーナー

南アジアコーナーではインド南部、チェンナイの祭りで使われるカラフルな山車も展示

館内をくまなく歩けば世界の民族学が一周できる

昭和52年(1977)に千里万博公園内に開館。民族学博物館としては世界最大級の施設で34万5000点以上の資料を有する。世界の民族文化を地域ごとに紹介する地域展示と、音楽と言語をとりあげた通文化展示とに分け約1万2000点の資料を常設。民族文化に優劣はなく、すべて等しい価値を持つという認識のもと、衣食住を中心に人々の暮らしをわかりやすく紹介する。

DATA & ACCESS

☎06-6876-2151 所大阪府吹田市千里万博公園10-1 開10:00～17:00(最終入館16:30) 休水曜(祝日の場合は翌日) 料580円 交大阪モノレール·万博記念公園駅から徒歩15分 Pなし(万博記念公園駐車場利用)

2020年に完成した高さ9.6m、直径1.2mのトーテムポールは同館の新たなシンボル

仮面「タタヌア」
パプアニューギニア・ニューアイルランド島のマランガンと呼ばれる埋葬儀礼で使用される木彫りの仮面。

葬儀長の衣装
タヒチの首長階層の葬礼で喪主が身につける装束。前掛けと帽子には樹皮布、胸飾りやマスクには真珠貝が使用されている。

2 世界３大宗教発祥地 西アジア

中東とも呼ばれ、イスラム教徒が多い地域だが、ユダヤ教、キリスト教発祥の地でもある。信仰、砂漠の生活、女性の装い、諸芸能など移りゆく人々の暮らしに焦点を当てる。

1 人類誕生の地を探る アフリカ

人類誕生の地アフリカ。常に外部世界と結びつきながら文化や言語が多様化していった歴史を探り、さらに現在の暮らしを「都会に集う」「働く」「装う」「祈る」という4つのテーマで紹介する。

本館2階

Aブロック
❷西アジア
❶アフリカ
音楽
❸オセアニア
❹ヨーロッパ
❺アメリカ
観覧券売場
イントロダクション

Bブロック
企画展示場
言語
❼南アジア
❻東南アジア
休憩所
ナビひろば
みんぱくシアター
ビデオテーク
無料ゾーン

Cブロック
中央・北アジア
中国地域の文化
❽朝鮮半島の文化
❾アイヌの文化
（東アジア）
日本の文化
探究ひろば
講堂
第1〜4セミナー室
第5〜7セミナー室

3 高度な航海の文化を知る オセアニア

海に囲まれ、大小数万を超える島々で発達した航海術と人々の暮らしを展示。先住民と外部世界が出会うなか継承され発展してきた伝統文化も紹介する。

4 近代をけん引した歴史 ヨーロッパ

世界にキリスト教や近代の諸制度、技術、知識を伝播したヨーロッパ。現代の移民による文化とともに新しく変わりつつある姿を追う。

5 植民の歴史と多様化する今 アメリカ

極地から熱帯雨林まで多様な自然環境を持つ広大な大陸。欧州による征服と植民の歴史と文化に培われた衣・食・宗教に焦点を当てる。また、土着の資源に現代的価値を見いだした芸術家たちの姿にも着目する。

6 鮮やかな演劇文化 東南アジア

森と海が広がる熱帯・亜熱帯気候のエリア。環境に順応した独特の生活様式を仕事や家庭、余暇を通した「東南アジアの1日」というテーマのもとに、その多彩な民族文化を見ることができる。

7 共存する多彩な文化 南アジア

北部山岳地帯から西はアラビア海沿岸、東はベンガル湾に至る地域。多様な宗教と文化、生活様式のなかで共存してきた人々の知恵、なりわい、工芸に着目し、活気ある大衆文化や染織文化も紹介。

8 独自の発展を遂げた2つの分断国家 朝鮮半島の文化

有史以前は東シベリアの諸民族から、のちには中国の影響を受けながら独自の文化に再編。近代は日本に植民地支配され、独立後は2つの分断国家として現在に至る。文化の歴史的重なりや躍動性を精神世界、衣食住、あそびと知をテーマに紹介する。

9 伝統継承と新しい創造 アイヌの文化

北海道を中心に日本列島の北部とその周辺の寒冷な自然環境のもとで独自の文化を育んできた先住民族。その伝統継承と新たな創造の姿を紹介する。

ミュージアムグッズ

←↑大人気「世界のあいさつマスキングテープ」509円

→手話の数字をプリントした「手話1〜10Tシャツ」2700円

写真提供:国立民族学博物館

エジプト

都会で古代エジプトに没入する

古代エジプト美術館

こだいエジプトびじゅつかん

東京都渋谷区

古代エジプト王朝美術で日本最大のコレクション

東京の渋谷駅近くにある本物の古代エジプト遺物を使った新しいスタイルの体験型美術館として人気が高い。歴史的にも、美術品としても価値の高い古代エジプト遺物を1000点以上所蔵し、常時約100点以上を展示。古代エジプト遺物を見られるだけでなく、発掘小屋や神殿など各ギャラリーの雰囲気も楽しめ、体験を通じて、楽しみながら歴史・文化を学べる。最新科学による遺物の分析にも注目。

DATA & ACCESS

☎なし 所東京都渋谷区神南1-12-18 メゾン渋谷801
開12:00～18:00(最終入館17:30) 休月～金曜
料1500円 交JR山手線・渋谷駅から徒歩5分 Pなし

発掘者の気持ちに

発掘小屋ギャラリー

ピラミッドがそびえる砂漠の中の発掘小屋をイメージしたギャラリー。クワや衣装などで発掘作業やその雰囲気をリアルに感じることができる。

パトロンの所蔵品

パトロンギャラリー

ツタンカーメン王墓発掘の資金提供者として知られ、呪いのうわさがささやかれたカーナボン卿の所蔵品をはじめ、有名パトロンの旧蔵品が見られる。

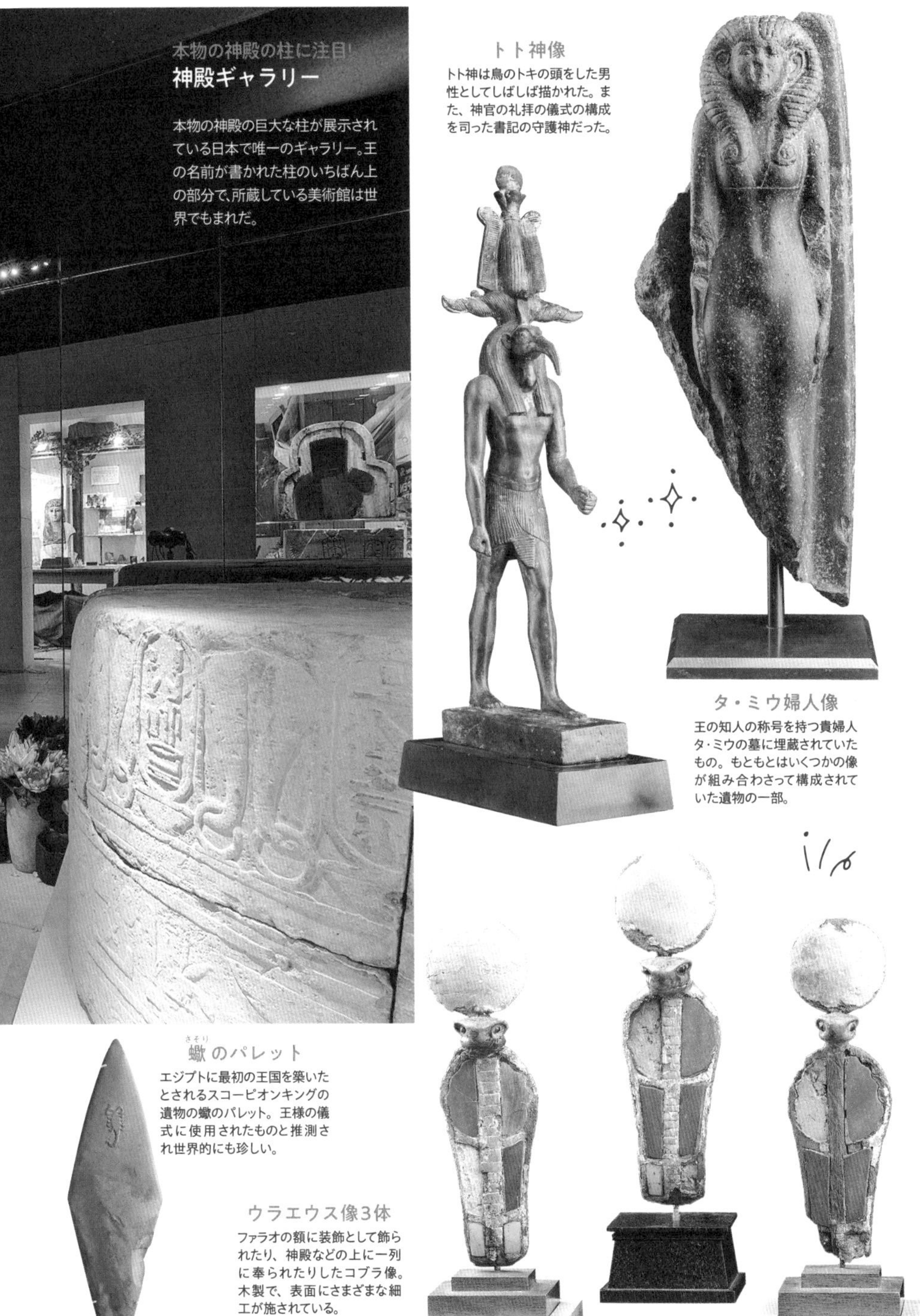

本物の神殿の柱に注目!

神殿ギャラリー

本物の神殿の巨大な柱が展示されている日本で唯一のギャラリー。王の名前が書かれた柱のいちばん上の部分で、所蔵している美術館は世界でもまれだ。

トト神像

トト神は鳥のトキの頭をした男性としてしばしば描かれた。また、神官の礼拝の儀式の構成を司った書記の守護神だった。

タ・ミウ婦人像

王の知人の称号を持つ貴婦人タ・ミウの墓に埋蔵されていたもの。もともとはいくつかの像が組み合わさって構成されていた遺物の一部。

蠍(さそり)のパレット

エジプトに最初の王国を築いたとされるスコーピオンキングの遺物の蠍のパレット。王様の儀式に使用されたものと推測され世界的にも珍しい。

ウラエウス像3体

ファラオの額に装飾として飾られたり、神殿などの上に一列に奉られたりしたコブラ像。木製で、表面にさまざまな細工が施されている。

オリエント文化

文明はここから始まった

古代オリエント博物館

こだいオリエントはくぶつかん

東京都豊島区

何度行っても新たな発見が！古代オリエント専門博物館

昭和53年(1978)、サンシャインシティとともにオープンした日本最初の古代オリエント専門博物館。最古の文明誕生の地、メソポタミア、エジプトをはじめ、ペルシアやシルクロードの美術品、さらにシリアの遺跡の出土品なども多数閲覧できる。館蔵品展のほか、館外から受け入れた品々による特別展やテーマを絞ったクローズアップ展なども。専門講座、講演会、体験教室など多彩なイベントも開催。

DATA & ACCESS

☎03-3989-3491 所東京都豊島区東池袋3-1-4 サンシャインシティ文化会館ビル7F 開10:00〜17:00(最終入館16:30) 休展示替え期間 料600円(特別展は別料金) 交地下鉄有楽町線・東池袋駅から徒歩6分 Pなし(サンシャインシティ駐車場利用)

ハンコ、文字、ガラスなど、現在でも使っているものなどのルーツをわかりやすく紹介

展示は「最古のオリエント」から始まる。旧石器時代の狩猟採集から農耕と牧畜の時代へ

6コーナーで詳細解説

展示室

館蔵品展は「古代メソポタミア」「古代エジプトの文化」「古代イランとその周辺」など6コーナーで構成されている。

シリアの太古家屋を復元。開館以来、博物館が海外の発掘調査を続け、出土した成果物の一部を展示している

シリア調査の出土品

シリアの発掘

江上波夫初代館長を中心とする、シリア考古学調査団による発掘調査での出土品等を展示。

ミュージアムグッズ

➲粘土板文章一筆箋550円。楔形文字で書かれた書簡についても学べる

➲サコッシュバッグ815円。博物館のロゴ入りで、限定缶バッジ付き

恐竜

躍動する生命史に迫る

御船町恐竜博物館
みふねちょうきょうりゅうはくぶつかん

熊本県御船町

御船層群の恐竜化石研究の最前線にあり、地球の記憶を未来に伝える博物館。調査で見つかった多様な脊椎動物化石や、世界中から集めた恐竜の全身骨格など約850点を展示。博物館のバックヤードを公開する「オープンラボ」も見どころのひとつ。

DATA & ACCESS

☎096-282-4051 所熊本県御船町御船995-6 開9:00～17:00(最終入館16:30) 休月曜(祝日の場合は翌日) 料500円 交九州自動車道・御船ICから車で10分 Pなし(周辺駐車場利用)

↑19体の全身骨格が並ぶ「恐竜進化大行進」が迫力の「恐竜たちの時代」ゾーン

→生命史のストーリーを映像で紹介する「導入・太古の世界の探究」ゾーン(左)。地球誕生から未来まで、環境変動と生命の進化の関係を見る「生命と地球」ゾーン(右)

地球

地球と生命の神秘を体感

神奈川県立生命の星・地球博物館
かながわけんりつせいめいのほし・ちきゅうはくぶつかん

神奈川県小田原市

46億年の地球と生命の営みについてわかりやすく展示。地球の誕生から宇宙との関わり、地球内部の構造などを紹介する地球展示室、巨大な恐竜の骨格標本や動植物や昆虫などの標本を展示する生命展示室、県内の動植物の標本を展示する神奈川展示室などがある。

DATA & ACCESS

☎0465-21-1515 所神奈川県小田原市入生田499 開9:00～16:30(最終入館16:00) 休月曜(祝日の場合は翌日)、ほかHPで要確認 料520円 交箱根登山鉄道・入生田駅から徒歩3分 Pあり

→3階までの吹き抜けのエントランスホールに展示されているチンタオサウルスの骨格標本

↑海から陸上への進化、恐竜の時代、哺乳類の時代などを解説・展示する1階の常設展

↑高さ8m、幅3m、巨大な地層面を再現したアンモナイトの壁

弥生・古墳時代

綾羅木郷遺跡に隣接

下関市立考古博物館
しものせきしりつこうこはくぶつかん

山口県下関市

国史跡の綾羅木郷(あやらぎごう)遺跡を特徴づける貯蔵用竪穴の巨大な原寸大ジオラマをはじめ、弥生・古墳時代の人々の暮らしを今に伝える貴重な市内遺跡からの出土品約400点など考古資料を多数展示。館外の遺跡公園では、古墳や復元された竪穴住居が見学できる。

↑隣接する遺跡公園にある若宮古墳や岩谷古墳の模型が展示され、内部構造がわかる

↑弥生土器「綾羅木式土器」のレプリカを、さわって、違いや変化を主体的に学ぶことができる

DATA & ACCESS
☎083-254-3061 (所)山口県下関市綾羅木岡454 (開)9:30〜17:00(最終入館16:30) (休)月曜 (料)無料 (交)JR山陰本線・梶栗郷台地駅から徒歩5分 (P)あり

古代

平原遺跡の出土品は必見

伊都国歴史博物館
いとこくれきしはくぶつかん

福岡県糸島市

中国の歴史書『魏志倭人伝』に伊都国として登場する糸島市。日本最大の古代鏡、「内行花文鏡(ないこうかもんきょう)」をはじめとする国宝・平原遺跡出土品など、市内出土の考古資料を中心に展示するとともに、糸島地域の歴史・文化をわかりやすく解説する。

↑平原王墓発見当時の状況を原寸大で復元した模型や平原王墓以前の王墓からの出土品を展示

↑糸島の主要産業である「農業」や「漁業」、地域の「祭り」に使われた道具なども展示

DATA & ACCESS
☎092-322-7083 (所)福岡県糸島市井原916 (開)9:00〜17:00(最終入館16:30) (休)月曜(祝日の場合は翌日) (料)220円 (交)西九州自動車道・今宿ICから車で15分 (P)あり

古代

古代ロマンの謎に迫る

宮崎県立 西都原考古博物館
みやざきけんりつさいとばるこうこはくぶつかん

宮崎県西都市

広大な丘陵地に319基もの古墳が点在する特別史跡・西都原古墳群のなかにある。展示や映像で縄文時代から古墳時代へストーリーを追いながら古代人の謎を解き明かしていく。古代生活体験館を併設し、古代の衣装に身を包み、当時の人々の暮らしを体験できる。

写真:宮崎県立西都原考古博物館

↑年に数回の企画展示のほか、考古学系講座や講演会・体験イベントを実施する

↑水稲耕作の拡大と定着が生んだ組織化された社会を、内陸部と平野部で起きた変化からたどる

DATA & ACCESS
☎0983-41-0041 (所)宮崎県西都市三宅西都原西5670 (開)9:30〜17:30(最終入館17:00) (休)月曜(祝日の場合は翌日)、祝日の翌日 (料)無料 (交)東九州自動車道・西都ICより車で10分 (P)あり

古代

県出土の実物資料がずらり

奈良県立橿原考古学研究所附属博物館

ならけんりつかしはらこうこがくけんきゅうしょふぞくはくぶつかん

奈良県橿原市

国指定史跡の藤ノ木古墳や西日本を代表する縄文時代晩期の橿原遺跡からの出土品を中心に、国宝1件、重要文化財11件を含む貴重な考古資料を多数展示。常設展示では、旧石器時代から平安・室町時代までの歴史を出土品やパネル展示で詳しく解説している。

写真提供:奈良県立橿原考古学研究所附属博物館

↑日本史のなかで重要な位置を占める奈良県の歴史を、奈良県の遺跡の出土品から学ぶ

↑世界最大、高さ約2.5mの円筒埴輪は、奈良県メスリ山古墳から出土された。装飾にも注目

DATA & ACCESS

☎0744-24-1185 所奈良県橿原市畝傍町50-2 開9:00～17:00(最終入館16:30) 休月曜(祝日の場合は翌日) 料400円 交近鉄橿原線・畝傍御陵前駅から徒歩5分 Pあり

旧石器時代

旧石器時代がテーマ

地底の森ミュージアム

ちていのもりミュージアム

宮城県仙台市

世界的にも例がない約2万年前のキャンプ跡と湿地林跡が一緒に発掘された富沢遺跡を保存・公開している。当時の森を復元した屋外展示の「氷河期の森」や旧石器人の暮らしをテーマにしたショートムービーなども上映され、旧石器時代について楽しく学べる。

↑2万年前、旧石器時代の遺跡面を公開。焚火や湿地林の跡がそのまま保存されている

↑氷河期の森を復元した野外展示。かつて鹿の群れが訪れ、人々の暮らしがあったと考えられる

DATA & ACCESS

☎022-246-9153 所宮城県仙台市太白区長町南4-3-1 開9:00～16:45 休月曜、祝日の翌日、1～11月の第4木曜、祝日の場合は開館 料460円 交地下鉄南北線・長町南駅から徒歩5分 Pあり

縄文時代

縄文時代の大規模な集落跡

三内丸山遺跡・縄文時遊館

さんないまるやまいせき・じょうもんじゆうかん

青森県青森市

2021年7月に世界遺産に登録された「北海道・北東北の縄文遺跡群」の中核となる三内丸山遺跡。その入口となるのが縄文時遊館で、常設展示室「さんまるミュージアム」では、縄文人の生活が再現され、重要文化財を含む総数約1700点の出土品が展示されている。

写真:三内丸山遺跡センター

↑三内丸山遺跡から見つかった集落の規模は、東京ドーム約9個分

↑人形などを用いて、出土品から考えられる縄文人の生活の各場面をわかりやすく展示

DATA & ACCESS

☎017-766-8282 所青森県青森市三内丸山305 開9:00～17:00(GW、6～9月は～18:00)最終入館は各30分前 休第4月曜(祝日の場合は翌日) 料410円 交JR奥羽本線・青森駅から車で20分 Pあり

日本の考古学・博物学・鉱物学の先駆け

木内石亭

きのうちせきてい

コレクターの域にとどまらず、収集した石を分類、性格や用途を推測するなど、趣味の世界を学問の領域にまで高めていったとして、考古学的な高い評価を受ける。

単なる奇石好きが高じて日本考古学の先駆けに

木内石亭は、江戸時代中期の奇石の収集家で、コレクションは、地誌『東海道名所図会』に有名な神社仏閣・旧跡などと並び紹介された。収集した石を分類し、性格や用途を推測し、知見は学問の域に拡大し、日本考古学の先駆者の一人ともされている。石亭は自著『雲根志』の中で「11歳の頃石に興味を持った」と書いている。家は郷代官で裕福な家庭環境のなか、本格的に石を研究することを志し、物産学者の津島如蘭や医師の田村藍水に弟子入り。田村は医師であると同時に博物学の学者。同時期に平賀源内も田村に弟子入りし、石亭は源内とも活発に交流したと考えられる。

木内石亭(1725～1808)
木村蒹葭堂、谷川士清、平賀源内らと交流しながら奇石採取を全国に拡大。2000～3000点の奇石を集めたとされている。

伝木内石亭収集奇石(化石)
木内石亭による収集と伝えられる巻貝化石やアンモナイト類の化石。栗東歴史民俗博物館が保管している。

『東海道名所図会』
当時、東海道の観光案内書として全国的な人気を博していた地誌『東海道名所図会』。著名な神社仏閣・旧跡などと一緒に紹介されているほど石亭が集めた奇石は珍品であった。

木内石亭ゆかりの博物館

栗東の歴史と文化を紹介

栗東歴史民俗博物館

りっとうれきしみんぞくはくぶつかん

縄文時代から近現代まで、栗東と周辺地域の歴史、文化、歴史的な文化遺産を後世に守り伝えている市立博物館。木内石亭に関する資料を保管している。

☎077-554-2733 所滋賀県栗東市小野223-8 開9:30～17:00(最終入館16:30) 休月曜(祝日の場合は開館)、祝日の翌日 料無料 交名神高速道路・栗東ICから車で5分 Pあり

↑展示品の大半が現物資料。展示資料も随時を入れ替えを行っている

↑考古、美術工芸、歴史、民俗など栗東の各分野を時代を追って紹介

まだ見ぬ世界への探求心にふれる

科学・宇宙・天文

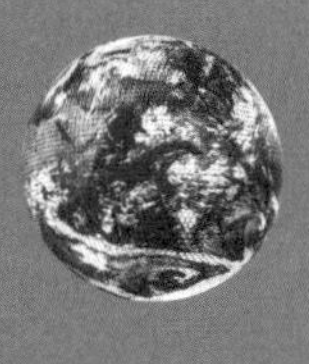

宇宙

彼方へ向かう技術の結晶

JAXA 筑波宇宙センター

ジャクサ つくばうちゅうセンター

茨城県つくば市

宇宙研究の拠点で JAXAの歩みを学ぶ

筑波研究学園都市の一画に昭和47年(1972)に開設。約53万㎡の敷地に最新の試験設備を備えた総合的なJAXAの宇宙センターで、見学無料の展示館「スペースドーム」「プラネットキューブ」も併設。ロケットや人工衛星、宇宙ステーション「きぼう」日本実験棟の実物大模型などが展示され、事前予約で有料の「きぼう」管制室の見学、宇宙飛行士養成施設の見学が可能。ロケット音響体験も土・日曜、祝日に不定期で開催している。

DATA & ACCESS

☎なし 所茨城県つくば市千現2-1-1
開10:00～17:00 (最終入館16:30) 休不定休 料無料
交JR常磐線・荒川沖駅から関鉄バスで16分、物質材料研究機構バス停下車、徒歩1分 Pあり

ロケット広場にはH-IIロケットの実機が展示。全長50mの本物のロケットの迫力を体感

展示館「スペースドーム」のエントランスでは1/100万スケールの地球の模型が出迎える

1

宇宙での暮らしを探求
❶ 有人・宇宙環境利用

国際宇宙ステーション「きぼう」日本実験棟の実物大モデルや宇宙ステーション補給機「こうのとり」の試験モデルを中心に、国際宇宙ステーション計画や宇宙環境利用について学べる。

多種多様な人工衛星
❷ 未来をひらく人工衛星

最近打ち上げられた衛星、これから打ち上げられる衛星、話題の人工衛星などを紹介。超低高度衛星技術試験機「つばめ」と水気候変動観測衛星「しきさい」も展示。

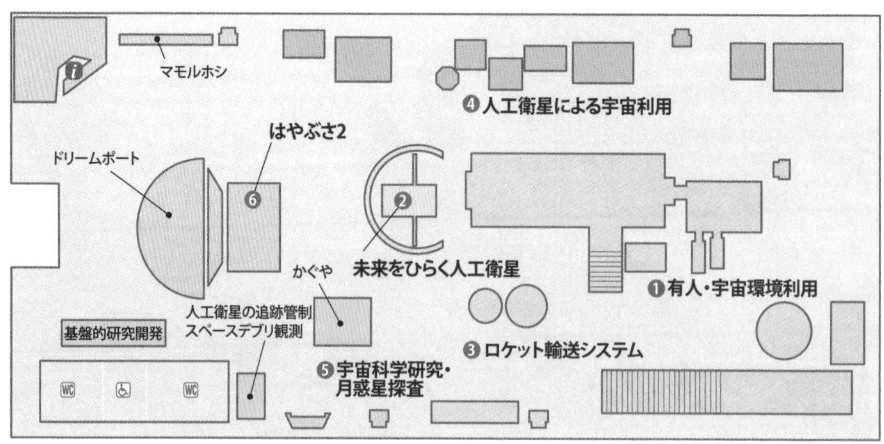

2

3

1「きぼう」は日本初となる有人宇宙実験施設で、平成21年(2009)7月19日に24年の歳月をかけ完成した
2 国際宇宙ステーション「きぼう」。日本実験棟内部も自由に見学できる
3 日本が開発した無人の物資補給機「こうのとり」の試験モデル

4 日本の宇宙開発の成果 人工衛星による宇宙利用

「挑戦の歴史」では技術試験衛星「きく」を中心に日本の宇宙開発の成果を紹介。「地球観測」では、地球観測分野の人工衛星のミッションと成果がわかる。

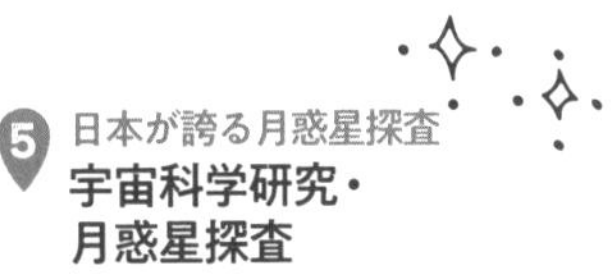

5 日本が誇る月惑星探査 宇宙科学研究・月惑星探査

2007年に打ち上げられ、アポロ計画以来最大規模の本格的な月の探査となった月周回衛星「かぐや」の試験モデルをメインに、月惑星探査について紹介。

3 実物のエンジンは圧巻 ロケット輸送システム

燃焼試験で使われたJAXAの技術の粋、本物のLE-7A、LE-5ロケットエンジンや20分の1スケールモデルのロケットを中心に、日本のロケット開発について詳しく展示紹介している。

6 はやぶさのすべてを凝縮 小型惑星探査機「はやぶさ2」

話題となった「はやぶさ」で培った経験を生かし、太陽系の起源・進化と生命の原材料物質を解明するため、C型小惑星「Ryugu(リュウグウ)」のサンプルを持ち帰ることに成功したミッションについて紹介。
※展示内容は変更になる可能性があります。

宇宙

UFOの街に本物の宇宙船!!

宇宙科学博物館 コスモアイル羽咋

うちゅうかがくはくぶつかん コスモアイルはくい

石川県羽咋市

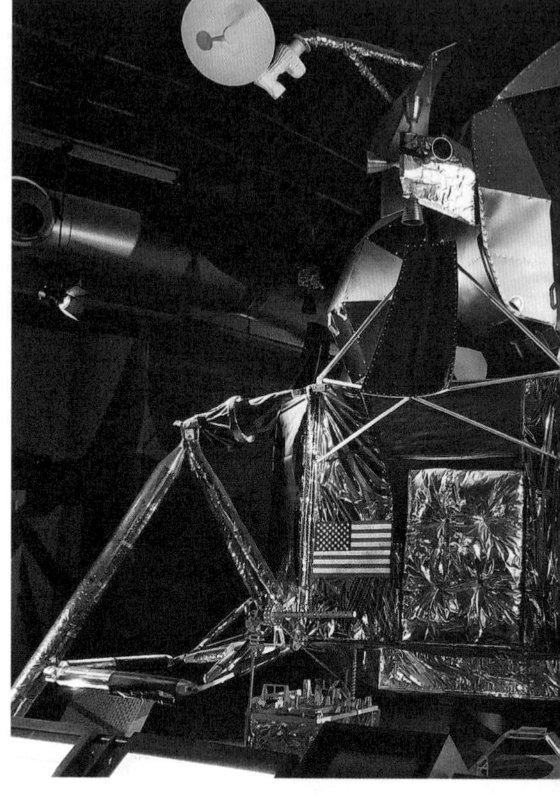

多くの本物が展示されている国内でも稀有な宇宙博物館

アメリカ合衆国や旧ソビエト連邦が開発した宇宙船など、さまざまな宇宙機材を間近で見られる。人類の宇宙開発史を振り返ることができるように設計されている。最大の特徴は、本物が展示されていること。日本国内では希少な海外製の本物の宇宙機材が、これだけ多く展示されている施設は国内でもここだけで、多くの宇宙ファンが"穴場中の穴場"と評するぐらい貴重な博物館だ。

DATA & ACCESS

☎0767-22-9888 所石川県羽咋市鶴多町免田25 開8:30〜17:00(最終入館16:30) 休火曜(祝日の場合は翌日) 料500円 交JR七尾線・羽咋駅から徒歩8分 Pあり

米国初の有人宇宙飛行船

マーキュリー宇宙船

アメリカが開発した最初の有人宇宙船、マーキュリー。宇宙船内部を窓からのぞくことができ、1人乗りの船内の狭さに驚く。

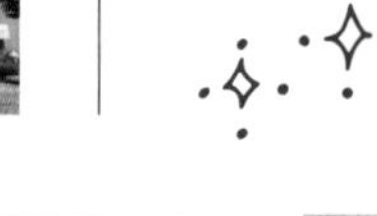

屋外展示されているレッドストーン・ロケットは、アメリカ航空宇宙局(NASA)から入手した本物

アポロ計画のローバー

月面車

アポロ計画でのアポロ15号以降、月面の広範囲を調査するため、月面車を採用。17号時、時速18kmの最大速度の記録が残る。

表面の赤、金、銀のシート（サーマルブランケット）は本物と同じ素材を使用

初めて月面に人を送迎
アポロ月面着陸船

アポロ17号をモデルに組み上げられた実物大模型。上段部分には宇宙飛行士が2名乗り込み、下段部分には月面車が収納されている。

さまざまな宇宙服が展示
宇宙服

船外活動服はアポロ17号で使用されたもののレプリカで、外側の素材は実物と同じ。17号の船長が実際に着ていた船内活動服の実物も展示されている。

帰還するための宇宙船
アポロ司令船

距離38万kmを航行するために作られたのが、アポロ司令船、機械船、月面着陸船の3機からなる宇宙船。地球に帰還するのは司令船のみ。

火星の生命体を探しに
バイキング火星探査機

調査するバイキング・ランダーと、それを輸送する宇宙船のバイキング・オービターから構成。ランダーは微生物の存在を調査する機能がある。

最も遠い場所を探査
ボイジャー惑星探査機

1977年に打ち上げられ、木星、土星、天王星、海王星の4惑星の観測を行った。結果、地球から最も遠い人工物となっている。

映像で宇宙の理解を深める

プラネタリウムのドーム型スクリーンのコスモシアターで、宇宙・星座などをテーマにした番組を毎日上映。

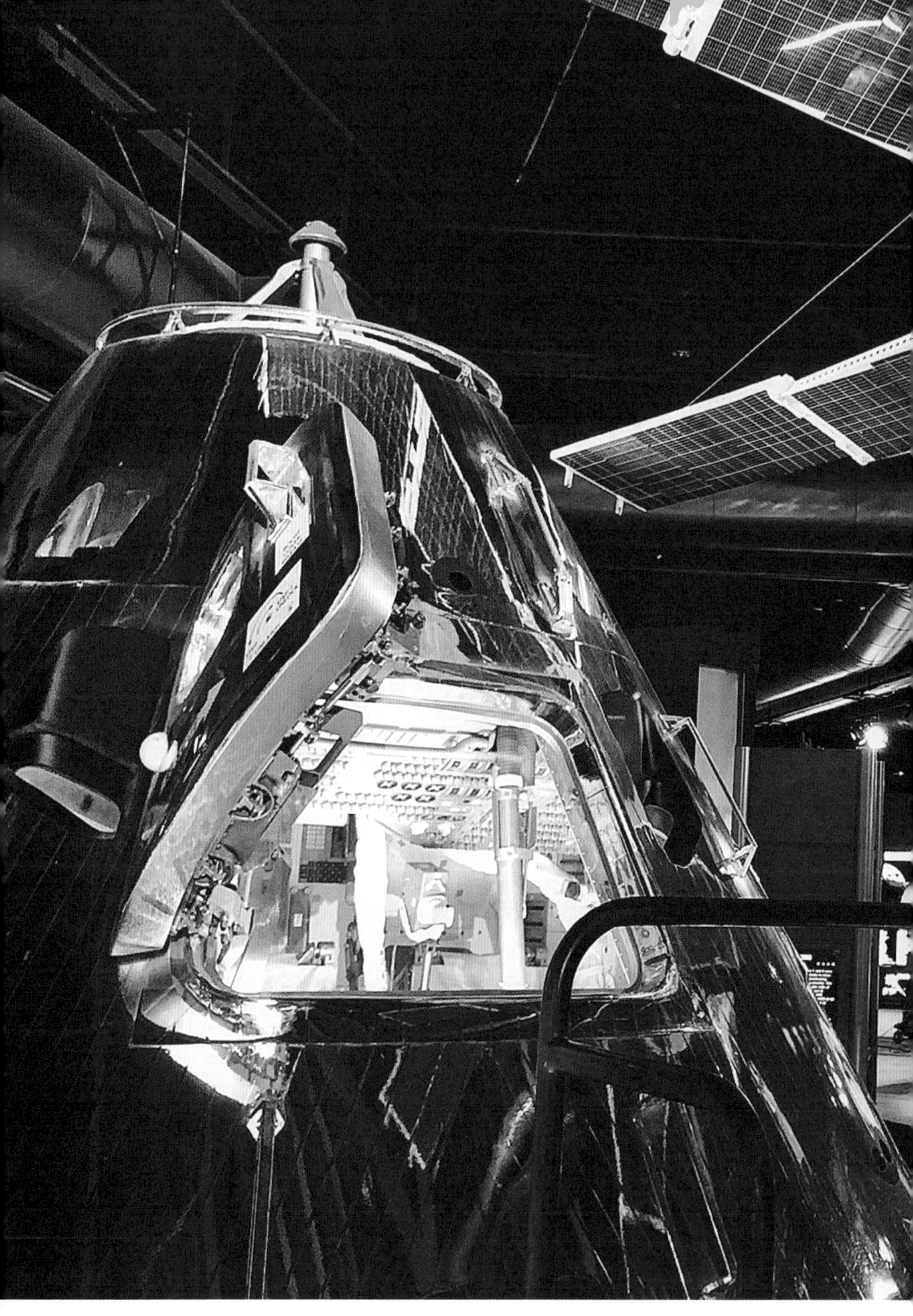

旧ソビエト連邦のモルニア通信衛星の本物の機体や、忠実に再現されたアポロ司令船の模型など、ここでしか見られない展示物が並ぶ

科学技術史

サイエンスで探る地球という星

国立科学博物館 地球館

こくりつかがくはくぶつかん ちきゅうかん

東京都台東区

刻々と変化する地球の様子を科学技術で探査する

科学技術関連の展示が充実する地球館2階では、体験型の展示を通して物理学分野などが理解できる「科学技術で地球を探る」コーナーや、江戸時代から明治、近現代まで、日本における科学技術発展の歴史について学ぶことができるコーナーがみどころ。豊富に揃った展示物から、外国の文化を受け入れながら発展してきた科学技術の歩みを俯瞰できる。

DATA & ACCESS

☎050-5541-8600(ハローダイヤル) 所東京都台東区上野公園 7-20 開9:00 ～17:00(最終入館16:30) 休月曜 料630円 交JR山手線・上野駅から徒歩5分 Pなし

国立科学博物館前のシロナガスクジラの実物大模型は全長30mあり大迫力

新たな日本の科学技術の発展コーナーでは、若田光一宇宙飛行士が操作したロボットアーム(RMS)により回収された宇宙実験・観測フリーフライヤ(SFU)を展示

1 地球物理学を体感
科学技術で地球を探る

2階

磁場などの身近な現象を入口付近に展示。また地球を観測するための技術の基本となる光や電波などに関する基礎的な現象を、展示を通して直感的に理解できる。

1 2

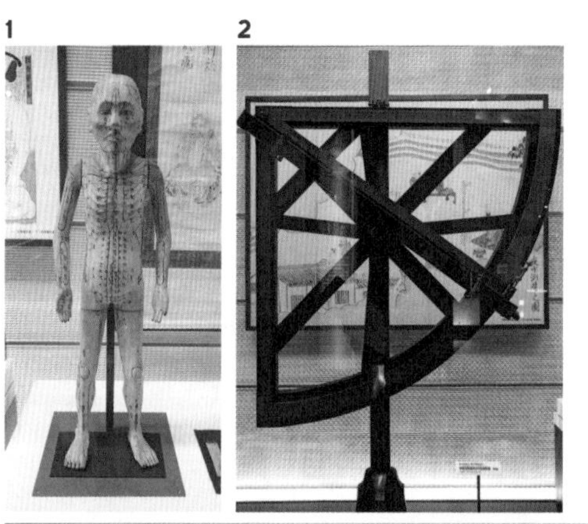

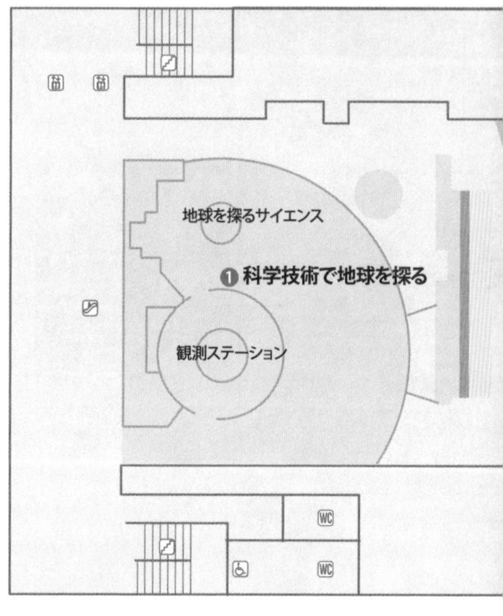

3

2 時代を支えた学問
江戸時代の科学技術

測量技術や鉱業の発展、伝統医学と西洋医学が融合した独自の医学など、江戸時代に確立された科学技術の発展や、その影響が学べる。

1 鍼灸を学ぶための人形・銅人。江戸時代中期に作られ、経絡やツボが人形に記されている
2 天体の角度を測定する中型象限儀。伊能忠敬が全国を測量する際にも距離測定のために使われていた
3「天文と測量」がテーマの展示。星座之図や天体の角度を測定する象限儀など、当時の最先端技術を紹介

❸ 明治維新と近代化
近代化の始まり

明治政府が推進した科学技術の近代化や近代化に向けての人材育成、近代化のための工作機械や電力システムの導入、普及などについての歴史的背景を解説。

❹ 科学技術と殖産工業
近代化の成果

日本は欧米に追い付き、追い越せとばかりに科学技術の近代化に努めた結果、自動織機や自動車産業、画像転送などの分野で欧米に匹敵する成果が現れた。

❺ 技術の探求
新たな日本の科学技術の発展

日本におけるコンピューターの開発やその発展の歴史を紹介。「みどりの窓口」で座席予約業務を始めた時のコンピューターMARS-101は、日本初の本格的なオンラインリアルタイムシステムであった。

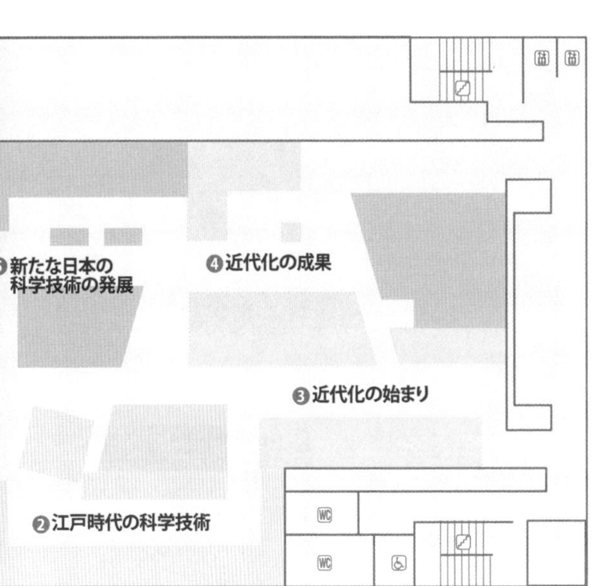

ミュージアムレストラン

レストラン ムーセイオン

博物館の展示にちなんだ楽しいメニューがいっぱい。140席という広々としたフロアで展示室を見ながら食事ができる。
☎03-3827-2080 開10:30～17:00(LO16:30)

体験！MUSEUM

オリジナル映像を上映

シアター36○

地球の100万分の1の大きさにあたる直径12.8mのドームの内側が全方位型の映像スクリーンとなり、独特の浮遊感が味わえる。「愛・地球博」の「地球の部屋」が博物館に移設され、生まれ変わった。

↑日本人のルーツを探る映像などの体験が楽しめる

↑丸木舟で台湾から与那国島へ200km以上にわたる航海の映像で、祖先の挑戦を追体験

科学

科学技術は未来に何をもたらすか

日本科学未来館

にっぽんかがくみらいかん

東京都江東区

可能性を秘める科学技術にふれ未来づくりに参加

常設展は3つのゾーンに分かれ、「世界をさぐる」ゾーンでは、私たちはなぜ今、ここに存在しているのか、世界の仕組みをさまざまなスケールで探求。「未来をつくる」ゾーンでは、どんな方法で豊かさを築いていくか、理想とする社会や暮らしを考える。また、「地球とつながる」ゾーンでは、LEDパネルを用いた地球ディスプレイ「ジオ・コスモス」を使って、地球を感じ、地球を探り、地球を解析する。

DATA & ACCESS

03-3570-9151 所東京都江東区青海2-3-6 開10:00～17:00(最終入館16:30) 休火曜(祝日の場合は開館) 料630円 交ゆりかもめ・テレコムセンター駅から徒歩4分 Pあり

注目のイベント

迫力ある映像で科学や宇宙を体験

ダイナミックなドーム型スクリーンでは、臨場感あふれる鮮やかな3D映像を楽しめる。また、プラネタリウム投影機は1000万個の恒星を投影。『バースデイ～宇宙とわたしをつなぐもの～』、『9次元からきた男』などを上映。

宇宙・地球・生命とは

世界をさぐる

人類は宇宙、地球、生命の謎に挑んできた。展示「"ちり"も積もれば世界をかえる」では、地球深部探査船「ちきゅう」、小惑星探査機「はやぶさ2」、電波望遠鏡「アルマ」を紹介。

「ニュートリノから探る宇宙」では、目には見えない素粒子、ニュートリノの観測装置「スーパーカミオカンデ」の10分の1スケールの模型を展示。模型内に入ったり、「霧箱」で放射線の痕跡を観察

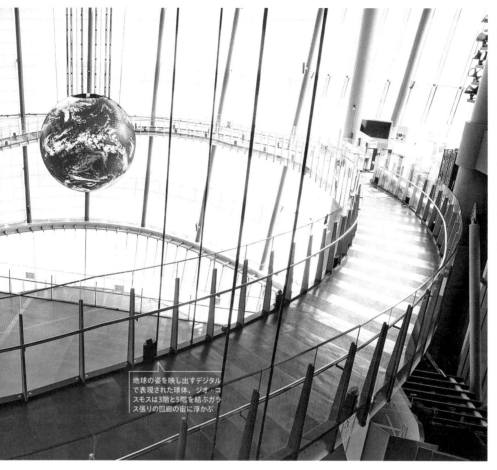

地球の姿を映し出すデジタルで表現された球体、ジオ・コスモスは3階と5階を結ぶガラス張りの回廊の宙に浮かぶ

近未来の世界を想像
未来をつくる

ロボット・情報・イノベーションをテーマにした展示ゾーン。「インターネット物理モデル」では、情報が伝わる仕組みを白と黒のボールの動きで視覚化。

50年後の次世代にどのような地球を贈れるか、ゲーム形式でアクティブに体験。理想の未来から逆算し、今なすべきことを思索する

地球を感じて探る
地球とつながる

地球の歴史のなかに人類はどう位置づけられ、未来へつながっていくか。地球上の生命と環境がどう自分とつながっているか、科学データやツールを使って解析。

ミュージアムグッズ

光合成で59種の栄養素を生み出すミドリムシが粉末になって練りこまれたクッキー550円

ディープラーニングの仕組みをシンプルに図解したTシャツ2640円(130・150cmは2420円)

限りなく本物に近い星空を再現するための「ユニバーサリウムIX型プラネタリウム」

科学

楽しみながら科学を学ぶ

名古屋市科学館

なごやしかがくかん

愛知県名古屋市

世界でも比類なき星空

プラネタリウム「NTPぷらねっと」

内径35mと世界最大級のプラネタリウムドーム内に、さまざまな天文現象を正確に再現する光学式プラネタリウムと、未来や過去の星空、宇宙旅行も表現できるデジタル式プラネタリウムを備えている。

竜巻が目の前で発生

竜巻ラボ

竜が昇っていくかのような高さ9mの空気の渦。約15分間のショータイムでは、専門スタッフの解説や実験を通じて、竜巻についての理解も深められる。

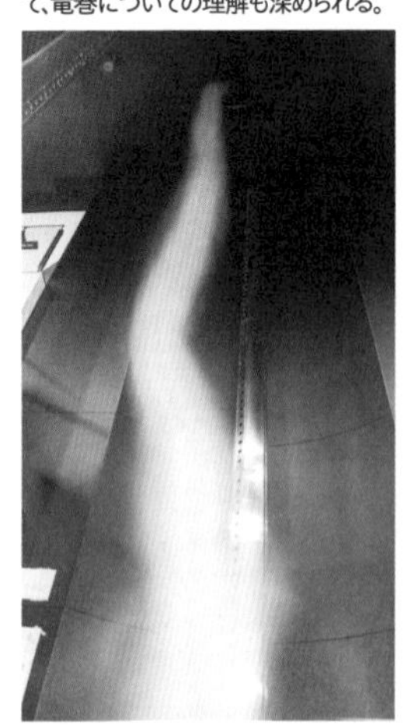

地球における水の循環

水のひろば

「くものステージ」「あめのステージ」「かわのステージ」「うみのステージ」の各ステージで、水の性質に関する多くの実験ができる。水が、各ステージを順に流れ、地球における水の循環が学べる。

体験を通じて大自然のダイナミズムが実感できる

「みて、ふれて、たしかめて」をコンセプトにした総合科学館。世界最大級のプラネタリウムや自然のダイナミズムを体感できる「水のひろば」「竜巻ラボ」「放電ラボ」「極寒ラボ」の4つの大型展示をはじめ、約260種の多彩な体験型の展示に加え、実演・実験を通して、楽しみながら科学にふれられるサイエンスショーなども毎日実施。大学や研究機関などの協力による講座や講演会なども随時開催する。

DATA & ACCESS

☎052-201-4486 所愛知県名古屋市中区栄2-17-1 開9:30～17:00(最終入館16:30) 休月曜(祝日の場合は翌日)、第3金曜(祝日の場合は第4金曜) 料400円 交地下鉄東山線・伏見駅から徒歩5分 Pなし

名古屋市科学館

轟音鳴り響く120万ボルト
放電ラボ

2基の巨大なテスラコイルから、激しい放電音とともに、空中をのたうち回るような長さ約4mもの電気火花が放たれる。約20分間の放電ショーでは、電気エネルギーのパワーが実感でき、放電現象のメカニズムも学べる。

迫力の大型ロケット
H-IIBロケット

屋外展示広場に国産大型ロケットH-IIBを展示。大部分が実物と同じ構造の試験機で、タンク部分が切断してあり内部構造が見られる。

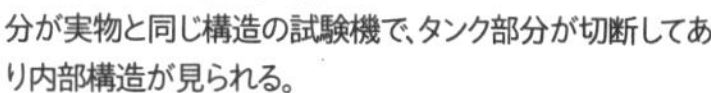

零下30℃の世界を体験
極寒ラボ

－30℃の世界を体験しながら、オーロラの全天周映像を見たり、氷の実験や氷の結晶が観察でき、極地について学べる。参加方法については、科学館公式HPで要確認。

体験！MUSEUM
多彩な実験・実演が揃う

サイエンスステージ
「うかしてとばして大実験」をはじめ、低温や空気、電気、化学反応などの実験をショー形式で毎日開催。

生命ラボ
ダンゴムシやプランクトンのような身近な生き物や、顕微鏡などの実験器具を使って実験や観察ができる参加型実演を毎日開催。

あいち・なごやノーベル賞受賞者記念室の実験ブース
当地ゆかりのノーベル受賞者の研究に関する楽しい実験を毎日開催。

天文

宇宙では何が起きているか

明石市立天文科学館

あかししりつてんもんかがくかん

兵庫県明石市

時と宇宙をテーマにした日本標準時子午線上の科学館

昭和35年(1960)に開館し、建物は登録有形文化財に登録されている。東経135度日本標準時子午線の真上に立つ博物館で、プラネタリウムや展示を通じて、時や宇宙について学ぶことができる。高さ54mの高塔はそのまま日本標準時子午線を示す標識で、塔頂には直径6.2mの大時計があり、常に正確な時刻を示している。13・14階の展望室からは明石海峡の絶景も見られる。

DATA & ACCESS

☎078-919-5000 所兵庫県明石市人丸町2-6 開9:30～17:00(最終入館16:30) 休月曜、第2火曜(祝日の場合は翌日) 料700円 交JR山陽本線・明石駅から徒歩15分 Pあり

多数の精密模型

宇宙開発

世界と日本の宇宙開発の歩みをグラフィックと精密模型で紹介。人工衛星スプートニク1号、月周回衛星かぐやなどの模型を展示。

本物の隕石を観察

隕石

隕石は太陽系の起源を研究するための貴重な資料。鉄隕石、石鉄隕石、石質隕石エコンドライト、石質隕石コンドライトの4種類を展示。

三日月の作り方

月の満ち欠け

月は古くから最も親しまれてきた天体。体験して学べるユニークな参加体験型装置があり、自分の手で触れながら月の満ち欠けを学ぶことができる。

太陽系惑星の公転周期が体験を通して理解できる装置、さわれる銀河系模型が人気

最上階で天体観測
天体観測室

16階の天体観測室には、口径40cmの反射望遠鏡と15cm屈折望遠鏡が設置されている。フォーク式赤道儀が設置されコンピューター制御で観測地点を捕捉できる。月に1回程度、天体観望会を開催。

明治7年(1874)に金星が太陽面を通過する珍しい天体現象が起こり、フランスの観測隊が神戸の諏訪山で観測を実施。その際に使った金星太陽面通過観測子午儀が展示されている

太陽の引力に引き寄せられて
太陽系儀

太陽を中心にし、8つの惑星と冥王星、月が公転周期に正確に比例して回る模型。ハンドルを回し、惑星の会合周期や金星の満ち欠けも視覚的に理解できる。

日本初の標識が由来
子午線のまち・明石

日本標準時の基準となる東経135度子午線は、明石市を含む12市を通る。北から京丹後市、福知山市、豊岡市、丹波市、西脇市、加東市、小野市、三木市、神戸市西区、明石市、淡路市、和歌山市。それぞれの町には子午線を表示する標識やモニュメントが立っている。明石市は、明治43年(1910)に日本で最初に標識を立てたことから「子午線のまち」といわれている。

宇宙・科学

世界最大級のドームを誇る

多摩六都科学館

たまろくとかがくかん

東京都西東京市

1億4000万個の恒星を投影できるプラネタリウムでは、直径27.5mの大型ドームに微細な星の輝きが広がる。奥行き感のあるリアルな星空を解説付きで楽しめる。チャレンジの部屋、地球の部屋など5つの展示室では、観察や実験、工作などの体験プログラムを開催。

世界最大級のプラネタリウムは、足元から頭上まで星空の映像が広がる傾斜型のドーム

エントランスホールの天井には、宇宙探査機ボイジャーの実物大模型が展示されている

DATA & ACCESS

042-469-6100 所東京都西東京市芝久保町5-10-64 開9:30～17:00(最終入館16:00) 休月曜(祝日の場合は翌日)、祝日の翌日ほか 料520円(プラネタリウムは別途) 交西武新宿線·花小金井駅から徒歩18分 Pあり

宇宙

楽しく学べる展示が充実

佐賀県立宇宙科学館「ゆめぎんが」

さがけんりつうちゅうかがくかん「ゆめぎんが」

佐賀県武雄市

常設展示は、地球発見ゾーン、宇宙発見ゾーン、佐賀発見ゾーンに分かれ、参加体験型の展示やさまざまなワークショップを通じて、子どもから大人まで科学を楽しく学ぶことができる。プラネタリウムと天文台もあり、土曜の夜には、天体観望会を行っている。

佐賀県内から産出したサメの歯や、カニの化石も展示している

幼児向け、家族向け、一般向けなど多彩なプログラム、字幕付きのプラネタリウムを放映している

DATA & ACCESS

0954-20-1666 所佐賀県武雄市武雄町永島16351 開9:15～17:15(土·日曜、祝日は～18:00) 休月曜(祝日の場合は翌日) 料520円 交長崎自動車道·武雄北方ICから車で15分 Pあり

科学

日常の視点から科学を解説

千葉市科学館

ちばしかがくかん

千葉県千葉市

参加体験型の科学館で、宇宙と地球、自然や生命の不思議を体験できるジオタウン、暮らしを支える技術を通してその原点を解くテクノタウン、視覚、音、数の不思議を科学的に楽しく探求するワンダータウン、そしてプラネタリウムのフロアで構成されている。

きぼーるとは「希望のボール」の意。Qの丸い字形がプラネタリウムをシンボル化

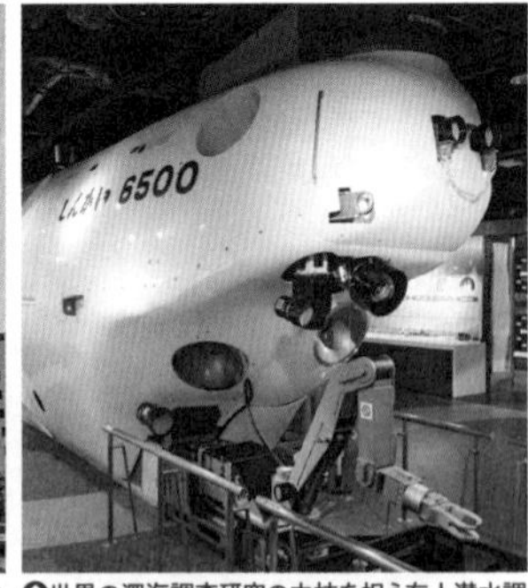

世界の深海調査研究の中核を担う有人潜水調査船「しんかい6500」の実物大を展示

DATA & ACCESS

043-308-0511 所千葉県千葉市中央区中央4-5-1 Qiball(きぼーる)7-10F 開9:00～19:00(最終入館18:30) 休不定休 料常設展示600円、プラネタリウム600円 交JR総武線·千葉駅から徒歩15分 Pあり

宇宙

青少年の知的好奇心を刺激

三菱みなとみらい技術館
みつびしみなとみらいぎじゅつかん

神奈川県横浜市

三菱重工グループのものづくりや最先端の技術を紹介する。Hシリーズの大型ロケットに搭載されたエンジンや有人潜水調査船「しんかい6500」の実物大分解といった、迫力ある実物展示をはじめ、バーチャルツアーステーションなど多彩な展示、体験コーナーで構成。

船やロケットなどのものづくりの工程や仕組みを映像や展示で紹介

地上から宇宙までの高度を視覚的に体感できる宇宙ゾーン「大空から宇宙へ」

DATA & ACCESS
045-200-7351 所神奈川県横浜市西区みなとみらい3-3-1 三菱重工横浜ビル 開10:00～15:00(土・日曜、祝日は～16:00)最終入館は各30分前 休火・水曜(祝日の場合は翌日)、特定日 料500円 交JR根岸線・桜木町駅から徒歩8分 Pあり

宇宙・科学

科学の不思議を学んで体験

つくばエキスポセンター

茨城県つくば市

科学技術を見て、触れて、楽しく学べる科学館。科学の不思議を学びながら体験できる展示が充実しており、世界最大級のプラネタリウムでは、大迫力の映像と美しい星空の世界が楽しめる。また屋外には実物大のH-IIロケットの模型が展示されている。

宇宙服のレプリカやロケットの模型などが展示されている宇宙への挑戦ゾーン

プラネタリウムは、子ども向け番組やオリジナル番組などプログラムも豊富だ

DATA & ACCESS
029-858-1100 所茨城県つくば市吾妻2-9 開9:50～17:00(最終入館16:30) 休月曜(祝日の場合は翌日)、ほか臨時休あり 料500円(プラネタリウムは別途) 交常磐自動車道・桜土浦ICから車で15分 Pあり

科学

宇宙とエネルギーがテーマ

大阪市立科学館
おおさかしりつかがくかん

大阪府大阪市

昭和12年(1937)に日本初の科学館として開館し、東洋初のプラネタリウムを導入した「大阪市立電気科学館」が前身。世界最大級のドームスクリーンに映し出すプラネタリウムは最高峰の技術を誇り、参加体験型の展示やサイエンスショーも人気。

ダイナミックな映像に加え、専門スタッフの個性あふれる生解説もみどころのひとつ

生活に関わる技術を実際に体感し学ぶことで、科学が身近に感じられる

DATA & ACCESS
06-6444-5656 所大阪府大阪市北区中之島4-2-1 開9:30～17:00(展示場入場は～16:30) 休月曜(祝日の場合は翌平日)、メンテナンス休館日あり 料展示場400円、プラネタリウム600円 交地下鉄四つ橋線・肥後橋駅から徒歩7分 Pあり(予約団体バス優先)

COLUMN 先駆者たちの足跡

江戸の天文学者
間重富
はざましげとみ

世界の天体観測技術の発展により、日本でも天文学が盛んになり始めた江戸時代。人々の暮らしに大きく関わる暦の改編には、一人の町人天文学者の活躍があった。

西洋天文学の知識と才で 江戸の改暦事業に大きく貢献

大阪長堀の裕福な質屋の六男として誕生。幼い頃から算術や西洋天文学に興味を持ち、家業を続けるかたわら、37歳のときに当時の天文学者・麻田剛立(あさだごうりゅう)の塾に入門。機械好きと豊富な財力を活用して象限儀(しょうげんぎ)、子午線儀(しごせんぎ)、垂揺球儀(すいようきゅうぎ)を製作し、一門の天体観測に貢献した。

寛政7年(1795)に同じ塾から幕府の天文方に任命された高橋至時(たかはしよしとき)とともに江戸に向かい、寛政9年(1797)に「寛政の改暦」を完成。江戸勤務中には至時の弟子で、のちに日本地図を完成させた伊能忠敬(いのうただたか)と出会い、測量技術の指導をしたとも伝わる。重富の死後も天体観測は息子や孫に引き継がれ、膨大な資料は大阪歴史博物館に重要文化財として所蔵されている。

大阪歴史博物館蔵

間重富(1857～1918)
大阪の町人天文学者。西洋天文学を取り入れた測量技術で、幕府の改暦に貢献。天文観測装置の改良や製作なども行った。

反射式望遠鏡
江戸時代後期
幕府の天体観測に携わった重富の息子・重新のイギリス製天体観測用望遠鏡。幕府より貸し下げられた当時の最先端の観測器具。

大阪歴史博物館蔵

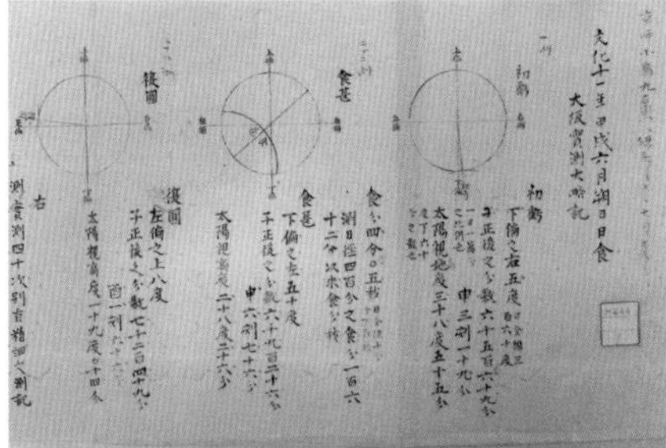

大阪歴史博物館蔵

日食測記
文化11年(1814)
文化11年6月1日の日食を大阪で観測したときの記録。息子の重新と共同で行った観測記録のひとつで、日月食をはじめ、天王星や彗星など多岐にわたる。

間重富ゆかりの博物館

1350年の歴史を一望
大阪歴史博物館
おおさかれきしはくぶつかん

古代から近現代にわたる大阪の歴史を伝える博物館。地下に残る難波宮の遺跡のほか、原寸大の復元建物や実物資料を多数揃えている。
☎06-6946-5728 所大阪市中央区大手前4-1-32 開9:30～17:00(最終入館16:30) 休火曜(祝日の場合は翌日) 料600円 交地下鉄谷町線/中央線・谷町四丁目駅から徒歩2分 Pあり

↑9階の中世近世フロアでは、天下の台所といわれ、水運が発達していた街の賑わいが再現されている

↑10階からは、大阪城や難波宮跡を一望することができる

自然

豊かな列島の神秘に迫る

自然史

日本列島の自然と日本人の歴史を展示

国立科学博物館 日本館

こくりつかがくはくぶつかん にほんかん

東京都台東区

動植物や自然環境を通して日本列島の自然を俯瞰

国立科学博物館の数ある展示物のなかでも「日本館」の3階では、「日本列島の生い立ち」を物語る。日本が大陸から分離し、列島として成立するまでにはダイナミックな変動があり、フタバスズキリュウをはじめとする数多くの生物たちが繁栄と絶滅を繰り返してきた。地表に刻み込まれたその痕跡を、化石や岩石などを調査することで追っていく。生物多様性を育んだ豊かな自然についても紹介する。

DATA & ACCESS

☎050-5541-8600(ハローダイヤル) 所東京都台東区上野公園 7-20 開9:00 ~17:00(最終入館16:30) 休月曜 料630円 交JR山手線・上野駅から徒歩5分 Pなし

日本で最良の爬虫類化石である首長竜の化石。平成18年(2006)に新種として正式に記載された

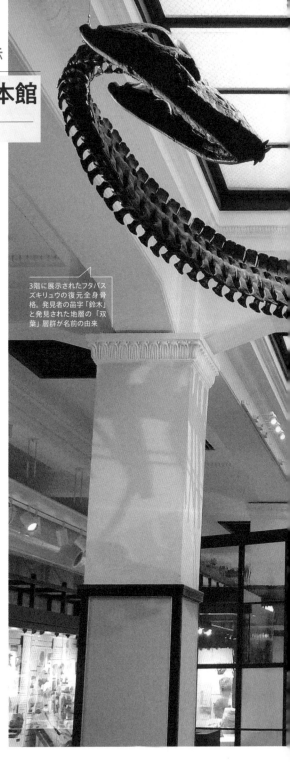

3階に展示されたフタバスズキリュウの復元全身骨格。発見者の苗字「鈴木」と発見された地層の「双葉」層群が名前の由来

1 日本列島に残る大陸の痕跡
日本列島の骨組み

日本列島には大陸起源と考えられる岩石や砂粒が残っており、年代や変成作用の特徴から中国や朝鮮半島に分布する岩石との対比が行われている。これらの調査で日本列島誕生の過程などを知ることができる。

2 サンゴが栄えていた海
日本列島誕生前

古生代の大陸縁の浅海にはサンゴが繁茂し、ウミユリやフズリナ、三葉虫のほか、2枚の殻を持つ腕足動物などが棲んでいたと考えられている。また白亜紀の大陸の近海はアンモナイトの格好の生息域であり、なかには1mを超える巨大なものもいたようだ。

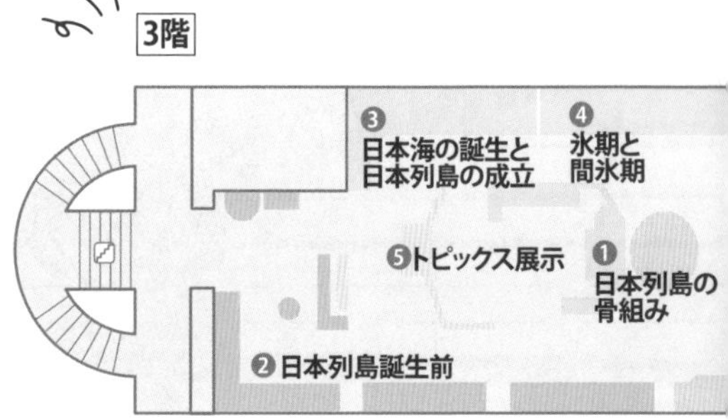

3 亜熱帯の日本海
日本海の誕生と日本列島の成立

日本海は約2000万年前頃に誕生したと考えられている。およそ1500万年前は現在の北海道南部まで亜熱帯の環境が広がり、マングローブ植物が茂っていたようだ。

4 ゾウがいた氷河期
氷期と間氷期

白亜紀の後期から新生代にかけて北半球ではメタセコイアが栄えていた。その後、氷期と間氷期が何度も繰り返され、現代日本で見られないゾウなどの生物が氷期で地続きとなった大陸から渡ってきた。

5 日本発の新発見も期待される
トピックス展示

宮崎県で見つかった化学合成群集の化石や愛知県の深海生物などの化石は、化石の研究が盛んな欧米でも得られない情報を多く含んでいる

6 生物多様な日本列島
南北に長い日本列島の自然

中緯度の日本列島には四季があり季節風や海流の影響も強く受けている。気候も亜熱帯から亜寒帯まであり、動植物の種類も豊か。コケやキノコ、地衣類のなかには、分布域がいずれかの気候帯のひとつに限定されないものもいる。

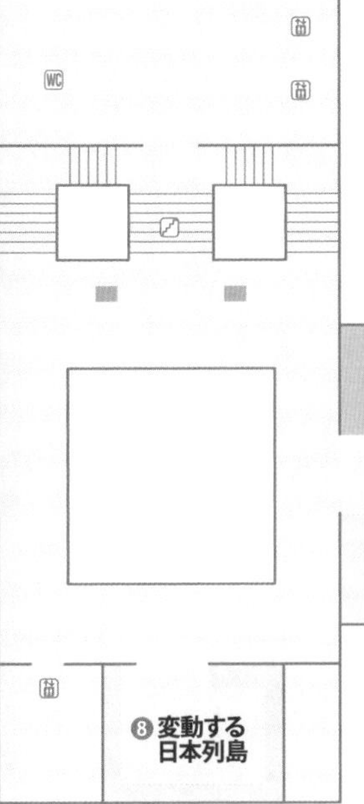
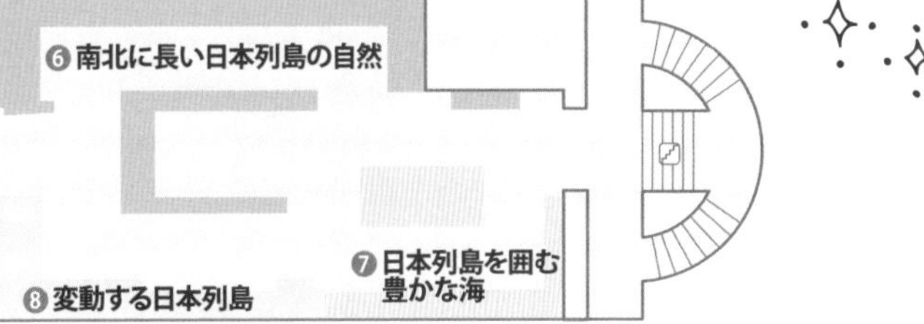

8 日本列島変動の記録
変動する日本列島

日本列島には大陸から切り離されて日本海が誕生したときの記録や、海洋プレートの沈み込みの歴史など、変動の記録が刻まれている。

7 生物を育む日本の海
日本列島を囲む豊かな海

日本列島の周囲の海は大陸棚や海盆、海嶺など地形は変化に富み、表層には黒潮と親潮、その下には固有の中層水が広がり、海の生物たちに多様な生息環境を与えている。

流氷

流氷の不思議を体感する

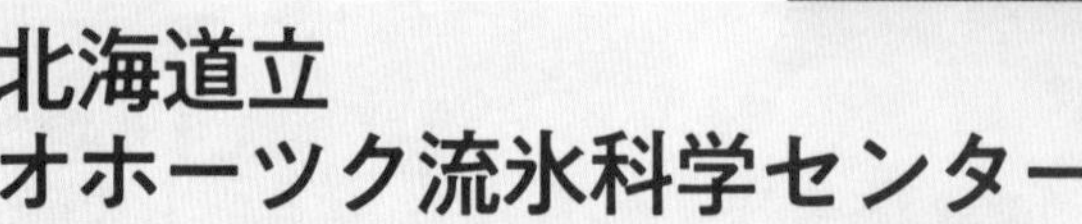

北海道立 オホーツク流氷科学センター

ほっかいどうりつオホーツクりゅうひょうかがくセンター

北海道紋別市

世界でただひとつの 流氷をテーマにした科学館

流氷といえば北海道の冬の風物詩。平成3年(1991)に開館した「流氷科学センター」は世界で唯一、流氷をテーマにした科学館だ。本物の流氷に触れることができ、そのメカニズムをわかりやすく解説しているほか、透明な氷に魚が包まれた「流氷水族館」や流氷の妖精・クリオネの展示など、オホーツク海の生物が間近で観察できる。

DATA & ACCESS

☎0158-23-5400 所北海道紋別市元紋別11 開9:00〜17:00(最終入館16:30) 休月曜(祝日の場合は翌日) 料450円 交紋別空港から車で10分 Pあり

オホーツク海に臨む展望室。鳥の図鑑を片手に、双眼鏡を覗いてみよう

海に羽ばたく“流氷の天使” クリオネ展示

幻想的な姿から“流氷の天使”と呼ばれるクリオネは、実は巻貝の仲間。クリオネハウスではたくさんのクリオネが見られるほか、貴重な捕食シーンの映像も必見。

透明な氷に閉じ込められたオホーツク海の生物たちをじっくり観察できる「流氷水族館」

−20℃の世界で流氷体験

厳寒体験室

冬の間に採取された流氷が展示され、普段は体験することのない−20℃という厳寒の世界を再現。そこはシロクマやアザラシが暮らす未知の世界だ。

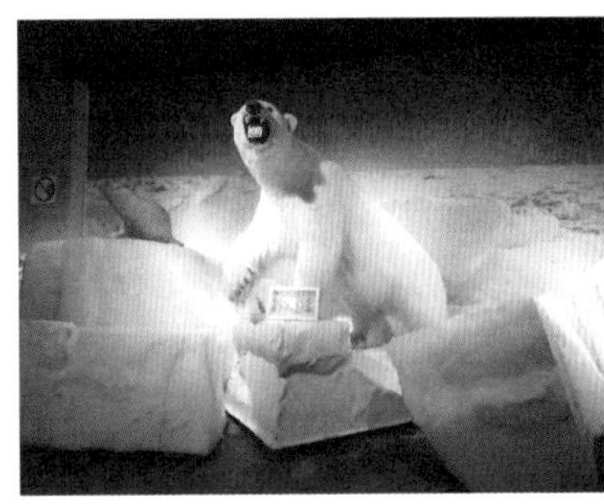

オホーツク海はなぜ凍る？

2層の塩分濃度が海を凍らせる

シベリア、千島列島、北海道に囲まれているオホーツク海は、表層50mまでの部分は塩分濃度が薄く、それより深い部分は塩分濃度が濃いという2層構造になっている。そのため海面が冷える際に起きる対流が表層50mまでとなり、海水が早く冷え、ほかの海より凍りやすくなる。

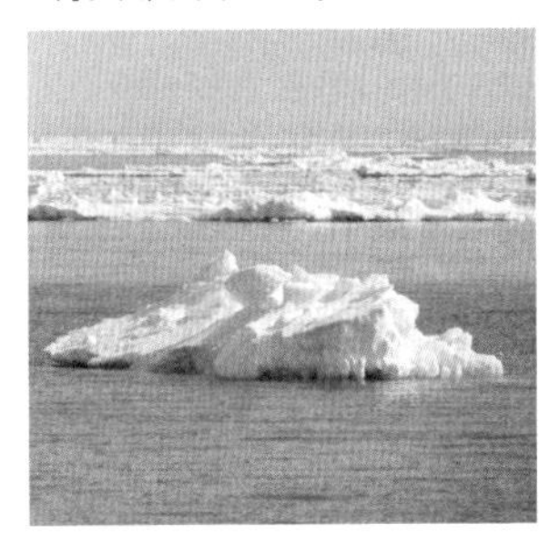

巨大スクリーンが魅せるオホーツク

ドームシアター

直径15mの360度スクリーンでオホーツクの大自然を堪能できる。空からと海からのダイナミックな映像は迫力満点。沖合の流氷が次第に海を覆う様子は、大自然の雄大さを物語る。

体験！MUSEUM

厳寒の魔法

凍るシャボン玉体験

厳しい寒さのなかでシャボン玉を吹くと、はじけずに凍ってしまう。−20℃が見せる魔法の世界だ。

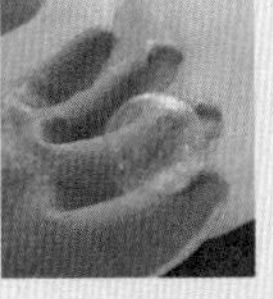

石・地形

石の博物館で学ぶ地球の歴史

フォッサマグナミュージアム

新潟県糸魚川市

ヒスイの産地で鉱物資源や日本列島の成り立ちを知る

平成6年(1994)に開館し、平成27年(2015)にリニューアルオープンした石の博物館。6つの常設展示室では糸魚川市で産出されるヒスイやフォッサマグナを中心に、地球が育んできた大地の物語について学ぶことができる。ミュージアムショップではヒスイアクセサリー、ヒスイに関連した書籍のほか、オリジナル商品の購入も可能だ。中庭は石の庭になっており、ヒスイの文字盤の日時計が設置されている。

DATA & ACCESS

☎025-553-1880 所新潟県糸魚川市一ノ宮1313 開9:00〜17:00(最終入館16:30) 休月曜、祝日の翌日(3〜11月は無休) 料500円 交JR大糸線/えちごトキめき鉄道・糸魚川駅から車で10分 Pあり

日本列島を二分するフォッサマグナ

ナウマン博士が発見した大きな溝

フォッサマグナはラテン語で「大きな溝」を意味し、日本列島の成立を考えるうえで重要な地質構造である。明治初期に来日したドイツ人の地質学者・ナウマン博士が発見し、命名した。糸魚川ー静岡構造線はフォッサマグナの西端とされ、太平洋まで延びる1〜3億年前にできた岩石の溝に、約2000万年前から新たにできた地層が溜まっている。気の遠くなるような歳月の蓄積である。

「国石」に選ばれた宝石

魅惑のヒスイ

カワセミの羽の色に似た宝石ヒスイ。日本鉱物科学会により「国石」に選定されている。糸魚川は日本最大のヒスイ産地で、古代ヒスイ文化の発祥地だった。

小滝川ヒスイ峡で採れた巨大な原石を展示。川のせせらぎが聞こえ、ヒスイ峡の美しい映像が流れる

巨大スクリーンの迫力映像

誕生 日本列島

フォッサマグナは日本列島誕生の際の大地の大きな裂け目である。200インチの巨大スクリーン映像が日本列島誕生の様子や、フォッサマグナと日本海形成の様子を映し出す。

名前に日本がついた化石は必見

魅惑の化石

時代別に日本国内や世界各地で採取された化石を展示している。日本の名前を冠する異常巻きアンモナイトで「日本古生物学会」のシンボルマークである「ニッポニテス」は必見だ。

ミュージアム検定に挑戦

変わりゆく大地

地震や火山などの活動により常に大地は変化する。親不知と朝日岳の27kmを結ぶ登山道や日本屈指のカルスト地形が見られるマイコミ平なども紹介。ミュージアム検定にも挑戦できる。

地質

湖が形成した７万年のものさし

年縞博物館

ねんこうはくぶつかん

福井県若狭町

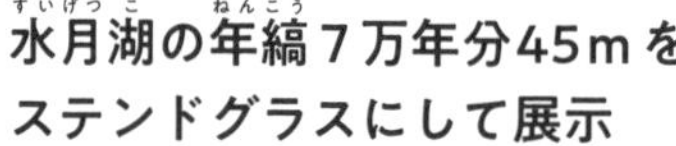

水月湖の年縞７万年分45ｍをステンドグラスにして展示

年縞とは、長い年月の間に湖底に堆積したものが描く特徴的な縞模様のこと。福井県の水月湖の湖底には、奇跡的に連続した７万年分もの年縞が形成されている。これは世界に類例がない。水月湖の年縞は年代を測定する際の世界標準のものさしであり、博物館では７万年分45ｍの水月湖年縞をステンドグラスにして展示。気の遠くなるような時間の流れが感じられる。

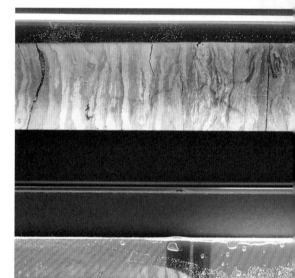

DATA & ACCESS

☎0770-45-0456 所福井県若狭町鳥浜122-12-1 縄文ロマンパーク 開9:00～17:00(最終入館16:30) 休火曜(祝日の場合は翌日) 料500円 交JR小浜線・三方駅から車で5分 Pあり

水月湖の年縞はなぜできた？

湖を取り巻く環境や地形に注目

雨による水や土砂の流入をもたらす大きな河川がない水月湖は、梅丈岳(写真)をはじめとした山々に囲まれ波が立ちにくい環境にあることで、堆積物が静かに蓄積し、年縞が形成された。さらに、水深が深いうえ、湖底は今も沈降を続けているため、７万年もの間、堆積物がたまり続けていた。

世界一の年縞が生まれた理由

発見 ―水月湖の秘密―

「奇跡の湖」と呼ばれる水月湖の湖底に世界一の年縞が形成された理由を、水中ドローン撮影などにより紹介する。

年縞は最高の記録計

記録 ―世界の年縞―

シマシマからわかる世界や日本各地の過去のできごとについて紹介する。恐竜がいた白亜紀の年縞と化石も展示している。

7万年の時を遡る

水月湖年縞 7万年ギャラリー

水月湖から掘り出した年縞の実物7万年分45mをステンドグラスにして展示。その長さは世界一だ。現在から過去へ時を遡りながら、大昔の水月湖の姿に思いを馳せる。

cafe縞

カフェしま

博物館に併設されたカフェは小高い丘の上にあり、三方五湖や周りの景色を眺めながら、フレンチプレスのコーヒーや地元の食材を使った料理が楽しめる。

☎0770-45-3039 開11:00～16:00

←↑カフェの名物メニュー年縞SAND850円

水月湖の年縞の実物をステンドグラスにして保管。シマシマのひとつひとつに歴史が刻まれている

年縞の役割を解説

較正 —より正確な年代決定—

水月湖の年縞が世界標準のものさしとなるまでの道のりやその役割を明らかにする。スマート端末を使った年代測定も体験。

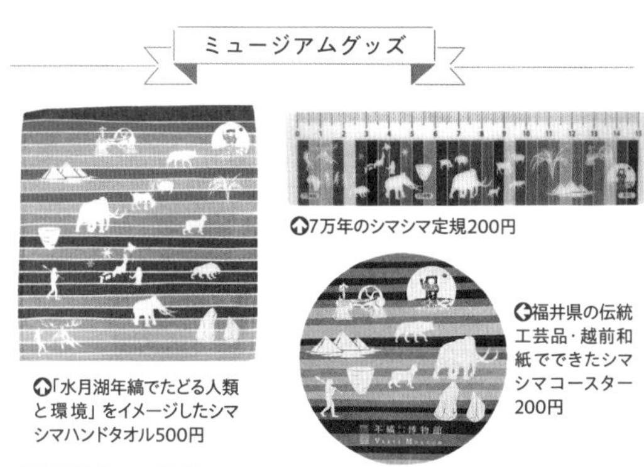

↑「水月湖年縞でたどる人類と環境」をイメージしたシマシマハンドタオル500円

↑7万年のシマシマ定規200円

←福井県の伝統工芸品・越前和紙でできたシマシマコースター200円

富士山は日本の誇り

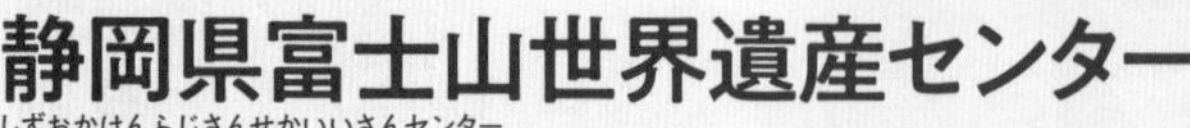

静岡県富士山世界遺産センター

しずおかけんふじさんせかいいさんセンター

静岡県富士宮市

世界文化遺産としての富士山の美と価値を次世代に伝える

古来日本人の精神性や文化に大きな影響を与えてきた富士山は、平成25年(2013)に「信仰の対象と芸術の源泉」として世界文化遺産に登録された。その魅力と文化的価値を未来に伝える拠点である。逆円錐形のセンターが水盤に映った姿は秀麗な富士山に見える。展示棟では富士山の疑似登山が体験でき、2階の映像シアターでは富士山の美を余すことなく紹介。

DATA & ACCESS

☎0544-21-3776 所静岡県富士宮市宮町5-12 開9:00〜17:00(7・8月は〜18:00) 最終入館は各30分前 休第3火曜(祝日の場合は翌日) 料300円 交JR身延線・富士宮駅から徒歩8分 Ⓟなし(周辺駐車場利用)

信仰の対象と芸術の源泉

登拝する山

噴火活動が沈静化した平安時代後期から、富士山は山岳信仰の対象となった。中世には修験道の道場となり、修験者だけでなく一般庶民も登拝するようになった。

富士山と人との出会い

荒ぶる山

約3万5000年前、人類は富士山と出会った。当時の富士山は産声をあげて間もなく、火山活動も活発で噴火を繰り返していた。

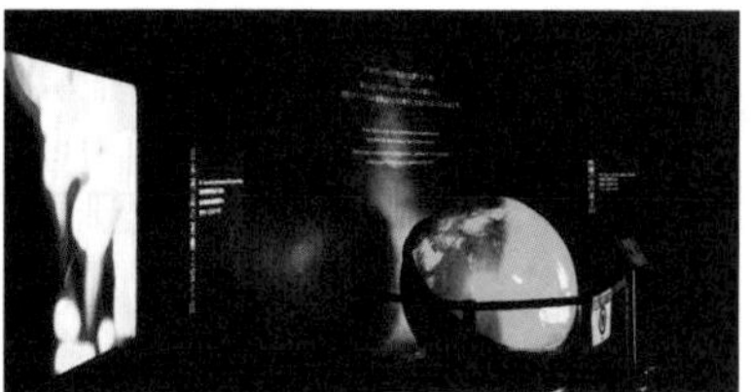

日本人の心のよりどころ

聖なる山

信仰をキーワードに富士山の持つ普遍的な価値を紹介。富士山の豊かな自然が長い歴史のなかでさまざまな信仰を生み出した。

芸術や詩歌で讃えられた山

美しき山

真っ白な雪をいただき、優雅な稜線を描く富士山の姿は、古来、多くの絵画や詩歌の題材となった。

映像を見ながら展示棟の1階から5階まで全長193mのらせんスロープを上り、海からの富士登山を疑似体験

富士山が支える生命
育む山

富士山は駿河湾ともつながっている。山頂に降った雪や雨は地面に染み込み、海底から湧き出す水は多くの生命の源となっている。

人と富士山の未来を考える
受け継ぐ山

富士山は信仰や芸術の対象であるだけでなく活火山でもある。そのさまざまな顔を浮き彫りにしながら、人と富士山の未来を考える。

ミュージアムグルメ & グッズ

センター外観をイメージしたオリジナル和スイーツ「富士すがた」

富士山型のパンに地元産牛乳を使ったジェラートがコラボ「富士山いただきます」

地元の富士朝霧牛を使った肉汁たっぷりの「富士山さのバーガー」

限定のオリジナル商品「富士ヒノキフォトフレーム」1200円

富士山

絵画としての富士山を楽しむ

フジヤマ ミュージアム

山梨県富士吉田市

白が基調の美しい館内。ゆったりとくつろぎながら、展示されている作品を見るのは至福の時

芸術家の目を通して富士山の変化に富んだ美にふれる

横山大観や竹内栖鳳、草間彌生など、近現代の画家たちが独自の視点で描いた富士山の絵画約400点を収蔵。ミュージアムは2階建てで、中央に全館を見渡せるアトリウムを配置。スロープ状の回廊を巡りながら絵画と富士山のライブカメラ映像を楽しむことができる。館内では1回1組限定の学芸員と巡る“富士山の絵画”鑑賞ツアーや、粘土を用いたクラフト体験なども定期的に行われている。

DATA & ACCESS

☎0555-22-8223 所山梨県富士吉田市新西原5-6-1 ハイランドリゾートホテル&スパ隣接 開10:00～17:30（最終入館17:00） 休不定休 料1000円 交中央自動車道・河口湖ICから車で3分 Ⓟあり

登山しているかのように絵画を巡る

展示フロア

絵画が展示された長いスロープ状の回廊は、少しずつ登りながら鑑賞することで、まるで登山をしているかのような感覚が味わえる。

明るく開放的な館内

エントランスフロア

吹き抜けの天井に白い壁や床、自然採光のアトリウムは明るく開放的だ。カフェスペースやショップ、映像ホールなどもある。

体験！MUSEUM

1回1組限定のお楽しみ

学芸員と巡る“富士山の絵画”鑑賞ツアー

1回1組で行われる少人数制ツアー（1名から可能）。学芸員の解説付きで、ミュージアム所蔵の絵画を巡る。入館券で可能な体験ツアー。事前予約のほか当日申し込みも可能。

川村曼舟『芦ノ湖』
風のない静かな湖面に映る逆さ富士を描いた作品。縦の画面を生かし、湖の濃淡で深遠と遠近が表現されている。

横山大観『富士霊峰』
生涯で1500点もの富士を描いた近代日本画の巨匠・横山大観の作品。後光が差しているかのような富士山は「富士霊峰」のタイトルにふさわしい名作だ。

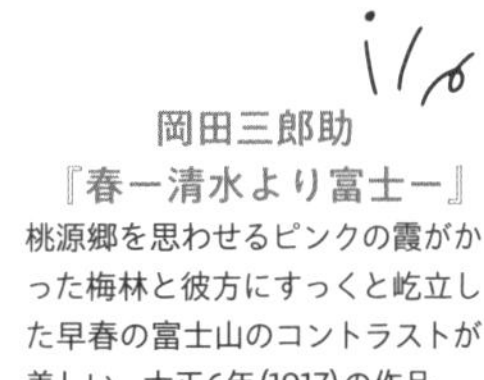

岡田三郎助
『春ー清水より富士ー』
桃源郷を思わせるピンクの霞がかった梅林と彼方にすっくと屹立した早春の富士山のコントラストが美しい。大正6年(1917)の作品。

黒田清輝『富士』
明治31年(1898)の作品。逗子から遠望して描かれた富士山はどこか幻想的。

高尾山

高尾山ならではの魅力をシェア

TAKAO 599 MUSEUM

タカオ ごーきゅーきゅー ミュージアム

東京都八王子市

プロジェクションマッピングで高尾山の自然や文化を体感

標高599mの高尾山は低山ながら年間の登山者数は約300万人で、その数は世界一ともいわれる。ミシュランで三ツ星の観光地に認定された。麓のミュージアムでは高尾山独自の魅力をプロジェクションマッピングなどを通じて発信。訪れる人を新鮮な驚きや発見に満ちた世界へいざなう道しるべだ。カフェやミュージアムショップも併設され、ガーデンでは水遊び(4〜11月)も楽しめる。

DATA & ACCESS

☎042-665-6688 所東京都八王子市高尾町2435-3 開8:00〜17:00(12〜3月は〜16:00)、最終入館は各30分前 休無休、ほか臨時休あり 料無料 交京王線・高尾山口駅から徒歩4分 Pなし(周辺駐車場利用)

↑芝生広場にはSNS映えする「599BENCH」や、水遊びが楽しめるじゃぶじゃぶ池もある

四季の美を鮮やかに再現

NATURE COLLECTION

透明なアクリル樹脂を通して見る四季の草花は色鮮やかでみずみずしく、花弁や葉脈も観察できる。羽ばたこうとする瞬間を切り取ったような昆虫標本は今にも動き出しそう。※展示物の内容は変更の可能性あり

 Photo / Taiji Yamazaki

展示を通じて新発見

NATURE WALL

真っ白な壁に描かれているのは高尾山の生態系の豊かさを象徴するブナ。その周囲を山に暮らす動物たちの剥製が取り囲む。高尾山の恵まれた自然や歴史、文化などを独自の映像や展示で紹介する。

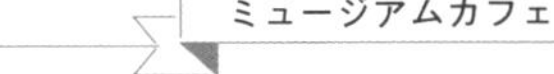

599CAFE

ごーきゅーきゅーカフェ

多摩産材のテーブルと椅子が並び、芝生広場を見渡せる。広々とした空間でゆったり、くつろいで過ごすことができ、本格的なコーヒーが楽しめる。

☎042-673-3805 開11:00～17:00(12～3月は～16:00) LOは各30分前

プロジェクションマッピングにより、高尾山の動物や樹木などがネイチャーウォールに投影される

↑1階のフロアに並ぶネイチャーコレクションの数々。来館者とともに高尾山の未来を考えるのがミュージアムの大きな役割。展示や体験を通じて子どもたちの好奇心や地域への愛着を育んでいく

四季折々の顔を見せる

高尾山の豊かな生態系

高尾山は暖温帯と冷温帯の境目に位置しているため、各気候帯に分布する植物が混在する。そのため植物の種類が大変豊富で、周辺地域も含めて約1600種の植物が確認されている。タカオスミレやタカオヒゴタイなど、六十種類以上もの植物が高尾山で初めて発見された。また日本三大昆虫生息地のひとつに数えられている。

埋没林

埋没林と蜃気楼に出会える

魚津埋没林博物館

うおづまいぼつりんはくぶつかん

富山県魚津市

国の特別天然記念物の埋没林を保存、展示し、水中展示館や乾燥展示館で埋没林を体感できる。また、魚津は江戸時代以前から蜃気楼の名所として知られ、ハイビジョンホールでは、300インチの大画面で迫力ある蜃気楼の映像や魚津の自然の風景を観賞できる。

DATA & ACCESS

☎0765-22-1049 所富山県魚津市釈迦堂814 開9:00～17:00(最終入館16:30) 休木曜(祝日の場合は開館)、3月16日～11月30日は無休 料640円 交北陸自動車道・魚津ICから車で10分 Pあり

↑昭和27年(1952)に発掘された場所で、幹の直径が約2mの埋没林の樹根が水中保存されている

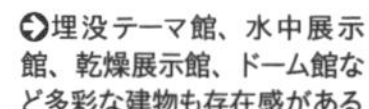

→埋没テーマ館、水中展示館、乾燥展示館、ドーム館など多彩な建物も存在感がある

地質

最新の地球科学情報を発信

地質標本館

ちしつひょうほんかん

茨城県つくば市

エントランスホールと4つの展示室からなり、岩石、鉱物、化石などの登録標本約15万点を保管。地質調査総合センターの研究成果をもとに、日本の地質、地下資源、海洋の地質、地球環境、火山と地熱、地震と活断層などのテーマごとにまとめて展示している。

DATA & ACCESS

☎029-861-3750 所茨城県つくば市東1-1-1 開9:30～16:30 休月曜(祝日の場合は翌日) 料無料 交常磐自動車道・桜土浦ICから車で25分 Pあり

↑日本列島の精密立体模型に、地質に関する情報をプロジェクションマッピングで投影

→地球の歴史や動き、自然の恵みとともに自然が持つ脅威の一端について学べる(左)。絶滅してしまった哺乳類、デスモスチルスの全身骨格のレプリカも展示(右)

鉱物

貴重な鉱物コレクション

中津川市鉱物博物館

なかつがわしこうぶつはくぶつかん

岐阜県中津川市

鉱物の一大産地、苗木地方産出の鉱物標本を展示し、鉱物や地域の地質について学べる。レアアースを含む鉱物など貴重な標本からなる「長島鉱物コレクション」はぜひ見ておきたい。砂の中から小さな水晶を探す「ストーンハンティング」も人気。

↑世界各地の美しい鉱物や、珍しい鉱物も常設展示している

↑ペグマタイト(巨晶花崗岩)から産する宝石鉱物トパーズは、苗木地方を代表する鉱物のひとつ

DATA & ACCESS

☎0573-67-2110 所岐阜県中津川市苗木639-15 開9:30〜17:00(最終入館16:30) 休月曜(祝日の場合は翌日) 料330円 交中央自動車道・中津川ICから車で20分 Pあり

写真:群馬県立自然史博物館

自然

恐竜の標本にも注目したい

群馬県立自然史博物館

ぐんまけんりつしぜんしはくぶつかん

群馬県富岡市

地球誕生から生命の進化の歴史や、群馬県の自然を紹介。また、全長15mのカマラサウルスの全身骨格標本をはじめ、ティランノサウルスの動く実物大模型や迫力あるブナ林のジオラマなど、壮大な進化のロマンを感じさせる地球の生い立ちや生命の歴史を学べる。

↑常設展示の群馬県の自然と環境では、動植物を標高や地域に分けて展示している

↑世界中から収集した動植物や鉱物の標本を展示し、ロボットによる解説で楽しく学べる

DATA & ACCESS

☎0274-60-1200 所群馬県富岡市上黒岩1674-1 開9:30〜17:00(要事前予約、最終入館16:30) 休月曜(祝日の場合は翌日) 料510円 交上信越自動車道・富岡ICから車で20分 Pあり

写真:山口県立山口博物館

自然

歴史ある総合博物館

山口県立山口博物館

やまぐちけんりつやまぐちはくぶつかん

山口県山口市

理工、地学、植物、動物、考古、歴史、天文の7分野の展示室があり、ロボットや恐竜の骨格標本、屋外にはD60型1号機関車などが展示されている。また、県内企業のものづくり技術の高さを紹介する「すごいおもちゃコーナー」が話題になっている。

↑山口県の秋吉台という世界的に有名なカルスト台地がつくる自然の景観などをジオラマで再現

↑里山の身近な動物から、ツキノワグマなど普段見ることのできない動物も紹介

DATA & ACCESS

☎083-922-0294 所山口県山口市春日町8-2 開9:00〜16:30(最終入館16:00) 休月曜(祝日の場合は翌日) 料150円 交中国自動車道・山口IC／小郡ICから車で15分 Pあり

国の天然記念物に指定されている「日本鶏」や外国品種など約120点の鶏剥製を展示

東京農業大学「食と農」の博物館

とうきょうのうぎょうだいがく「しょくとのう」のはくぶつかん

東京都世田谷区

膨大な研究業績や知見、情報を広く発信

明治24年(1891)の大学創立以来、蓄積してきた食と農に関する膨大な研究業績をもとに、知見や情報を学外にも広く発信する目的で開館。館内の常設展示室、企画展示室、隣接する「生きもの空間」バイオリウムを見学できる。

DATA & ACCESS

☎03-5477-4033 所東京都世田谷区上用賀2-4-28 開9:30～16:30 休日・月曜、祝日 料無料 交小田急小田原線・経堂駅／東急田園都市線・用賀駅から徒歩20分 Pなし

↑展示空間と研究施設が融合した建物。設計は建築家・隈研吾氏

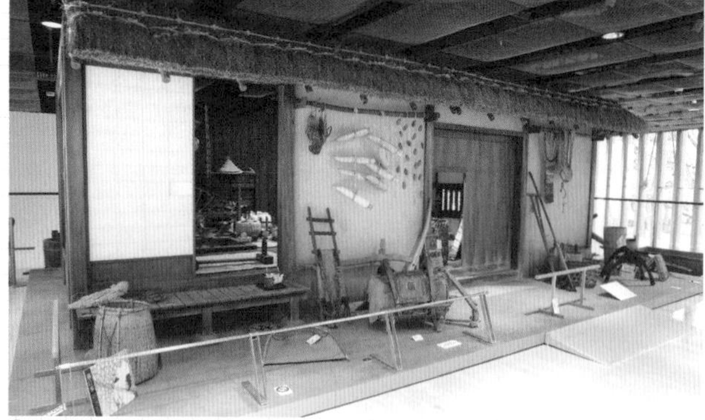

↑古民家を再現して展示している

醸造科学科等の卒業生たちが酒造りに携わっている全国の蔵元の酒瓶280本を展示

(一財)進化生物学研究所の世界各地の貴重な動植物や資源植物を集めた学びと憩いの空間

醸造科学科の礎を築いた住江金之氏が集めた特徴的な酒器、約200点も紹介

農場でかつて活躍していたトラクターも展示

その昔、穀類を穂から外すために使われた足踏み式の脱穀機

JPタワー 学術文化総合ミュージアム インターメディアテク

ジェイピータワーがくじゅつぶんかそうごうミュージアム インターメディアテク

東京都千代田区

レトロモダンな空間で 多彩な知の遺産に出会う

東京大学が明治10年(1877)の創学以来、収集・研究してきた学術標本や研究資料などを公開。施設は昭和初期建築の旧東京中央郵便局舎内にあり、歴史的建物とアカデミックな雰囲気がマッチ。大型動物の骨格標本や動物の剥製、鉱物、実験器具などが展示された館内はまるで迷宮のようで、その多彩な内容に圧倒される。

DATA & ACCESS

☎050-5541-8600 ㊢東京都千代田区丸の内2-7-2 KITTE2-3F ㊐11:00～18:00(金・土曜は～20:00) ㊡月曜(祝日の場合は翌日) ㊞無料 ㊋各線東京駅から徒歩1分 Ⓟなし

➡旧東京中央郵便局の仕分け室だった天井の高いスペースにキリンやミンククジラ、幻の絶滅巨鳥エピオルニス(レプリカ)など大型骨格標本が並ぶ

⬆実業家でアジア美術コレクターのエミール・ギメゆかりの100年以上前のガラス製什器を展示ケースとして利用したコレクションルーム。ケースはフランス・リヨン市より寄贈

平成20年(2008)に閉館した岐阜県飛騨市の老田野鳥館旧蔵のコレクションを公開。飛騨高山の地で生息する鳥類や、今では見かけることが珍しくなった哺乳類の剥製標本を展示する

エントランスの大階段の前にあるホワイエには不思議な形の実験装置や骨格標本が展示されている

ベルギーから関東大震災への義援金が送られ、その善意の記念として同国に地球儀制作を依頼。その後、日中戦争の最中に贈られた地球儀。日本とベルギーの複雑な学術交流の前史を学ぶことができる

写真:JPタワー学術文化総合ミュージアム インターメディアテク

駒澤大学
禅文化
歴史博物館

こまざわだいがくぜんぶんか
れきしはくぶつかん

東京都世田谷区

大正時代の建築様式を見ることができる中央ホール。天井のステンドグラスから光が降り注ぎ、鎮座する仏像を包み込む

釈尊の入滅を描いた涅槃図。駒澤大学の前身「曹洞宗大学林専門本校」開校時に寄贈された

日本曹洞宗の祖・道元の生涯の事績を描いた絵伝。4幅の掛軸装になっている

禅や仏教の世界を知り 写経や坐禅体験もできる

仏教の教えと禅の精神を建学の理念とする駒澤大学の特色を生かし、禅の文化や歴史を紹介する。東京都選定歴史的建造物「耕雲館」を活用した館内では禅文化を語る禅僧の墨蹟や絵画・美術工芸品など幅広く資料を展示。写経や坐禅の体験もできる。

道元の著書『正法眼蔵』を通して曹洞宗の思想にふれる

お釈迦さまの生涯で有名な4場面が表現されている。かつて駒澤大学旧本館の講堂壁面にあった

DATA & ACCESS

☎03-3418-9610 所東京都世田谷区駒沢1-23-1 開10:00～16:30(最終入館16:15) 休土・日曜、祝日と大学が定める日 料無料 交東急田園都市線・駒沢大学駅から徒歩10分 Pなし

昭和3年(1928)に図書館として建てられた「耕雲館」を活用している

おみやげをチェック!!

達磨図など館蔵品の禅画をデザインした絵葉書8枚組500円

さまざまな仏像のフィギュアを手に入れることができる仏像ガチャ300円

明治大学博物館

めいじだいがくはくぶつかん

東京都千代田区

土偶からギロチンまで ユニークな展示品を網羅

大学が所蔵する貴重な資料や研究成果を公開。45万点以上ある収蔵品は伝統的工芸品などの「商品」、江戸時代や明治初期の法令と刑罰などの「刑事」、遺跡調査の出土資料などの「考古」の3つの部門に分かれている。展示室ではそれぞれ代表的なものを見ることができる。

DATA & ACCESS

☎03-3296-4448 所東京都千代田区神田駿河台1-1 明治大学アカデミーコモン地階 開10:00～17:00(土曜は～16:00)最終入館は各30分前 休日曜、祝日、大学が定める休日 料無料 交JR中央線・御茶ノ水駅から徒歩5分 Pなし

↑日本で最初に発掘された旧石器時代の遺物(群馬県岩宿遺跡)

↑刑事部門では幕府裁判の基準をまとめた刑法典、公事方御定書など日本史上代表的な法令を紹介

↑商品部門では、伝統的工芸品などから商品の価値を探る

茨城県の玉里舟塚古墳の展示コーナー。同古墳から出土した埴輪を見ることができる

平成16年(2004)明治大学アカデミーコモンに開館

ユニークな商品が揃うミュージアムショップ

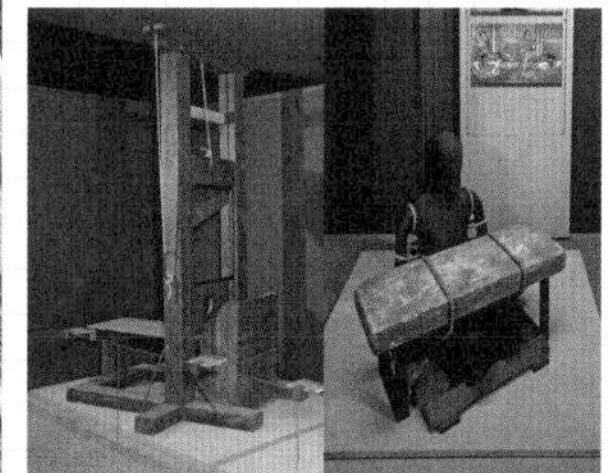
ヨーロッパで使われたギロチンの復元模型(左)と江戸時代後期の石抱拷具(右)

北海道大学
総合博物館

ほっかいどうだいがくそうごうはくぶつかん

北海道札幌市

迫力満点のマンモスも！
北の大地の学術資料を展示

140年以上前の札幌農学校時代から収集する300万点以上の学術標本や資料を収蔵。マンモスの実物大模型など、迫力ある展示品があるほか、実際に標本に触れることができる「感じる展示室」や体感できる地震計、ミュージアムラボと、好奇心をくすぐる展示が多数ある。

DATA & ACCESS

☎011-706-2658 所北海道札幌市北区北10条西8 開10：00～17：00 休月曜（祝日の場合は翌日）料無料 交JR札幌駅から徒歩15分／地下鉄南北線・北12条駅から徒歩8分 Pなし

↑オホーツク文化の土器や当時の村のジオラマなどを展示

古生物標本の世界コーナーでは、日本人によって発掘され、初めて学名がつけられたニッポノサウルスの復元骨格を展示

鉱物や岩石標本の展示も充実

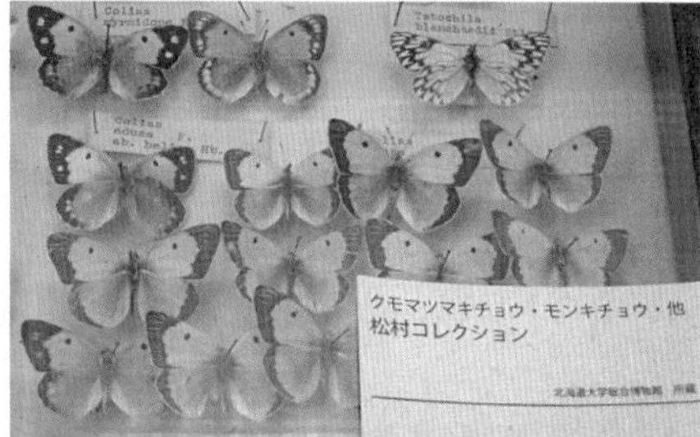

昆虫標本や魚類標本など膨大な標本を蓄積

昭和4年(1929)に建てられた旧理学部本館を利用

札幌農学校の歴史やその精神を引き継いだ新渡部稲造、内村鑑三らを紹介

正面玄関には地学系、生物系、文化史系の標本を集めた「コレクションボックス」を設置

大量の生物の標本を集めた「無限の遺体」

海外学術調査で得た学術標本を展示

東京大学 総合研究博物館

とうきょうだいがく そうごうけんきゅうはくぶつかん

東京都文京区

知的好奇心を刺激する多岐にわたる学術標本

東京大学が収蔵する600万点以上の学術標本のうち、400万点以上を収蔵。地学、生物、文化史の3系17部門と、標本は多岐にわたり、学術性の高い展示が行われており、研究活動の奥深さを伝える。

DATA & ACCESS

050-5541-8600(ハローダイヤル) 所東京都文京区本郷7-3-1 開10:00～17:00(最終入館16:30) 料無料 交地下鉄大江戸線・本郷三丁目駅から徒歩3分 Pなし ※最新情報はHPを要確認

佛教大学 宗教文化ミュージアム

ぶっきょうだいがく しゅうきょうぶんかミュージアム

京都府京都市

仏像や民俗資料を通し宗教文化の多様性を紹介

所蔵資料や寄託資料の中から仏教・美術・考古・民俗・大学史などのテーマを期間毎に入れかえる「平常展示」や、シアター公演関連資料の展示をし、年に数回、宗教文化に関するテーマや学内研究者の成果などを公開する「特別展」「企画展」を開催。

DATA & ACCESS

075-873-3115 所京都府京都市右京区嵯峨広沢西裏町5-26 開10:00～17:30(最終入館17:00) 休時期により異なる 料無料 交京都市営バス・山越バス停から徒歩15分／広沢御所ノ内町バス停から徒歩10分 Pあり

仏教・美術を取り上げた平常展示

ミュージアムは佛教大学広沢キャンパス内にある

民俗芸能などを公演する宗教文化シアター

時代の記憶をたどるタイムトラベル

歴史・文化・暮らし

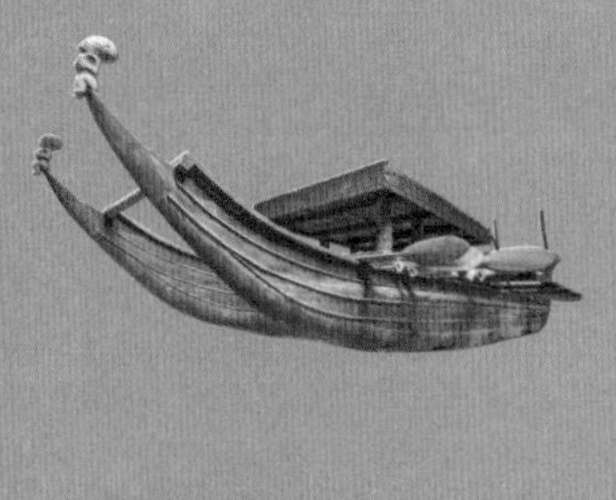

万葉集

万葉びとの暮らしを体感

奈良県立
万葉文化館

ならけんりつまんようぶんかかん

奈良県明日香村

飛鳥の田園風景とともに 万葉歌の時代と世界観を知る

明日香村にある『万葉集』を中心とした古代文化を体感できる博物館。5～8世紀にかけて詠まれた4500余首の日本最古の和歌の世界観と古代の人々の暮らしを人形や映像で紹介する「万葉劇場」や「歌の広場」が見どころ。現代画壇による「万葉日本画」や、万葉に関する図書１万5000冊も揃う。また、中庭には日本最古の鋳造銭とされる富本銭が大量に出土した炉跡群の復元展示も見られる。

DATA & ACCESS

☎0744-54-1850 所奈良県明日香村飛鳥10
開10:00~17:30 休月曜(祝日の場合は翌日) 料無料(展覧会は有料) 交近鉄橿原線·橿原神宮前駅から明日香周遊バスで20分、万葉文化館西口バス停下車すぐ Ⓟあり

歌を交換する「歌垣」に興じる男女や市の人々を再現した古代空間を体感したい

万葉の草木を植栽した万葉庭園。散策路やイベントができるステージも

歌人の個性にふれる

万葉劇場

万葉歌人の個性や心情、人間関係などを人形と映像、アニメーションを駆使して紹介。能や雅楽のエッセンスも加えた新しい創作歌劇として楽しめる。

さまざまな歌に出会える
歌の広場

海石榴市をはじめ、古代に各地で開かれた市をイメージした空間で、万葉歌を中心としたさまざまな歌に出会える。当時の暮らしを再現した多彩な展示も見どころ。

音と光の癒やし空間
さやけしルーム

万葉びとが見たであろう四季の移ろいや星空に思いを馳せ、音楽や効果音で構成するポエム空間。万葉歌に詠まれた美しい自然の世界を仰ぎ見ながら浸れる。

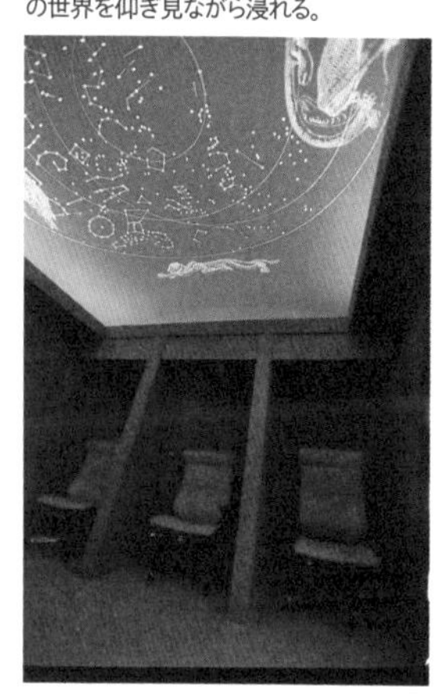

ミュージアムグッズ

⬆万葉歌留多2940円は、大きめの読み札に万葉歌と日本画が描かれた人気グッズ

遺跡の出土品が並ぶ
特別展示室

金属や玉類などを加工した飛鳥池工房遺跡の発掘成果を、時代背景とともに紹介。出土品展示のほか、日本最古の「富本銭」も必見。ガラス玉の製作方法も見学できる。

万葉の世界を日本画で
日本画展示室

平山郁夫、加山又造、片岡球子ら現代画壇を代表する画家たちが万葉歌をモチーフに描いた「万葉日本画」を収蔵するなど、日本画を中心とした展覧会を開催している。

源氏物語

ファンなら一度は訪れたい

宇治市源氏物語ミュージアム

うじしげんじものがたりミュージアム

京都府宇治市

実寸模型や美しい映像で物語の世界を鮮やかに再現

1000年の時を越えて愛され続ける『源氏物語』を体現した博物館。テーマ別の展示ゾーンでは物語のあらすじと魅力、華やかな平安貴族の文化を映像や模型で紹介。なかでも貴族の乗り物であった牛車の実物大の復元展示や、光源氏の邸宅「六条院」の復元模型は必見で、宇治を舞台に描かれた『源氏物語』の最後の十帖「宇治十帖」を映像と音楽で再現した宇治の間も見どころ。ほかにも4500冊以上の貴重な蔵書が楽しめる。

DATA & ACCESS

0774-39-9300 所京都府宇治市東内45-26 開9:00~17:00(最終入館16:30) 休月曜(祝日の場合は翌日) 料600円 交JR奈良線・宇治駅から徒歩15分／京阪宇治線・宇治駅から徒歩8分 Pあり

貴族が使っていた漆塗りで豪華な牛車も実物大で再現

『源氏物語』を体験しよう

物語の間

『源氏物語』の早わかり表や、『源氏物語』にちなんだ体験コンテンツが満載。なかでも5つの香りの異同を判じて、その組み合わせを当てる源氏香体験がユニーク。

平安時代を体感できる
平安の間

平安京と光源氏の生活がわかる展示室。精巧に再現された六条院の復元模型や、平安時代の貴族が使った牛車の実物大展示、『源氏物語』を8分間に凝縮した映像などを見ると、物語の世界に引き込まれそう。

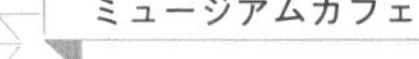

雲上茶寮
うんじょうさりょう

お茶どころの宇治ならではの、本格的な日本茶を味わえるカフェ。玉露や抹茶のお茶メニューはもちろん、芸術的な和菓子やパフェ、チーズケーキも揃う。煎茶道の体験教室も好評。

☎0774-34-0466
開9:00～17:00(LO16:30)

↑平安時代の庭園をイメージした庭園パフェシリーズが人気

平安時代の貴族の日常を再現。寝殿造りの御殿や女房装束などを詳細に解説し、囲碁や貝合わせを楽しんでいた様子が再現されている

「宇治十帖」を解説
宇治の間

平安京から宇治への道中を再現した「架け橋」を通り抜けると、物語の舞台は宇治へと移る。光源氏から子や孫たちの世代へと受け継がれる「宇治十帖」の登場人物や名シーンを実物大セットで紹介する。

1

2

1 紗幕や実物大のセットで、「宇治十帖」の名場面を再現
2 垣根越しに女性の姿を見てしまい、恋心を抱いてしまう「垣間見」の様子も再現

写真提供:宇治市源氏物語ミュージアム

鎌倉時代

鎌倉時代の暮らしにふれる

鎌倉歴史文化交流館

かまくられきしぶんかこうりゅうかん

神奈川県鎌倉市

武家社会を確立した中世と継承される景色に魅せられる

世界的に著名な建築家ノーマン・フォスター氏が代表を務めるフォスター＋パートナーズが手がけた個人住宅をリノベーションした博物館。鎌倉で発掘された出土品を中心に、原始・古代から近現代に至る鎌倉の歴史や文化を通史的に紹介する。ジオラマ・プロジェクションマッピングや永福寺のVRをはじめとする最新の映像展示により、初めて鎌倉を訪れる人も、楽しみながら鎌倉の歴史や文化を学べる。随所に施された特殊な建築資材、中世の景観を彷彿させる庭園、高台からの海の眺望も見どころ。

DATA & ACCESS

☎0467-73-8501 所神奈川県鎌倉市扇ガ谷1-5-1
開10:00~16:00(最終入館15:30) 休日曜、祝日
料400円 交JR横須賀線・鎌倉駅から徒歩7分 Pなし

エントランスで出迎える現代の甲冑師による大鎧も圧巻

鎌倉の歴史を通覧

通史展示室

鎌倉の通史を紹介する展示室。原始・古代〜近現代に至る歴史のなかから10大事項を選び、実物資料と写真パネル、3分半のコンパクトな映像で解説する。

中世の武家社会を見る

中世展示室

源頼朝によって本格的な武家政権が築かれ、都市として発展した鎌倉の中世の様相と武士の営みを伝える。ジオラマ・プロジェクションマッピングも必見。

 写真提供:鎌倉歴史文化交流館

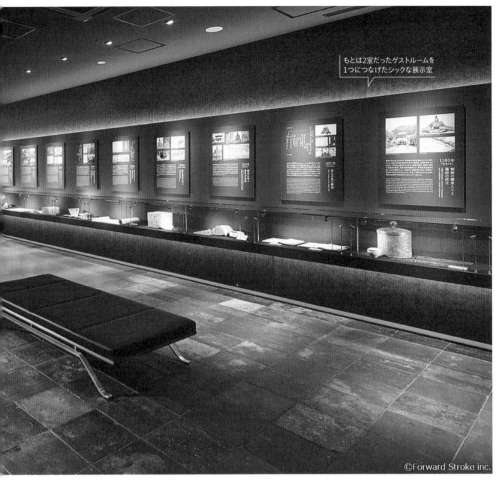

もとは2室だったゲストルームを1つにつなげたシックな展示室

©Forward Stroke inc.

参詣・別荘地としての鎌倉

近世・近現代展示室

参詣地・観光地としての地歩を確立した近世〜近代と、歴史的遺産との共生を目指す鎌倉の歩みを紹介。鎌倉ゆかりの「杉原千畝と小辻節三」の展示もある。

企画展を年4回開催する

考古展示室

鎌倉の地下に眠る遺跡から発見された出土品や歴史資料を展示。現在も日々発掘が進められるなか、随時企画展を通して、鎌倉に生きた人々の暮らしの様子を探っていく。

イギリスの著名建築家

ノーマン・フォスターの建築美にも注目

香港上海銀行本店やアップル社の新社屋など、先進的な建築で世界をリードしてきたノーマンフォスター氏が代表を務めるフォスター+パートナーズの設計による建築美も見どころのひとつ。中世以来の鎌倉の来歴を踏まえ「自然と人工との調和」に意を注いだ建物は、外部風景を取り込みながら奥に進むにつれて「暗」から「明」へと移行する。光ファイバーが組み込まれた人造大理石、廃テレビ管を利用したガラスブロックなどの特殊建材が生かされた建築空間も楽しみたい。

豪華絢爛な姿で蘇った安土城の天主。2階から天主最上層と同じ高さで眺めることができる

戦国時代

織田信長と戦国武将の軌跡

泰巌歴史美術館

たいがんれきしびじゅつかん

東京都町田市

戦国時代から江戸時代までの貴重な歴史資料を間近に鑑賞

町田市の個人美術収集家・山中泰久氏の600点に及ぶ所蔵を管理する太陽コレクションが開設した美術館。織田信長の戒名の一部から命名し、信長を中心とした戦国武将の資料をはじめ戦国時代から江戸時代の古文書、重要文化財の太刀から茶道具に至る貴重な品々をテーマごとに展示している。なかでも史料をもとにほぼ原寸大で復元された安土城天主の5・6階部分は圧巻。

DATA & ACCESS

☎042-726-1177 所東京都町田市中町1-4-10 開10:00~17:00(最終入館16:30) 休月曜(祝日の場合は翌日) 料1500円 交小田急線・町田駅から徒歩5分 Ⓟなし

その偉業にふれられる
信長の生涯

信長が熱田神宮に寄進した信長塀も再現している。史料から信長の生涯を追った映像作品も見応え十分。

松図

狩野永徳による天瑞寺室中旧障壁画の復元。原画は失われているが、画面の縮図をもとに再現された。

貴重な古文書は必見
信長の時代

信長の一族と家臣にまつわる展示のほか、同時代に信長と関わった戦国武将らの古文書や肖像画を展示。ミニ企画展なども随時開催している。

織田信長朱印状

信長が残した貴重な古文書が並ぶ。篆書体で刻印された「天下布武」の朱印は信長の書である証しでもある。

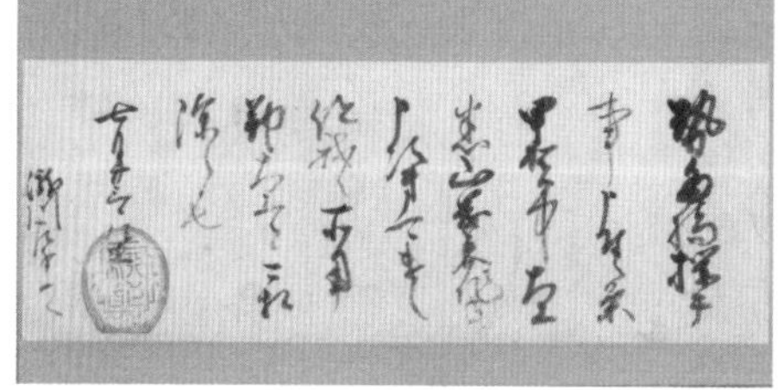

狩野元信
四季花鳥図屛風

狩野派2代目の狩野元信による 六曲一双の屛風絵。左隻は孔雀のつがいや魚が描かれ、右隻には虎と鶏の親子が描かれている。

整然と並ぶ太刀や甲冑が圧巻

合戦の時代

重要文化財の太刀「来国光」をはじめ甲冑、火縄銃など合戦関連の展示がずらり。秀吉の陣羽織や合戦図屏風も見どころ。

きんこざねしろいとおどしりょうひきあわせどうぐそく
金小札白糸威両引合胴具足

戦国時代に大きく発展を遂げ、着用する武将の個性も反映された甲冑。写真は江戸前期の作で、若狭小浜藩旗奉行を務めた高橋有無允が使用した具足。

黎明期の茶道文化にふれられる

信長と茶湯

茶湯を愛した信長の茶碗をはじめ、さまざまな茶道具を展示。千利休による京都・妙喜庵の国宝「待庵」が再現され、茶道具の名品を間近に見られる。

くろらくちゃわん めい「にしまど」
黒楽茶碗 銘「西窓」

利休の創意を受けて茶碗を作った楽家初代・長次郎による茶碗。銘の「西窓」は千宗旦によるもの。

せんのりきゅう むしくいたけちゃせん
千利久 虫喰竹茶杓

竹の中節にできた虫食い穴のような跡をあえて生かして作られた利休の茶杓。

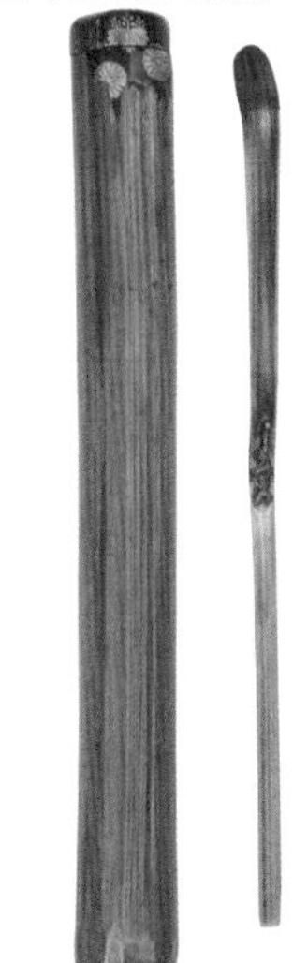

戦国時代

天下分け目の戦に飛び込む

岐阜関ケ原古戦場記念館

ぎふせきがはらこせんじょうきねんかん

岐阜県関ケ原町

天下分け目の関ケ原の戦いをさまざまな角度から詳しく紹介

慶長5年(1600)、国内の武将が東西に分かれ天下をかけて戦った関ケ原の戦い。合戦地の岐阜県関ケ原町に、2020年10月、関ケ原の戦いのすべてがわかる、最新技術を結集した体験型の県営施設がオープンした。全国に及んだ戦いを俯瞰するグラウンド・ビジョン、大迫力のシアター、関ケ原古戦場ならではの貴重な収蔵コレクション、各武将の陣地が見渡せる360度全面ガラス張りの展望室など見どころがいっぱい。

DATA & ACCESS

☎0584-47-6070 所岐阜県関ケ原町関ケ原894-55 開9:30〜17:00(最終入場16:30)、1階の映像展示は事前予約優先 休月曜(祝日の場合は翌平日) 料500円 交JR東海道本線・関ケ原駅から徒歩10分 Pあり

5階展望室からは四方に存在する陣跡など、合戦の痕跡を見渡せる

合戦の全貌を理解する

展示室

時系列で合戦の資料を展示。経緯や直前の動き、合戦最中にあったできごとがわかる資料が並ぶ。

1町内で出土した刀や矢じりなどの武器のほか、武将たちの文書なども展示

2映像作家・重田佑介氏による『関ヶ原山水図屏風』。江戸時代の屏風をもとにした作品で、デジタルアニメ化された武士たちが動く

1

2

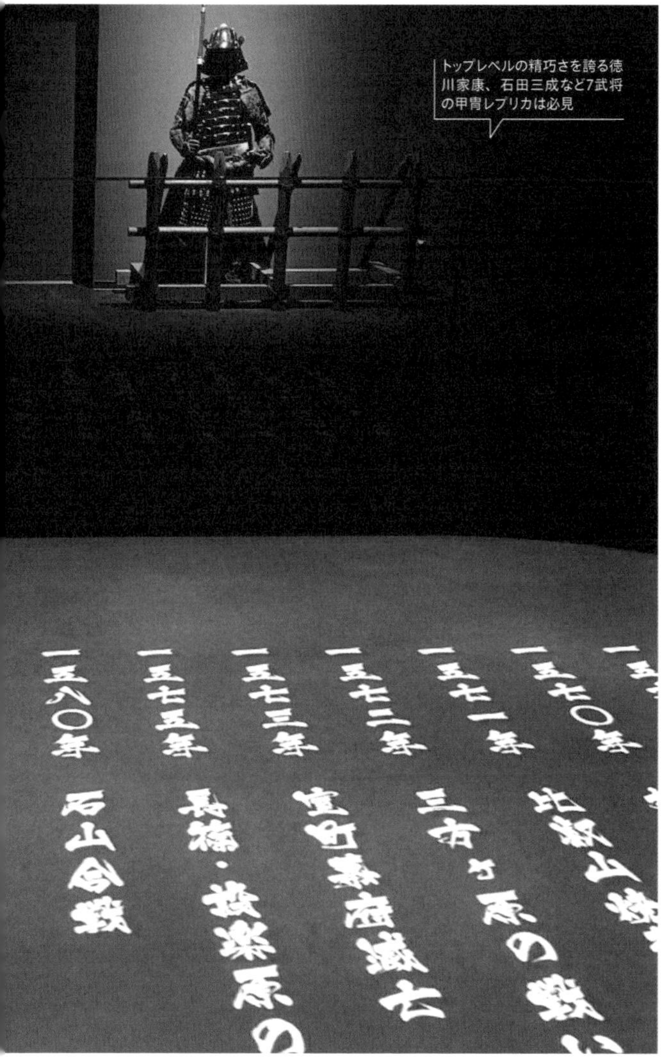

トップレベルの精巧さを誇る徳川家康、石田三成など7武将の甲冑レプリカは必見

床に設置されたスクリーンで合戦の進行を眺めながら、日本中を巻き込んだこの戦いの経緯が理解できる

合戦動向を俯瞰で見る
グラウンド・ビジョン

関ケ原の戦いに関わる動き全体を俯瞰できる、縦4.7m×横7.7mの巨大な床面スクリーン。関ケ原の戦い以外に、同時期、全国各地で勃発していた戦いの動きや、合戦当日に向けた東西の武将たちの動きをわかりやすく解説。

兵士目線で戦場を体感
シアター

縦4.5m×横13mの大きな曲面スクリーンの大迫力映像は、兵士の目線で合戦の様子を再現。戦いの渦中に放り込まれたような感覚が体験できる。

武将のリアルを体感
戦国体験コーナー

刀や火縄銃といった武具のレプリカに実際に触れ、重さや質感を体感できる。陣羽織を着て記念写真が撮影できるコーナーも人気。

360度の絶景パノラマ
展望室

町の中心、徳川家康最後の陣地横に建てられた記念館の5階、ガラス張りの展望台からの眺めは圧巻。晴れた日には金華山の頂上に立つ岐阜城まで眺められる。

武家の正月行事「具足始め」の儀式に従った展示がひときわ目を引く第1展示室

江戸時代

家康の遺産を含む名品の数々

徳川美術館

とくがわびじゅつかん

愛知県名古屋市

武家のシンボル～武具・刀剣

第1展示室

「具足始め」の展示のほか、所蔵の名刀や刀装具、弓、矢、火縄銃などを紹介。「短刀 銘吉光 名物 後藤藤四郎」等国宝刀剣10振、重要文化財指定刀剣19振、重要美術品指定刀剣23振を含む所蔵刀剣は、約500振にのぼる。

隣接する徳川園の入口には、かつての尾張徳川家名古屋別邸の表門、通称「黒門」がそびえ立つ

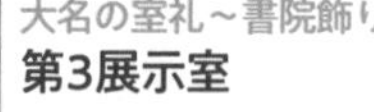

大名の室礼～書院飾り

第3展示室

名古屋城二之丸御殿内の広間と鎖の間を復元し、そこで用いられていた茶道具や掛軸などを展示。厳格な形で整えられた品々は、尾張徳川家の格式と威厳を示す名品揃い。

近世大名文化を今日に伝える国内最大規模のコレクション

尾張徳川家に受け継がれてきた、1万件を超える貴重な大名道具・美術品の数々を公開。甲冑や武具のほか、書画・染織品・漆工品などの品々が極めて良い状態で保存されていることが大きな特徴。また、所蔵品約1万点の中には『源氏物語絵巻』をはじめとする国宝9件、重要文化財59件、重要美術品46件が含まれ、大名文化を全体的に伝える我が国最大の美術館である。名古屋城をモチーフとした新館や国の登録有形文化財である本館の建物も見どころのひとつとなっている。

DATA & ACCESS

☎052-935-6262 所愛知県名古屋市東区徳川町1017 開10:00～17:00(最終入館16:30) 休月曜(祝日の場合は翌日) 料1600円 交JR中央線・大曽根駅から徒歩10分 Pあり

武家の式楽～能

第4展示室

名古屋城二之丸御殿内にあった能舞台を復元し、武家の公式エンターテインメントだった能や狂言の装束・楽器・道具を展示。

期間限定の入れ替え展示

企画展示室

本館の第7～9展示室では、年間を通して、さまざまな特別展・企画展を開催。写真は「尾張徳川家の雛まつり展」の様子。

ミュージアムグッズ

↑徳川家康が着用していたと伝わる浴衣をモチーフにしたTシャツ 2400円

→代表的な所蔵品をデザインした金の葵ハンカチ 全4種類・各650円

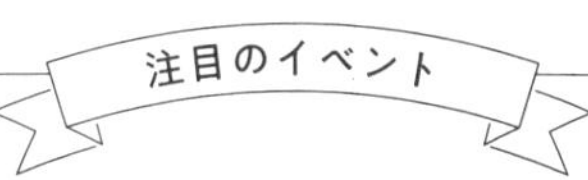

2023年12月15日まで 特集展示 徳川家康を開催

一年を通じて、徳川家康ゆかりの衣装や所用品、自筆短冊、刀剣の数々を、およそ3カ月ごとに作品を替えながら順次公開。展示替えに合わせたシールラリーも行われ、集めると参加品や記念品がもらえる。
[参加品交換期間]2023年6月20日(記念品11月18日)～2024年1月8日

↑シールは約1カ月ごとにデザインが替わる

建築

30棟に及ぶ歴史的建造物

江戸東京たてもの園

えどとうきょうたてものえん

東京都小金井市

3つのゾーンに武蔵野の農家から商家や洋館までが立ち並ぶ

平成5年(1993)、東京都立小金井公園内に造られた野外博物館。急速な発展で失われてゆく歴史的建造物も多い東京。約7haに及ぶたてもの園では、現地で保存できない文化的価値の高い建造物を移築、復元、展示し、次世代への貴重な文化財の継承を目指している。園内は下町の東ゾーン、格式ある建物のセンターゾーン、山の手の建物と武蔵野の農家の西ゾーンで構成。建物に合わせた室内展示も興味深い。

DATA & ACCESS

☎042-388-3300 所東京都小金井市桜町3-7-1(都立小金井公園内) 開9:30~17:30(10~3月は~16:30)最終入園は各30分前 休月曜(祝日の場合は翌日) 料400円 交JR中央本線・武蔵小金井駅から西武バスで5分、小金井公園西口バス停下車、徒歩5分 Pなし(周辺駐車場利用)

渋谷駅前を起終点に走っていた都電の車両が屋外展示されている

戦時下に建築された

前川國男邸

日本の近代建築の発展に貢献した前川國男の自邸として昭和17年(1942)に品川区上大崎に建てられた。切妻屋根の和風の外観で、内部は吹き抜けの居間を中心にしたシンプルな間取りになっている。

東ゾーンの下町中通り。銭湯や荒物屋、居酒屋など、昭和の下町の風景が目の前に広がる

大きな窓の写真館

常盤台写真場

郊外の住宅地常盤台にあった写真館で昭和12年(1937)の建築。2階は写場で、採光のために大きな窓にすりガラスがはめ込まれている。

全室洋間のかわいい邸宅

田園調布の家

郊外住宅地だった大田区田園調布に大正14年(1925)に建てられた住宅。居間を中心に食堂、寝室、書斎がレイアウトされ、当時としては珍しい全室洋間だ。

たてもの園の中心施設
ビジターセンター（旧光華殿）

昭和15年（1940）に皇居前広場で行われた紀元2600年記念式典のための仮設式殿。昭和16年（1941）に現小金井公園に移築され、現在はたてもの園のビジターセンターになっている。

赤い屋根の瀟洒な洋館
デ・ラランデ邸

平屋建ての洋館を明治43年（1910）にドイツ人建築家のゲオルグ・デ・ラランデが3階建てに改築したもの。所有者は変わったが、平成11年（1999）まで新宿区信濃町に立っていた。

二・二六事件の現場
高橋是清邸

明治から昭和にかけて日本の政治をけん引した高橋是清の邸宅の主屋部分。港区赤坂にあり明治35年（1902）建築の総栂造り。

大正モダン香る
小出邸

大正14年（1925）の建築で、日本のモダニズム運動を主導した建築家堀口捨己が設計した。日本の伝統的造形と欧風意匠の折衷が特徴だ。

閑雅な和風建築
西川家別邸

北多摩屈指の製糸会社を設立した西川伊左衛門が隠居所として大正11年（1922）に建築。端々の部材にも往時の繁栄がうかがえる。

明治初期の土蔵も復元
三井八郎右衛門邸

主屋は昭和27年（1952）に港区西麻布に建てられたものだが、客間と食堂は明治30年（1897）頃に京都に建てられたものを移築している。

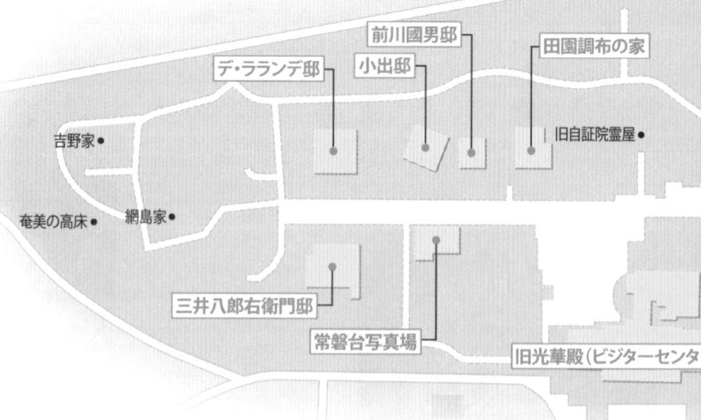

銅板の細かな細工が見もの
植村邸

建物の前面を銅板で覆い、関東大震災後に登場した「看板建築」の特徴をよく表している。昭和2年(1927)建築の店舗兼用住宅で、中央区新富で貴金属を扱う店だった。

超モダンな上野の小間物屋
村上精華堂

昭和3年(1928)建築の小間物屋(化粧品屋)。台東区池之端の不忍通りに立ち、正面は人造石洗い出しにイオニア式の柱を持つ、当時としては非常にモダンな造りだった。

堂々とした出桁(だしげた)造り
小寺醤油店

港区白金で大正期から営業していた店で、建物は昭和8年(1933)の建築。味噌、醤油や酒などを販売、店内に置かれたレジスターも懐かしい。

店内の商品も必見
丸二商店

昭和初期に建築の神田神保町の荒物屋。店内は昭和10年代を再現し、裏手に移築された長屋も当時を偲ばせる。

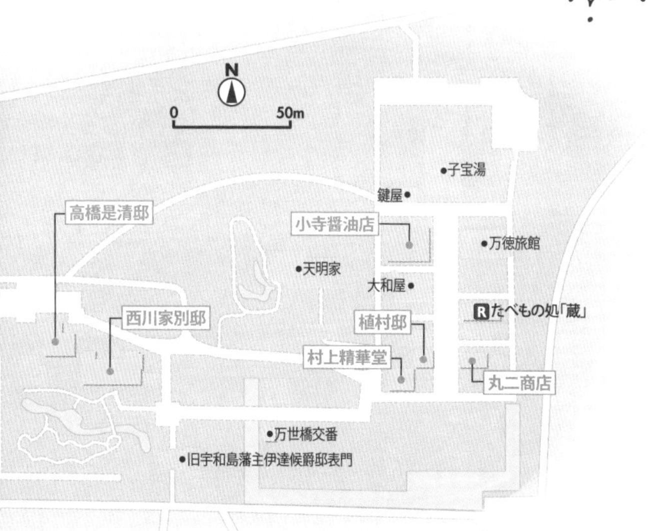

ミュージアムグルメ

たべもの処「蔵」
たべものどころ「くら」

下町中通りにあり、武蔵野伝統の手打ちうどんや日替わり弁当、スイーツ、コーヒーも味わえる。1階は休憩所になっている。

☎042-387-3141
開11:00〜15:30、土・日曜、祝日は〜16:30(10〜3月は〜16:00)

↑武蔵野つけうどん700円。もちもちとした食感が独特

↑店内はレトロな雰囲気のなごみ空間

前川國男邸内。シンプルな造りだが、開放的な吹き抜けの居間、障子と窓の組み合わせなど、細部にまでこだわりが感じられる

建築

明治から昭和の建築博覧会

北海道開拓の村

ほっかいどうかいたくのむら

北海道札幌市

北海道の開拓時代の建造物を移築・再現した野外博物館

明治政府は蝦夷地を北海道と改め、欧米から技術者や教育者を招いて本格的に開拓に乗り出した。以降、札幌では洋風の建物が現れる。一方、本土からは職を失った士族を中心に、開墾と開発のために多くの人々が移住した。そんな開拓時代の本庁舎・屯田兵屋・住宅・学校・鉄工所・酪農畜舎・消防組番屋などを広大な54.2haの敷地に再現。明治から昭和にわたる暮らしぶりが見学できる。

DATA & ACCESS

☎011-898-2692 所北海道札幌市厚別区厚別町小野幌50-1 開9:00～17:00(10～4月は～16:30)最終入館は各30分前 休5～9月は無休、10～4月は月曜(祝日の場合は翌日、さっぽろ雪まつり期間中の月曜は開館) 料800円 交JR新札幌駅／地下鉄新さっぽろ駅からジェイ・アール北海道バスで20分、開拓の村バス停下車すぐ Pあり

雪道を駆ける馬ぞり。鈴を鳴らしながら村内の市街地を一周する

白壁に緑枠の洋風建築

旧開拓使札幌本庁舎

明治6年(1873)に完成した洋館は6年後に火事で焼失したが、新しい町づくりのシンボル的存在だった。「北海道開拓の村」のビジターセンターとして再現。

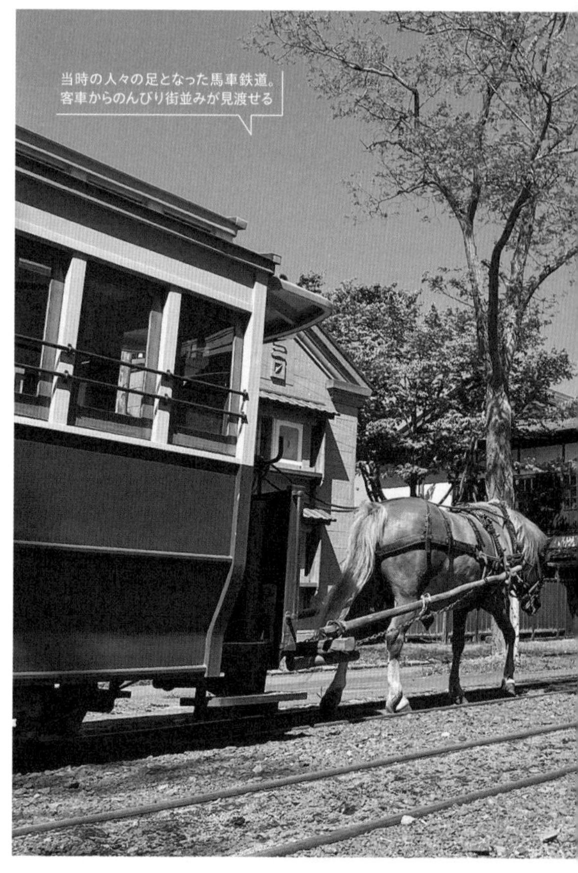

当時の人々の足となった馬車鉄道。客車からのんびり街並みが見渡せる

親子三代鰊(にしん)漁で栄えた

旧秋山家漁住宅

洋風の棟飾りを持つ寄棟造り建築。明治末期に男鹿半島から移り住んだ秋山家は鰊漁で繁栄。その後も鰊刺網漁などを営み、昭和53年(1978)まで住んでいた。

鰊漁家独特の建造物

旧土谷家はねだし

鰊漁を営む家には荷物の出し入れがしやすいよう、海に跳ねだす形で倉庫が建てられた。倉には漁具、魚粕、数の子などの加工品を収納(明治20年頃築)。

アメリカ様式建築の駅

旧札幌停車場

明治41年(1908)建設の旧札幌停車場を4/5に縮小し、管理棟として再現。スティックスタイルと呼ばれる木造建築。

国有林伐採事業に活躍

森林鉄道機関庫

北海道庁は国有林を伐採し、搬出のため森林鉄道を建設。蒸気機関車が輸送の要となり、貨車や機関庫も整備された。

文武二道の鍛えの場

旧札幌師範学校武道場

昭和4年(1929)に建設。外観は神社・仏閣に見られる入母屋造りの木造平屋建てで、剣道・柔道場として使用された。洋館の多いなか、逆に和風建築が目を引く。

移住者が暮らした住居

開拓小屋

開拓者は木を伐採して丸太を柱とし、茅(かや)や笹などで屋根や壁を葺き、住まいを造った。屋内は一部が土間で、筵(むしろ)を敷いた居間に調理用兼暖房用の炉を設けた。

士族移民団の畑作農家

旧岩間家農家住宅

戊辰戦争の敗北と廃藩置県によりお取り潰しとなった仙台藩では、多くの士族が新天地を求めて移住。明治15年(1882)に郷里の大工が建設。石置き屋根を採用。

ミュージアムグルメ

開拓の村食堂
かいたくのむらしょくどう

広大な村見学の合間に、ひと休みできる食事処。名物にしんそば、きのこ山菜そば、札幌味噌ラーメンなど、郷土の味が楽しめる。北海道の牛乳と卵を使用したアイスも人気。

☎011-897-2321 (営)10:00～15:00

↑屯田兵定食。鮭と昆布の佃煮をのせたご飯に、味噌おでん、いももち付きの屯田兵のごちそう

↑いももちは、茹でたジャガイモを潰して団子状に丸めて焼き、醤油ダレをかけた郷土料理

建築

明治の心にふれる、感じる

博物館 明治村

はくぶつかん めいじむら

愛知県犬山市

明治時代の建築に込められた数々のストーリーに出会う

失われてゆく明治建築を残し、後代に伝えるというコンセプトのもと昭和40年(1965)にオープンした野外博物館で、移築、復元された建造物は60を超える。そのうち重要文化財は11件に及び、またほとんどが登録有形文化財に登録されている。建物を移築するだけでなく、文化財としての価値が発揮できるようにレイアウトし、周囲を彩る四季の花々も村内散策に彩りを添えている。

DATA & ACCESS

☎0568-67-0314 所愛知県犬山市内山1 開9:30～17:00(季節やイベントにより変動あり)、最終入村は各30分前 休不定休(公式HP要確認) 料2000円 交名鉄犬山駅から岐阜バスで20分、明治村バス停下車すぐ Pあり

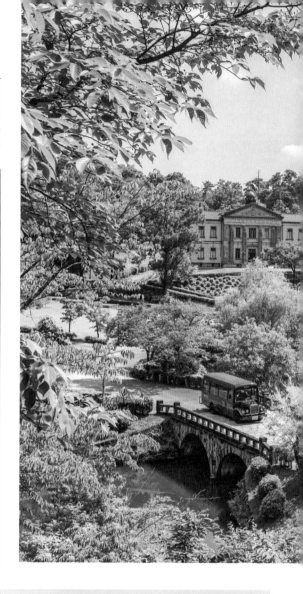

体験！MUSEUM

明治時代にタイムトリップ

SL乗車体験

蒸気機関車から客車まで明治時代に製造された車両が走行し、実際に乗車することができる(有料)。

ハイカラ衣装レンタル

安田銀行会津支店内にある、明治体験処ハイカラ衣装館の「記念撮影コース」では、明治時代風の衣装を身にまとい、記念撮影ができる。※村内を散策できるコースもあり(各コースともに有料)

個性豊かな近代建築が並ぶエリア。文明開化の香り漂う、ハイカラな洋風の建造物も多い

明治の文豪が暮らした
森鷗外・夏目漱石住宅

森鷗外と夏目漱石が相次いで住んだ住宅。森鷗外は明治23年(1890)から1年余り、夏目漱石は明治36年(1903)から約3年住み『吾輩は猫である』を執筆した。

貴重な明治初期の洋館建築
西郷従道邸

重要文化財の明治13年(1880)建設の洋館。陸海軍大臣を歴任した西郷従道(さいごうつぐみち)が接客用に設けたもので、フランスから取り寄せている内部の装飾や和洋折衷の内部造作など、館内も見どころ満載だ。

洋風の牛肉屋兼牛鍋屋

大井牛肉店

慶応3年(1867)に開港した神戸では、外国人相手の商売が育っていった。明治20年(1887)に建てられた大井牛肉店もそのひとつで、洋風の外観は当時の神戸に多く見られた外国商館を彷彿させる。

地元産石材を使って建設

札幌電話交換局

明治33年(1900)に北海道での電話交換業務が開始された当時の建物。のちに増築され札幌中央郵便局として使われた。重厚な外観の石造建築。重要文化財。

神戸の異人館の典型

神戸山手西洋人住居

明治20年(1887)頃に神戸の山手に建てられた建物で、主屋と付属屋からなる構成は、神戸西洋館の典型とされる。鎧戸式出入口などが付いた、主屋の2面のベランダが印象的だ。

和洋折衷住宅の好例

芝川又右衛門邸

兵庫県西宮市に明治44年(1911)に建てられた大阪商人の別荘。木造2階建てのスペイン瓦葺きで、1階の開放的なベランダや室内も粋を凝らしたものだ。

明治時代の本格的木造郵便局

宇治山田郵便局舎

明治42年(1909)建築の現存最大の木造郵便局舎で伊勢神宮外宮前に建てられていた。中央の円錐ドーム形の屋根や角塔、V字形に広がる東西翼屋も斬新だ。重要文化財。

芝居小屋の華やぎ

呉服座

明治25年(1892)に建てられた、大阪府池田市の猪名川畔にあった芝居小屋。江戸時代から続く伝統建築の名残をとどめた木造2階建ての杉皮葺きで、重要文化財。

古都京都の布教拠点

聖ザビエル天主堂

京都の三条河原町に明治23年(1890)に建てられたカトリック教会堂。ケヤキでゴシック様式の空間を再現し、ばら窓などのステンドグラスも美しい。

日本を代表するホテル

帝国ホテル中央玄関

20世紀建築界の巨匠、フランク・ロイド・ライトの設計により大正12年(1923)に建築された旧帝国ホテルの中央玄関部。外観、内観ともに首都の迎賓施設らしい格式と華やかさに満ちている。

3階まで吹き抜けになったメインロビー中央のデザインは圧巻

ミュージアムグルメ

明治の洋食屋 オムライス＆グリル 浪漫亭

めいじのようしょくや オムライス＆グリル ろまんてい

洋風の建造物が並ぶ5丁目にある洋食屋さん。ふわとろ卵のオムライスやハヤシライスなどが味わえる。

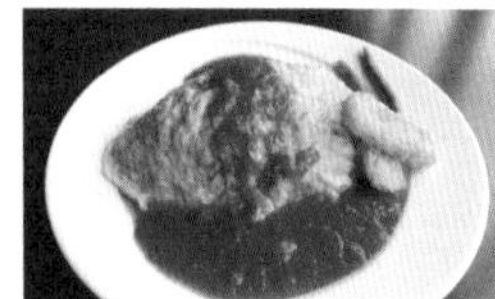

↑トマトソースオムライス1150円。ふわとろ卵に定番で人気のトマトのソースで仕上げた逸品

食道楽のコロッケー・カレーぱん

しょくどうらくのコロッケー・カレーぱん

明治時代の恋愛小説『食道楽』のレシピを再現・アレンジしたグルメ。1・5丁目では「食道楽のコロッケー」、2丁目では「食道楽のカレーぱん」を販売。

↑食道楽のコロッケー1個250円

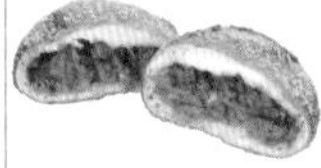

↑食道楽のカレーぱん350円

※料金は予告なく変更する場合もあり

Noritake

西郷従道邸1階の食堂として再現された部屋。椅子や花台は旧赤坂離宮（現迎賓館）の花鳥の間で使われていたもの。見学者は椅子に腰掛けることもできる

海洋文化

海でつながる人・文化・歴史

海洋文化館

かいようぶんかかん

沖縄県本部町

環太平洋の海洋文化を広く紹介 星がきらめくプラネタリウム

昭和50年(1975)開催の沖縄国際海洋博覧会の出展パビリオンとして開館した海洋博公園の中の施設。沖縄をはじめとする、太平洋エリアの海洋文化を約750点もの民族資料とともに紹介。新天地を求め大海原に乗り出した人々の航海術や造船技術、海の民の衣食住や信仰、音楽などをダイナミックな映像で魅せる。1億4000万個の星々を投影するプラネタリウム映像は必見。

DATA & ACCESS

☎0980-48-2741 所沖縄県本部町石川424 開8:30～19:00(10～2月は～17:30)最終入館は各30分前 休12月第1水曜とその翌日 料190円 交沖縄自動車道・許田ICから車で50分 Pあり

オセアニアの海洋文化

オセアニアゾーン

航海に出た人々の知恵や勇気を、床に描かれた地図と大型スクリーンによるダイナミックな映像で紹介。オセアニアの人々の衣食住や信仰、音楽など、海洋文化がテーマ別に学べる。

1

2

1 床に描かれた地図と大型スクリーンの迫力ある映像で「大海原を渡った人々」を上映する
2 オセアニアで華開いた文化や習慣を知ることで、海の恵み、自然の豊かさを学べる

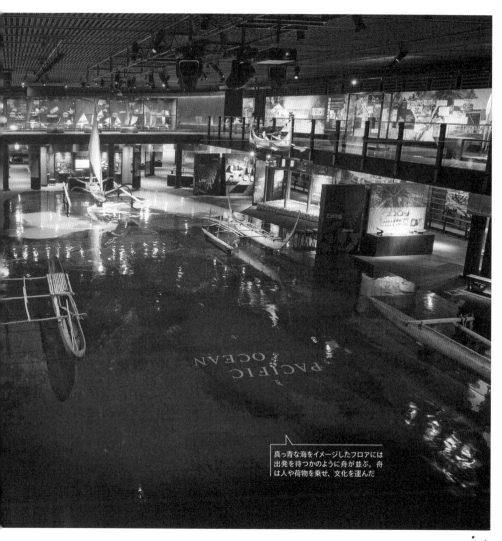

真っ青な海をイメージしたフロアには出発を待つかのように舟が並ぶ。舟は人や荷物を乗せ、文化を運んだ

大型カヌーが物語る交流の歴史

交流ゾーン

「海が結んだ交流」を象徴する3つの大型カヌーが見どころ。交易に使われた「ラカトイ」、交換儀礼用の「クラカヌー」、現役で活躍する「ミクロネシアの航海カヌー」が展示されている。

現代に復活したダブルカヌー

エントランスホール

1階のエントランスホールのカヌーは歴史資料をもとにデザインされたものをタヒチの人々が復元した。沖縄国際海洋博覧会当時から展示されている。

海に生きる沖縄の人々の暮らし

沖縄ゾーン

沖縄の伝統漁具のほか、60年ぶりに復元された「マチキフニ」や「本ハギ」「南洋ハギ」といったサバニ(伝統的木造船)を、製作工程の映像とともに展示。

展示B棟では伊勢湾・志摩半島・熊野灘で実際におこなわれていた漁法や漁具、鳥羽志摩の海女漁などを紹介

漁師・海女

海女文化の発信拠点

鳥羽市立 海の博物館

とばしりつ うみのはくぶつかん

三重県鳥羽市

2 

海に生きる民

展示A棟

伊勢湾、志摩半島、熊野灘沿岸に暮らす人々の歴史や文化、信仰、伊勢神宮と伊勢湾との関わりなどについて幅広く紹介。環境保護などサスティナブルな観点から伊勢湾の未来を考える。

1 

1カキ殻7000枚で作られた巨大な大吉龍。貝絵馬がいっぱいだ
2 潜水艇・白鯨号。鳥羽市神島の漁師のアイデアから誕生

収蔵庫「船の棟」には全国から集められた木造船など80隻が並ぶ。船大工の技術が素晴らしい

海の民の文化や暮らしが息づく海と人間の博物館

伊勢湾は豊穣の海。古来伊勢神宮と関係が深く、海の幸は皇室や朝廷に献上されてきた。博物館では漁具や木造船などの展示とともに海の民の歴史や生活文化が体感でき、海に関する体験メニューも充実。また、鳥羽市は日本一海女が多く、同館は海女文化の発信拠点でもある。建物は建築家・内藤廣氏のデビュー作で日本建築学会賞を受賞。ショップやカフェも併設された心地よい空間だ。

DATA & ACCESS

☎0599-32-6006 所三重県鳥羽市浦村町大吉1731-68 開9:00~17:00(12~2月は~16:30)、船の収蔵庫は~16:00、最終入館は各30分前 休6月26~30日、12月26~30日 料800円 交JR/近鉄・鳥羽駅から車で25分 Pあり

80隻近い木造船を収蔵

展示B棟

伊勢湾での漁法や鳥羽・志摩の海女漁などを紹介。海女小屋での様子を再現した模型では、中に入ると海女さんの会話が流れてくる。

セーマン・ドーマンは魔物・トモカツギから身を守るための印

献上鮑と海女の祖・おべん

鳥羽・志摩の海女はいつからいたのか？

志摩半島の最東端・国崎(くざき)からは、2000年以上もの間、伊勢神宮に熨斗鮑(のしあわび)が毎年献上されている。これには海女の祖とされる「おべん」が、伊勢神宮を創建したという倭姫命(やまとひめのみこと)にアワビを捧げた伝承が関係しているようだ。神宮と海女は密接な関係にあったのだろう。現在、志摩半島には514人の海女(2022年「海の博物館」調査)が健在であるとされ、「海女文化」をユネスコ世界文化遺産に登録する運動が始まっている。

ミュージアムカフェ

カフェあらみ

志摩地方の漁村をイメージしたカフェ。ところてんやあおさのシフォンケーキなど、地元産の海藻を使ったヘルシーなメニューが楽しめる。

☎0599-32-6006 開10:00~16:00

↑店内は、ヒノキや杉を使い落ち着いた雰囲気

←海女さんがとった海藻“天草”から作った名物ところてん

大工道具

日本建築を支えた道具たち

竹中大工道具館

たけなかだいくどうぐかん

兵庫県神戸市

人と自然をつなぐ建築物の匠の技と心を伝える博物館

日本で唯一の大工道具の専門博物館。機械や電動工具が広まる現代にこそ、日本が世界に誇る東大寺や法隆寺など優れた木造建築を支えてきた伝統の技と知恵、心を未来に伝えたいと、昭和59年(1984)に開館。7つのコーナーに分かれた常設展ではさまざまな時代の大工道具をはじめ、展示品は1000点に及び、唐招提寺金堂の7mもある実物大の木組みなど、迫力ある模型とともに建築と道具の世界を紹介している。

DATA & ACCESS

☎078-242-0216 所兵庫県神戸市中央区熊内町7-5-1 開9:30～16:30(最終入館16:00) 休月曜(祝日の場合は翌日) 料700円 交JR／地下鉄·新神戸駅から徒歩3分 Pあり

技術を支える多様性

道具と手仕事

作業に応じて巧みに使い分けるノミやノコギリといった大工道具。技と知恵を生み出す種類豊富な道具を紹介しながら、その多様性と仕組みなどを詳細に解説している。

歴史的な逸品にふれる

名工の輝き

歴史に名を刻む鍛冶の手による優れた大工道具を間近に見ることができる。名匠の技と感性が光る「用の美」と、道具文化の深遠な世界へといざなう貴重なコレクション。

世界でも稀にみる多様性と独自性を誇る日本の大工道具
鋸

1 国産杉の無垢材で組み上げたロビー(多目的ホール)の舟底天井
2 木工作家の手による机や椅子が配された眺めの良い休憩室

美を支える技を知る
和の伝統美

繊細な手仕事で究極の美を生み出す職人技を徹底的に解説。精緻極まる組子細工や唐紙ふすまなど、日本の伝統美の世界を堪能できる。実物大の茶室の骨組み模型も必見だ。

大型模型の迫力が圧巻
歴史の旅へ

先史時代から近代までの日本の大工道具の変遷を時代や建築史を背景に紹介。迫力ある大型模型や動く絵巻も見応え十分。

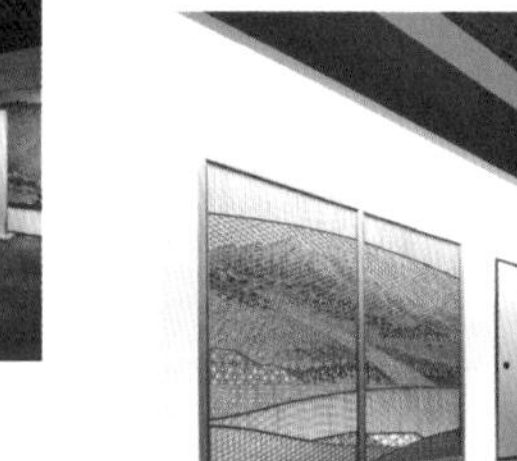

適材適所の技を紹介
木を生かす

木々が持つそれぞれの性質を引き出し、適材適所に使い分ける匠の「木を読む力」を解説。木の持つ美しい表情と大工の目利きに感動。

体験！MUSEUM
体験型イベントが充実

木工製作や道具使いにチャレンジ

大工さんが使うノコギリや、カンナなど道具の使用体験や工作教室を実施。開催日程等イベントの詳細はHPにて要確認。

おみやげ

➡大工道具をモチーフにしたキーホルダー各900円も人気

⬆「大工の手ぬぐい」には大工道具のイラストが

東洋学

100万冊の蔵書を誇る

東洋文庫ミュージアム

とうようぶんこミュージアム

東京都文京区

ジョージ・アーネスト・モリソンの蔵書を三菱第三代当主の岩崎久彌が購入、大正13年(1924)に東洋文庫を設立したのが始まり。平成23年(2011)にミュージアムを開設。東洋学の分野では日本最古・最大の研究図書館で、世界5大東洋学研究図書館のひとつ。

日本一美しいと称賛されるモリソン書庫には、東アジアに関する書籍約2万4000点が並ぶ

ミュージアムとレストランをつなぎ、アジア各地の名言が刻まれている知恵の小径

DATA & ACCESS

☎03-3942-0280 所東京都文京区本駒込2-28-21 開10:00～17:00(最終入館16:30) 休火曜(休日の場合は翌平日) 料900円 交地下鉄三田線・千石駅から徒歩7分 Pあり

印刷

印刷の価値や可能性を紹介

印刷博物館

いんさつはくぶつかん

東京都文京区

印刷の歴史や文化的役割、技術を紹介。『解体新書』やマルチン・ルターの『ドイツ語訳聖書』など貴重な歴史資料を所蔵する。また、活版印刷を中心としたワークショップを通じて印刷の魅力を伝え、技術を伝承する印刷工房を併設している。

晩年の徳川家康が新鋳させた銅活字は、駿河版活字として重要文化財に指定されている

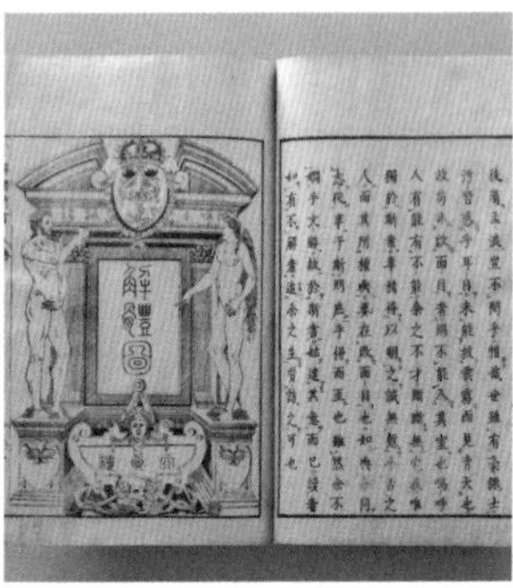

安永3年(1774)、杉田玄白らによって刊行された木版刷りの『解体新書』

DATA & ACCESS

☎03-5840-2300 所東京都文京区水道1-3-3 トッパン小石川本社ビル 開10:00～18:00(最終入館17:30) 休月曜(祝日の場合は翌日) 料400円 交地下鉄有楽町線・江戸川橋駅から徒歩8分 Pあり

戦中・戦後

戦中・戦後の労苦がテーマ

昭和館

しょうわかん

東京都千代田区

国民が経験した戦中、戦後の国民生活上の労苦を次世代の人々に伝えることを目的に、平成11年(1999)に開館した国立の施設。常設展示室では、収蔵する約6万4000点の実物資料のうち、約500点を展示している。

「防空壕」模型を通じて、爆弾の落下音や炸裂音、振動などで空襲の怖さを体感できる

手押し井戸ポンプを使っての水汲み体験もやってみよう

DATA & ACCESS

☎03-3222-2577 所東京都千代田区九段南1-6-1 開10:00～17:30(最終入館17:00) 休月曜(祝日の場合は翌日) 料300円(2023年夏に変更の予定あり) 交地下鉄半蔵門線ほか・九段下駅から徒歩1分 Pあり

服飾

日本や海外の服飾を紹介

文化学園服飾博物館

ぶんかがくえんふくしょくはくぶつかん

東京都渋谷区

大正12年(1923)に創設された学校法人文化学園を母体にして、昭和54年(1979)に開館。日本の小袖や能装束、近代の宮廷服をはじめ、ヨーロッパやアフリカ、アジア、中南米など世界各地の民族衣装や染織品を所蔵。年4回、テーマを設けた展覧会を開催している。

江戸後期の打掛や小袖、大正～昭和初期の華やかな着物や帯などじっくり鑑賞できる

インドやパキスタンなど南アジアの民族衣装は質、量ともに優れたコレクションを誇る

DATA & ACCESS

03-3299-2387 所東京都渋谷区代々木3-22-7 新宿文化クイントビル1F 開10:00～16:30(最終入館16:00) 休日曜、祝日 料500円 交各線新宿駅から徒歩7分 Pなし

香り

天然香料の試嗅もできる

大分香りの博物館

おおいたかおりのはくぶつかん

大分県別府市

旧・大分香りの博物館が所蔵していた約3600点の香りに関する資料を展示。香りの歴史を学びながら、世界中から集めた膨大な香水コレクション、香炉、蒸留器などを鑑賞できる。また、調香体験工房ではオリジナルの香水作りを体験できる(要予約)。

1階は香りプロダクトギャラリー、2階は香りヒストリーギャラリー、3階は体験ゾーン

予約制で、香水作り2500円や匂い袋作り2200円、アロマタイム(無料)が体験できる

DATA & ACCESS

0977-27-7272 所大分県別府市北石垣48-1 開10:00～18:00 休12月1日～1月3日(カフェは毎週日曜、毎月第1・3月曜) 料500円 交JR日豊本線・別府大学駅から徒歩15分 Pあり

薬

薬の街の情報発信基地

Daiichi Sankyo くすりミュージアム

ダイイチサンキョウくすりミュージアム

東京都中央区

江戸時代から薬種問屋が集まった日本橋本町にある第一三共本社ビルの1・2階にある。「くすりともっと仲良くなれる」をコンセプトに、薬に関する歴史や製薬のプロセスなど、CGやゲームなどを駆使した体験型のアトラクションで薬について楽しく学べる。

ウイルスを捕まえる対戦ゲームやスクリーニング・シミュレーションなど楽しく学べる

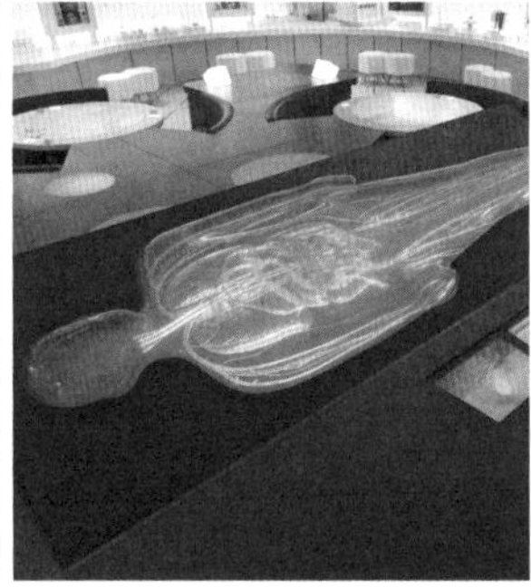

透明な人体模型とモニター映像を使って、薬が体内に吸収されていく様子を観察できる

DATA & ACCESS

03-6225-1133 所東京都中央区日本橋本町3-5-1 開10:00～17:30(予約制) 休月曜(祝日の場合は翌日) 料無料 交JR総武線・新日本橋駅から徒歩1分 Pなし

明治45年(1912)、所内に近代的な浴場ができた。入浴する受刑者もリアルに再現されている

博物館 網走監獄

はくぶつかん あばしりかんごく

北海道網走市

過酷な暮らしを伝える 世界でも希少な監獄博物館

100年以上の歴史を有し、映画などにもたびたび登場した網走刑務所。ここは旧網走刑務所で実際に使われてきた建造物を保存公開する野外博物館だ。東京ドーム3.5個分に相当する広大な敷地には重要文化財の旧庁舎をはじめ歴史的建物が点在。北海道開拓の労働力とされた当時の受刑者の暮らしぶりを雄弁に伝える。

DATA & ACCESS

☎0152-45-2411 所北海道網走市呼人1-1
開9:00～17:00(最終入館16:00) 休無休
料1500円 交JR石北本線・網走駅から網走バス観光施設めぐりバスで7分、博物館網走監獄バス停下車すぐ Pあり

↑5棟が放射状に延び、「五翼放射状房」と呼ばれた舎房。受刑者が暮らした舎房の中に入ることもできる

→北海道中央道路開削をテーマにした映像展示は、迫力があり見ごたえも十分だ

網走国定公園内の網走湖そばにある広大な敷地に8棟の国指定重要文化財、6棟の登録文化財を含む建物が点在

現存する木造刑務所建物としては世界最古の二見ヶ岡刑務支所

監獄グルメをチェック!!

クサイ飯は意外とうまい

監獄食堂

かんごくしょくどう

敷地内の監獄食堂では現在の網走刑務所の昼食と同じレシピで再現した監獄食を提供。麦飯、焼き魚、味噌汁と栄養バランスが良く、おいしい。

時11:00～14:30(LO) 休要問い合わせ

監獄食A(サンマ)900円

監獄食堂は博物館に入館せずに利用可

半円アーチの屋根窓が優美な印象の庁舎。重要文化財の館内には直営ミュージアムショップがある

網走監獄オリジナル前掛け2700円(ポケットなし1990円)は人気の商品

刑務所外での作業で日帰りできない場合、受刑者が寝泊まりした休泊所。厳しい監視が置かれた

手錠がデザインされた監獄Tシャツ2200円

日本の鬼の交流博物館

にほんのおにのこうりゅうはくぶつかん

京都府福知山市

「日本鬼師の会」を中心に製作された日本最大の鬼瓦。高さは5m、重さは約10t

日本の鬼の交流博物館

日本人に身近な鬼たちの歴史と今の姿に迫る

鬼伝説が伝わる福知山市大江山麓にある。大江山の鬼伝説を中心に、日本や世界の鬼、鬼をモチーフにした物語、伝統芸能、面や人形、絵巻物など、鬼にまつわるさまざまな資料を展示する。魔除けにも使われる鬼瓦のコーナーでは飛鳥時代から現代までの鬼瓦50個を展示。前庭にある日本一の鬼瓦は圧巻だ。

DATA & ACCESS

☎0773-56-1996 所京都府福知山市大江町佛性寺909 開9:00～17:00(最終入館16:30) 休月曜(祝日の場合は翌日)、祝日の翌日 料330円 交舞鶴若狭自動車道・福知山ICから車で45分 Pあり

↑「祀られる鬼」「節分の鬼」「民俗芸能の鬼」などの顔を持つ鬼の姿を紹介する

↑背後に大江山が迫るロケーションに資料館はある

↑龍・雲・波をデザインした青海波唐破風瓦(せいかいはからはふがわら)を用いた門

↑江戸時代におみやげとして親しまれた大津絵をはじめ個性あふれる鬼の絵を展示

今も各地に残る

鬼にまつわる行事・民俗芸能

日本人にとって鬼は、古来より悪霊を払うとともに厄災をもたらすとも考えられてきた。中世に宮中や寺院で鬼を追い出す行事として始まった「追儺(ついな)」は神楽などの寺社芸能に発展して定着。民間では秋田県男鹿半島の「ナマハゲ」が鬼の行事として有名だ。また、各地では節分に豆をまいて鬼を払う行事が定着している。

←館内のいたるところにユーモラスな鬼のオブジェがある

↑→魔除けに使われてきた鬼瓦。時代ごとの移り変わりや美しさがわかる

伊賀流
忍者博物館

いがりゅうにんじゃはくぶつかん

三重県伊賀市

仕掛けやからくりに出会い、見学できる忍者屋敷

謎多き伊賀流忍者の
技・知恵・歴史に迫る

どんでん返しや刀隠しなどがある忍者屋敷の見学をはじめ、伊賀忍者の歴史や道具、暮らしを紹介する施設。忍術実演ショーや手裏剣打ち体験もあり、忍者の世界に楽しくふれることができる。

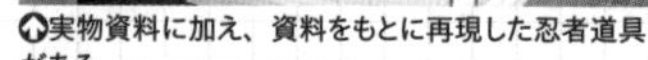

実物資料に加え、資料をもとに再現した忍者道具がある

江戸末期の豪農の屋敷を移築・復元

DATA & ACCESS

☎0595-23-0311 所三重県伊賀市上野丸之内117 開10:00～16:00(土・日曜、祝日は～16:30)最終入館は各30分前 休無休 料800円 交伊賀鉄道伊賀線・上野市駅から徒歩10分 Ⓟなし(周辺駐車場利用)

華麗なアクションで忍者の技を実演。手裏剣や武器を使った立ち回りは迫力満点だ

駒工人による駒の展示コーナー。さまざまな書体があることがわかる

天童市将棋資料館

てんどうししょうぎしりょうかん

山形県天童市

駒の生産日本一の町で奥深い将棋の歴史を知る

全国の将棋駒の9割以上を生産する天童市に平成4年(1992)にオープン。古代インドが発祥といわれる将棋が日本へ伝来し発展してきた歴史や、駒の制作工程など、将棋に関する多彩なトピックスを紹介している。

天童市が将棋駒生産日本一になった経緯を紹介

将棋とゆかりが深い世界のチェスも紹介

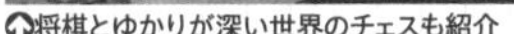

JR天童駅舎内にありアクセスは便利

DATA & ACCESS

☎023-653-1690 所山形県天童市本町1-1-1 開9:00〜18:00(最終入館17:30) 休第3月曜(祝日の場合は翌日) 料320円 交JR奥羽本線・天童駅構内 P天童駅前駐車場または天童ターミナルビル パルテ駐車場利用(1時間無料)

大谷資料館

おおやしりょうかん

栃木県宇都宮市

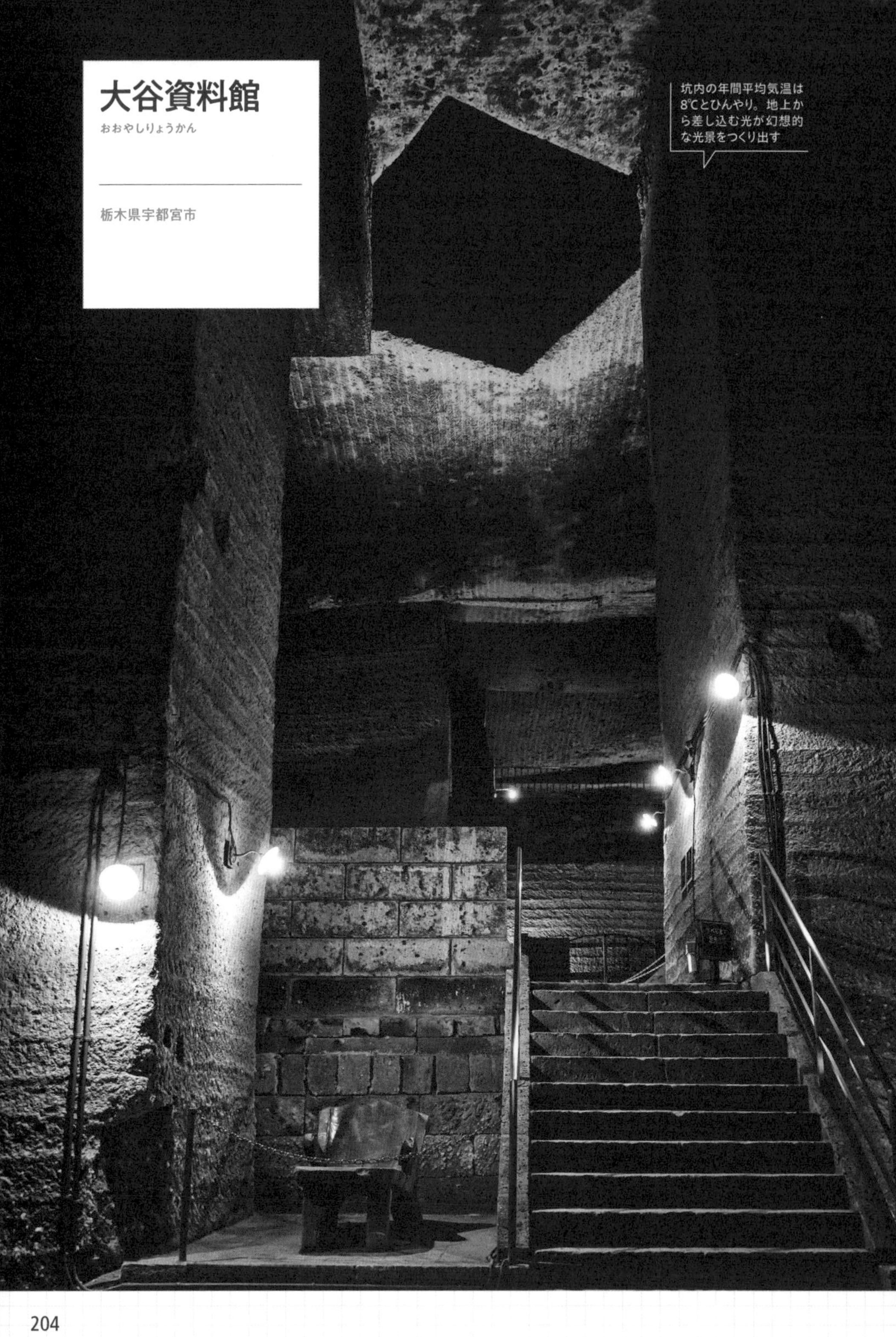

坑内の年間平均気温は8℃とひんやり。地上から差し込む光が幻想的な光景をつくり出す

日本の建築を支えた石 幻想的な地底の採掘場

江戸時代から始まった大谷石の採掘の歴史を紹介する資料館。圧巻は広さ2万㎡にも及ぶ地下採掘場跡で、深さ30mまで掘り進められたという空間は野球場が1つ入るほど。その特異なロケーションは映画撮影やコンサート、美術展に利用されている。昭和35年(1960)まで行われていた手掘りの跡も残り、長い歴史が偲ばれる。

DATA & ACCESS

☎028-652-1232 所栃木県宇都宮市大谷町909 開9:00～17:00(12～3月9:30～16:30)最終入館は各30分前 休12～3月火曜(祝日の場合は翌日)、4～11月無休 料800円 交東北自動車道·宇都宮ICから車で12分 Pあり

↑採掘跡の石柱や壁面は古代建造物のよう

↑採掘に使われた機械もその場に展示されている

↑機械掘りを示す壁面の縦の掘り跡。手掘りとの違いが一目瞭然だ

大正8年(1919)から昭和61年(1986)まで約70年間の採掘でできた巨大地下空間はまるで遺跡のようだ

↑昭和54年(1979)の資料館オープンに伴い、それまで未知なる空間だった地下採掘場が初めて公開された

↑カフェ兼みやげ店の「大谷ROCKSIDE MARKET」も併設。オープンテラスもある

白井そろばん博物館

しろいそろばんはくぶつかん

千葉県白井市

⬆そろばんに関する古い書物や文献も充実

⬆そろばん教室や季節のイベントも開催

ハイテク時代もすたれない そろばんの文化を紹介

日本唯一といわれるそろばん専門の博物館。江戸時代に使用されていたそろばんや中国、ロシア、イギリスなど世界で使われているさまざまなそろばんのほか、関連資料などを展示。日本に伝来して460年以上が経つ歴史があるなか、ハイテク時代における有用性も紹介している。

⬆カラフルでサイズも多彩な海外のそろばんも興味深い

DATA & ACCESS

☎047-492-8890 所千葉県白井市復1459-12 開10:00～17:00(10～4月は～16:00) 休月・火曜(祝日の場合は開館) 料300円 交北総鉄道北総線・白井駅から徒歩25分 Pあり

江戸時代の商人や武士が使っていたそろばんを展示。第三展示室には宝石や金属で作られた海外のものも

年末の風物詩である「今年の漢字®」の大書がお出迎え

漢検 漢字博物館・図書館 漢字ミュージアム

かんけんかんじはくぶつかん・としょかん
かんじミュージアム

京都府京都市

全長30mの絵巻で漢字の歴史を紹介している

意外とおもしろい 漢字の世界を楽しく体感

中国から伝来し、日本独自の文字文化として発達した漢字について学べる。映像やパネル展示による漢字の歴史や基礎知識、古代中国の甲骨文字や漢字のクイズ、漢字を組み合わせるパズルなど、遊びながら漢字の世界に親しめ、いつの間にか勉強にもなっている。

魚編の漢字が並ぶ巨大湯のみで記念撮影

おみやげをチェック!!

読めそうで読めない難読漢字うちわ220円や、四字熟語を集めて遊ぶ四字熟語フォントトランプ1100円など、オリジナルグッズもユニークなものが揃う

DATA & ACCESS

075-757-8686 所京都府京都市東山区祇園町南側511 開9:30～17:00(最終入館16:30) 休月曜(祝日の場合は翌日)※時期により変更あり、HPで要確認 料800円 交京阪本線・祇園四条駅から徒歩5分 Pなし(周辺駐車場利用)

寄生虫の標本・関連資料が並ぶ展示室。個性豊かな姿に思わず見入ってしまう

目黒寄生虫館

めぐろきせいちゅうかん

東京都目黒区

不思議で多彩な寄生虫 その実態と魅力を紹介

世界でも数少ない寄生虫の博物館。展示室には全長8.8mのサナダムシをはじめ、標本・関連資料や日本の寄生虫学の歴史、人間と寄生虫の関わりなどを多彩な資料で紹介している。

DATA & ACCESS

☎03-3716-1264(音声案内) 所東京都目黒区下目黒4-1-1 間10:00〜17:00 休月・火曜(祝日の場合は翌日) 料無料(寄付金の受付あり) 交JR山手線・目黒駅から徒歩12分 Pなし(周辺駐車場利用)

↑寄生虫分類学者・山口左仲氏の資料を公開

↑「寄生虫の多様性」をテーマにした展示室

↑昭和28年(1953)、医学博士・亀谷了氏が創設

↑施設のロゴマークになっているフタゴムシをデザインした付箋550円

←寄生虫のイラスト入りトートバック2300円

写真提供:公益財団法人目黒寄生虫館

風土に根差した口福なカルチャー

食・飲料

日本酒

試飲も楽しめる日本酒博物館

月桂冠大倉記念館

げっけいかんおおくらきねんかん

京都府京都市

京都・伏見の酒造りの発展と日本酒の歴史・文化を紹介

日本有数の酒どころとして知られる京都・伏見の酒造りの技や日本酒の歴史をわかりやすく紹介する博物館。2020年にリニューアルオープンした館内には、京都市有形民俗文化財に指定されている貴重な酒造用具類が工程順に数多く展示され、職人が唄い継いできた酒造り唄が流れるなど、かつての酒蔵の雰囲気を再現。この地に根付いた酒造りと酒文化の発展をけん引してきた月桂冠の、挑戦と創造のスピリッツを感じる空間となっている。

DATA & ACCESS

☎075-623-2056 所京都府京都市伏見区南浜町247 開9:30～16:30(最終入館16:00) 休無休(臨時休あり) 料600円、酒蔵ガイドツアー3000円(要予約) 交京阪本線・中書島駅から徒歩5分 Pあり

↑館内では日時限定で酒樽の菰巻き(こもまき)実演が行われている。実演していない時間帯には動画で紹介

月桂冠大倉記念館に隣接する内蔵の2階(明治39年建造)ではいにしえの酒造用具を数多く展示している(酒蔵ガイドツアー参加者のみ見学可)。

昔ながらの空間へといざなう
エントランス

米の洗い場の板石による土間、米松の梁による小屋組み天井など、昔ながらの酒蔵の風情が見どころ。玄関のすぐ左側には、帳場が再現されている。

日本酒の製造工程を上映
ホール

PR映像「おいしいお酒ができるまで」を大型モニターで上映。日本酒の伝統的な製造工程とともに、現在、高品質な製品を生み出し続ける月桂冠の酒造りの様子が視聴できる。

創業385年を超える酒造り
南展示室・史料類

寛永14年(1637)に創業した月桂冠の挑戦と創造の歴史と、現在に続く物語を、貴重な史料の展示を交えて紹介。広々としたスペースでじっくりと見学することができる。

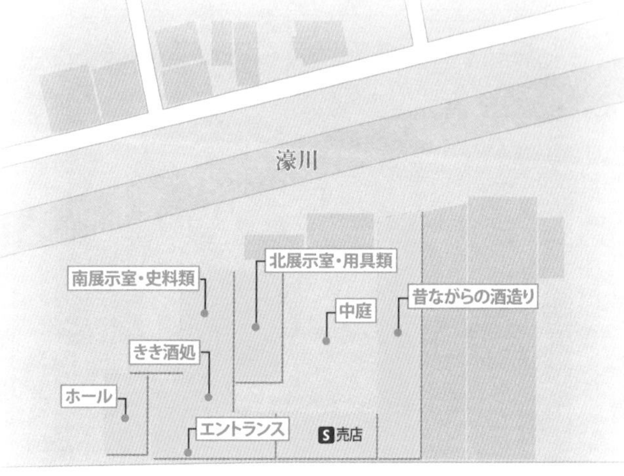

酒造用具約200点を展示
北展示室・用具類

木桶、酒樽、櫂など、京都市有形民俗文化財指定の主な酒造用具類を展示。往時の職人たちの手技を偲び、酒造りの伝承文化を感じる場となっている。日時限定での菰巻き実演はここで行われる。

体験！MUSEUM
充填＆きき酒体験

酒蔵ガイドツアー
月桂冠大倉記念館と、隣接する内蔵酒造場を巡り、かつての酒造用具類の見学、原酒の充填体験、このツアー限定の日本酒(原酒)のきき酒体験などが楽しめる(予約制)。

充填体験で詰めたお酒は、おみやげとして持ち帰ることができる

記念撮影にもおすすめ
中庭

月桂冠大倉記念館と内蔵酒造場、職人の宿舎に囲まれた、広いスペースの中庭。発酵用の酒桶をこの庭にずらりと並べ、天日で干して乾燥させていたかつての様子を再現している。直径が人の背丈ほどもある巨大な酒桶は記念撮影スポットとしてもおすすめ。見学途中での小休憩用に適したベンチを設置している。

酒どころ伏見を象徴
昔ながらの酒造り

明治39年(1906)建造の内蔵酒造場は、現在も但馬流の杜氏が昔ながらの手法で酒を醸している。(酒蔵ガイドツアー予約者のみ見学可)

酒造りに欠かせない伏流水
井戸

自然豊かな桃山丘陵の地下奥深くで育まれた伏流水を汲み上げる井戸。伏見の酒を特徴づける、きれいで鉄分が少なく酒造りに適した水を、隣接する酒蔵での醸造に用いている。

伏見の酒を楽しむ
きき酒処

見学の最後には、季節ごとに用意されたお酒をロビーで試飲することができる(車・バイク・自転車を運転して来館した方、および20歳未満は不可)。

ミュージアムグッズ

→月桂冠レトロボトル 吟醸酒720mℓ 2420円

↓京山水 特別純米1.8ℓ 2780円

↑内蔵純米大吟醸 しぼりたて 生原酒 300mℓ 1650円

静岡茶をはじめ、お茶の歴史や世界のお茶についても学ぶことができる

お茶

富士を仰ぐお茶の魅力の発信拠点

ふじのくに 茶の都ミュージアム

ふじのくにちゃのみやこミュージアム

静岡県島田市

各国のお茶を展示

世界のお茶

お茶の製造工程や代表的なお茶を紹介。壁面のお茶の展示とともに茶葉ケースもあり、世界各国の珍しいお茶に触れて香りをかぐ体験も。

小堀遠州の庭と茶室を復元

茶室「縦目楼」

江戸時代の大名茶人、小堀遠州が確立した「綺麗さび」と呼ばれる茶の湯を体感できる茶室。現在に残された絵図面などをもとに復元された。

200年以上前の上海の茶館

湖心亭

中国上海の人気観光地「豫園」にある、上海最古の茶館「湖心亭」を復元。茶館に入り、壮麗な雰囲気を体感することもできる。

静岡県内から世界のお茶までを幅広く販売。カフェスペースも併設

体験！MUSEUM

体験を通して静岡茶を身近に

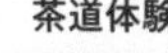

牧之原ティーテラス体験
牧之原大茶園展望テラスで、ピクニック気分でお茶を入れる体験や高級なボトリングティーを味わう体験ができる。

茶道体験
本格的な茶室で抹茶と和菓子を味わうことができる。希望で抹茶を点てる体験も可能。

抹茶挽き体験
抹茶の原料である碾茶（てんちゃ）を専用の石臼で挽く子どもにも人気の体験。

遠州の意匠が光る美しい庭

日本庭園

小堀遠州が後水尾院の仙洞御所東庭として手掛けた池泉回遊式・舟遊式庭園を復元。遠州庭園の特色がよく表れている。

生産量日本一の静岡茶を中心にお茶の世界を多彩に紹介

静岡県が推進する「茶の都しずおか構想」の拠点として、日本一の大茶園牧之原台地に平成30年(2018)にオープンした博物館。静岡県産材を使った吹き寄せ壁の館内では、お茶の産業や歴史、文化を紹介する展示をはじめ、抹茶挽きなどの体験講座(有料)も充実。さまざまな視点から楽しくお茶を学ぶことができる。常設展のほか、お茶の魅力を紹介する企画展も年数回開催される。

DATA & ACCESS

☎0547-46-5588 所静岡県島田市金谷富士見町3053-2 開9:00～17:00(茶室9:30～16:00)最終入館は各30分前 休火曜(祝日の場合は翌平日) 料300円 交東名高速道路・相良牧之原ICから車で10分 Pあり

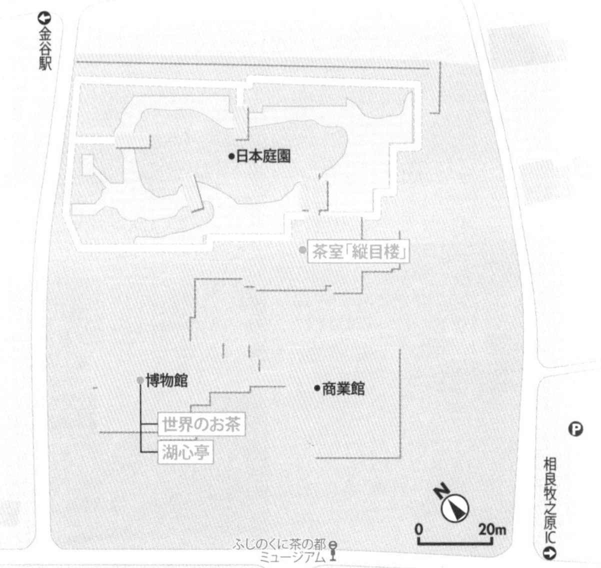

ミュージアムカフェ

カフェレストラン 丸尾原
カフェレストランまるおばら

広い窓から富士山を眺めながら、お茶を使ったスイーツや食事が楽しめる。抹茶を練り込んだそば1580円(豚角煮丼・デザート付)や抹茶白玉400円などを用意。※内容、金額は変更の可能性あり

↑茶の都にふさわしいメニューを楽しもう

ビール

伝統を今につなぐ

サッポロビール博物館

サッポロビールはくぶつかん

北海道札幌市

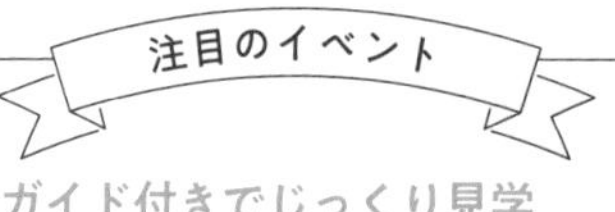

ガイド付きでじっくり見学

参加費500円のプレミアムツアーでは、6K映像による北海道開拓の歴史紹介やガイドの解説もあり、創業当時の味を復元した「復刻札幌製麦酒」を飲むことができる。

1

開拓事業とビールの物語

サッポロギャラリー

開拓使麦酒醸造所を札幌に造ることに尽力した村橋久成氏のエピソードや初期のビール製造、歴代のビールに関する資料を展示。開拓使の時代から現代までにつながるサッポロビールの歴史をひもとくことができる。

明治時代から毎年のように制作され、そのたびに評判を呼んだ歴代ポスター

歴史ある建物で学ぶ北海道ビールの歩み

日本国内で最も歴史のあるビールの博物館。明治23年(1890)に製糖会社の工場として建てられ、明治38年(1905)からビールの原料、麦芽をつくる製麦工場として稼働した歴史ある赤レンガの建物を利用し、ビール製造に使われていた銅釜など貴重な品々を展示。北海道開拓事業から受け継がれる北海道のビールづくりの歴史を知ることができ、プレミアムツアーやスターホールではビールも飲める(有料)。

DATA & ACCESS

☎011-748-1876 所北海道札幌市東区北7条東9-1-1 開11:00～18:00(最終入館17:30) 休月曜(祝日の場合は翌日) 料無料 交JR函館本線·苗穂駅から徒歩8分 Pあり

2

1昭和40年(1965)に製造された巨大な煮沸釜。未来技術遺産に認定されている
2北海道のビールづくりの歴史を展示。貴重な写真などのパネルでわかりやすく解説
3開拓使の思いを込めた星をモチーフの歴代ラベルが並ぶ

3

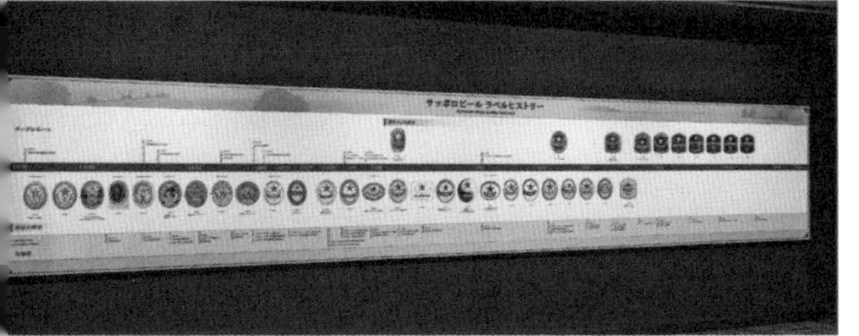

ビール飲み比べ!!

味の違いを体感できるスターホール

博物館の見学者が利用できるスターホールでは、サッポロビール北海道工場や札幌開拓使麦酒醸造所から直送されたビールを有料で飲み比べできる。

京料理

見る・つくる・あじわう。五感で食を体感

宮中ゆかりの有職（ゆうそく）料理やお寺で食べられる精進料理、お茶を楽しむための懐石料理など京都の五大料理を解説するコーナー

京の食文化ミュージアム・あじわい館

きょうのしょくぶんかミュージアム・あじわいかん

京都府京都市

京の食文化がわかる体験型ミュージアム

京都市中央市場内にある「京都の四季を五感で味わい、京の食文化に親しむ！」をコンセプトにしたミュージアム。展示スペース、調理実習室、試食室を備え、体験しながら京の食文化が学べる。市場の食材を使ったおばんざいや魚のさばき方、老舗料亭の料理人などによる料理教室や、食についての講座も定期的に開催している。

DATA & ACCESS

☎075-321-8680 所京都府京都市下京区中堂寺南町130 京都青果センタービル3F 開8:30～17:00 休水曜（祝日を除く） 料無料 交JR山陰本線・丹波駅口から徒歩3分 Pなし

1

京の味を探求

展示室

季節のおばんざい、京野菜や京漬物、伏見の清酒など、京都の食についてパネルや模型で紹介。

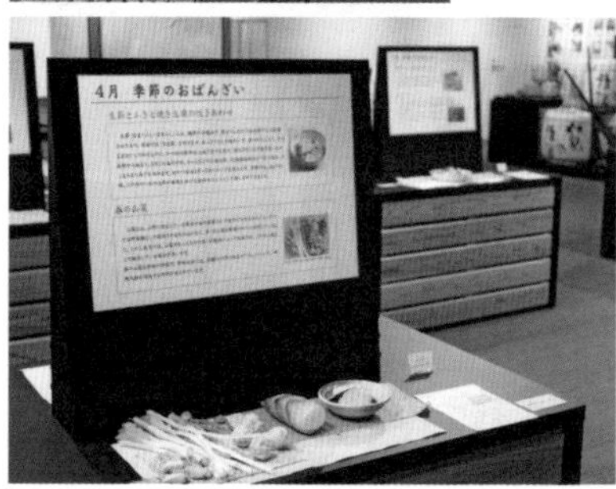

2

1 京都の料理に欠かせない出汁について原料から製法まで詳しく展示
2 季節のおばんざいレシピをパネル展示しペーパーでも配布

ミュージアムショップ

京都まるごとおみやげコーナー

京都市中央市場で取り扱っている商品や京都各地の食品や工芸品が揃い、おみやげにぴったり。

京菓子

和菓子の歴史を知る

京菓子資料館

きょうがししりょうかん

京都府京都市

春夏秋冬を愛でて味わう 京菓子400年の文化にふれる

京菓子店俵屋吉富烏丸店に隣接する京菓子文化の総合資料館。坪庭などに四季を感じられる松竹梅などの草木を配した京町家風の施設で、2階に展示室、1階にはお茶席がある。展示は、奈良時代に始まる外来菓子の文化を取り込んで発展し、江戸時代の元禄文化で花開く日本の菓子文化の歩みが見られる。また献上品に用いられた美しい菓子入れや、職人らが技を伝える図案帳なども見どころ。

DATA & ACCESS

☎075-432-3101 所京都府京都市上京区烏丸通上立売上ル柳図子町331-2 開10:00~17:00(最終入館16:30) 休水·木曜 料無料 交地下鉄烏丸線·今出川駅から徒歩5分 Ⓟあり

菓子博に出品された、京の春夏秋冬を映した糖芸菓子の絵葉書4枚セットはおみやげにおすすめ

1

日本の菓子文化の歴史

展示室

和菓子の歩みを、文献や原材料、実物の菓子木型といった道具や絵図などの資料とともに紹介。菓子職人の技を結集した糖芸菓子も必見。

2

1 展示室入口で出迎える本物さながらの見事な糖芸菓子
2 京菓子店に代々伝わる貴重な資料を目にすることができる

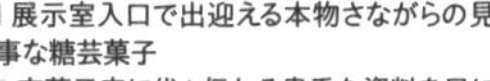

ていねいに描かれた菓子のイラストが美しい図案帳も見どころ

俵屋吉富の銘菓「雲龍」もお茶席で味わうことができる

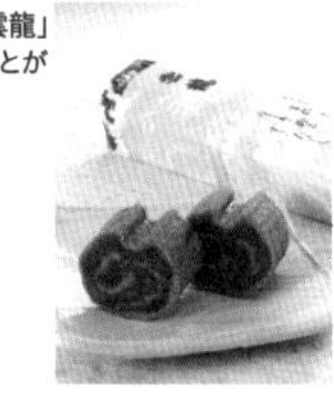

ミュージアムカフェ

祥雲軒

しょううんけん

1階にある立礼式のお茶席では、できたての季節のお菓子とお抹茶(薄茶)のセットが700円(変更の予定あり)で味わえる。不定期でお点前も体験できる。

☎075-432-3101
開10:00~17:00(LO16:00)

↑椅子席仕様で20名(2023年2月現在)まで座ることができる

明太子

食と文化で博多の心を体感

博多の食と文化の博物館ハクハク

はかたのしょくとぶんかのはくぶつかんハクハク

福岡県福岡市

博多の食・工芸・祭りを通して、"博多の人の心"を伝える体験・実感型ミュージアム。明太子製造の工場見学、博多の祭りなど伝統文化紹介、博多織物や博多人形などの工芸品コーナーもある。ショップには辛子明太子をはじめ博多の銘菓、名産品、工芸品などが並ぶ。

明太子の工場見学のあとは、「ふくや」の創業時を再現した昭和のお店へタイムスリップ

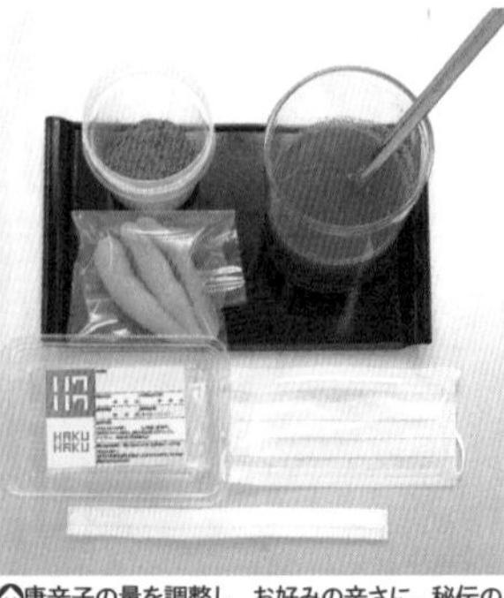

唐辛子の量を調整し、お好みの辛さに。秘伝の調味液に漬けて「マイ明太子」を作って持ち帰り

DATA & ACCESS

☎092-621-8989 所福岡県福岡市東区社領2-14-28 開10:00～16:00(最終入館15:30) 休火・水曜 料300円 交JR／地下鉄・博多駅から車で15分 Pあり

梨

学んで感じておいしさを実感

鳥取二十世紀梨記念館 なしっこ館

とっとりにじっせいきなしきねんかん なしっこかん

鳥取県倉吉市

梨の世界地図、「二十世紀梨」ものがたり劇場、アートギャラリーなど映像や展示が充実している。特に年間を通して行う「梨3品種の食べくらべ」が好評だ。梨ガーデンでの作業体験イベントや、本格的な「梨つくり大学」講座も開催し、週末にはイベントが目白押し。

おみやげ選びもできるショップや、梨スイーツが充実したパーラーもある

直径20m、地下5mにまで根が伸びた二十世紀梨の巨木は、記念館のシンボル

DATA & ACCESS

☎0858-23-1174 所鳥取県倉吉市駄経寺町198-4 倉吉パークスクエア内 開9:00～17:00(最終入館16:40) 休第 1・3・5月曜(祝日の場合は翌日) 料300円 交JR山陰本線・倉吉駅から車で10分 Pあり

かまぼこ

かまぼこの魅力を再発見

鈴廣かまぼこ博物館

すずひろかまぼこはくぶつかん

神奈川県小田原市

鈴廣かまぼこの里内にある博物館。館内では工場見学のほか、「かまぼこ板絵美術館」、あげかま手づくり体験ができる「かまぼこキッチンラボ」、かまぼこに関する知識やおいしさのひみつが学べる「かまぼこ百科」「かまぼこの科学」など、盛りだくさん。

平安時代かまぼこは宮中の宴に上った。文献をもとにした当時のかまぼこのレプリカ

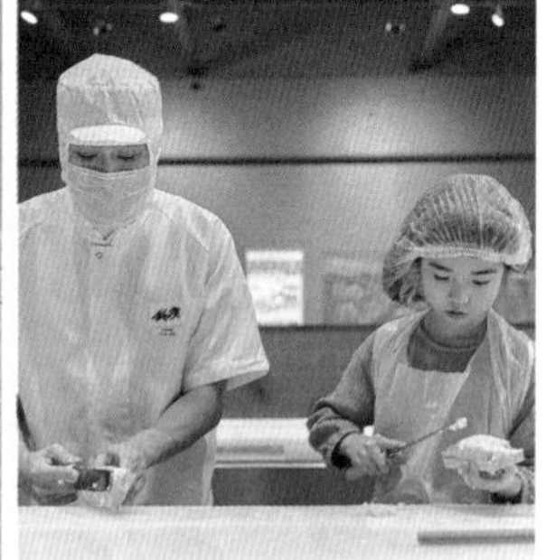

職人さんの手ほどきで、専用の器具を使って形を整え、かまぼこ・ちくわ作りに挑戦

DATA & ACCESS

☎0120-07-4547 所神奈川県小田原市風祭245 開9:00～17:00 休無休 料無料(かまぼことちくわの手作り体験は1760円、水曜はちくわ770円のみ) 交箱根登山鉄道・風祭駅から徒歩1分 Pあり

そば

日本三大そばの秘密に迫る

戸隠そば博物館 とんくるりん

とがくしそばはくぶつかん とんくるりん

長野県長野市

水を司る神・九頭竜の棲家として崇められた戸隠山。戸隠連峰の澄んだ空気と豊かな水を練り込み、修験者の非常食として誕生したのが戸隠そば。水は切らずに、円形の竹ざるに一口大に分けて盛る「ぼっち盛り」が特徴で、辛味大根の薬味を入れて元祖の味を楽しむ。

⬆そば粉を挽いている昔ながらの水車小屋。水車が回ると"とんくるりん"と音がする

⬆そば粉をこねて戸隠流の「一本棒丸延し」でそば打ち体験。そばをゆで上げていざ実食!

DATA & ACCESS

☎026-254-3773 所長野県長野市戸隠3018 開10:00～16:00 休水曜(6・9月は火・水曜)、12月～4月中旬(冬期休館) 料入館200円、そば打ち体験2人4500円 交長野ICから車で1時間30分 Pあり

そうめん

世界が認める日本伝統の味

揖保乃糸資料館 そうめんの里

いぼのいとしりょうかん そうめんさと

兵庫県たつの市

播州地方の名品・手延べそうめん「揖保乃糸」は、厳選した小麦と赤穂の塩を原料に、そうめん作りに適した豊かな気候風土で育まれてきた。約600年にわたり受け継がれる伝統の手延べ製法で、何度も熟成を重ねながら、職人が丹精込めて作り上げている。

⬆展示室では製造過程を人形や映像で紹介している

⬆「揖保乃糸」のそうめん・ひやむぎ・うどんや、醤油・塩・酒など地元の特産品も販売

DATA & ACCESS

☎0791-65-9000 所兵庫県たつの市神岡町奥村56 開9:00～17:00(最終入館16:30) 休月曜(祝日の場合は翌日) 料300円 交JR姫新線・東觜崎駅から徒歩15分 Pあり

醤油

瀬戸内海に浮かぶ醤油の島

マルキン醤油記念館

マルキンしょうゆきねんかん

香川県小豆島町

マルキン醤油創業80周年を記念し、国の有形文化財に登録された合掌造りの建物を記念館としてオープン。明治～昭和期に使われた道具の展示や、パネルによる醤油造りの歴史や製造法などを紹介。「もろみ」と「ろ布」を使って、醤油を搾る体験講座も興味深い。

⬆醤油造り400年の歴史を誇る小豆島。昔、醤油醸造に使った大樽がエントランスでお出迎え

⬆大豆、小麦、種麹を仕込んで温度と湿度を調整し、朝夕ほぐして醤油のもとになる麹を育む

DATA & ACCESS

☎0879-82-0047 所香川県小豆島町苗羽甲1850 開9:00～16:00(7月20日～8月31日、10月16日～11月30日は～16:30) 休不定休 料400円 交小豆島坂手港から車で3分 Pあり

インスタントラーメンが世界の食に発展していく過程を約3000点のパッケージで展示

カップヌードルミュージアム 横浜

カップヌードルミュージアム よこはま

神奈川県横浜市

インスタントラーメンを知って体感し楽しむ空間

いまや世界中で愛されているインスタントラーメン。カップヌードルミュージアム横浜は、インスタントラーメンにまつわるさまざまな展示や体験を通して発明・発見の大切さや楽しさが学べる体験型食育ミュージアム。小麦粉をこねてチキンラーメンを一から手作りする体験や、自分だけのオリジナルカップヌードル作りなどが人気だ。

⬆6つの部屋を巡ることで「インスタントラーメンの父」安藤百福のクリエイティブな発想を知ることができる

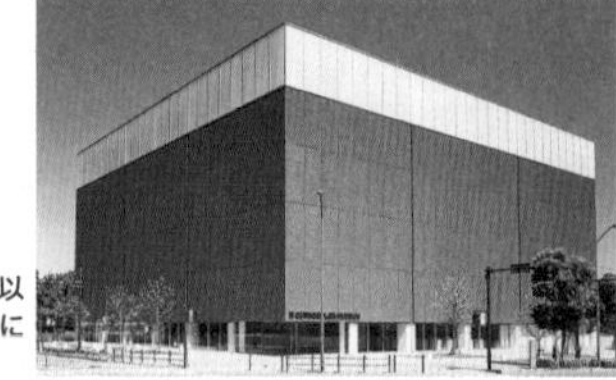

➡平成23年(2011)9月に開館以来、大人気となり、2023年1月には来館者1000万人を超えた

DATA & ACCESS

☎045-345-0918 所神奈川県横浜市中区新港2-3-4 間10:00～18:00(最終入館17:00) 休火曜(祝日の場合は翌日) 料500円 交JR・桜木町駅から徒歩12分 Pあり

小麦粉をこねてのばして味をつけ、乾燥するまでの工程を体験し、チキンラーメンを手作り

世界各国のさまざまな麺が味わえる

ここでしか買えない限定品が充実!

好みのスープとトッピングを加えて、オリジナルのカップヌードルが作れる

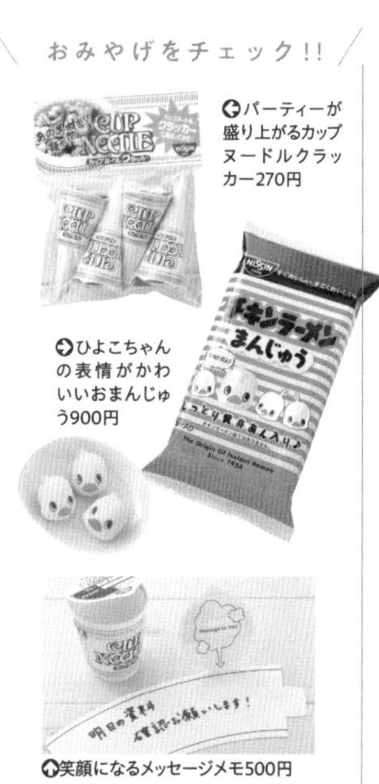

おみやげをチェック!!

パーティーが盛り上がるカップヌードルクラッカー270円

ひよこちゃんの表情がかわいいおまんじゅう900円

笑顔になるメッセージメモ500円

岩下の新生姜ミュージアム

いわしたのしんしょうがミュージアム

栃木県栃木市

高さ5mの岩下の新生姜のかぶりもの。中に入って顔をのぞかせれば巨大新生姜に変身

⬆生姜の神様を祭るキュートな本殿の脇には神社の狛鹿「イワシカ」が鎮座。おみくじや絵馬、お守りなどもある

おもしろくてクセになる ピンク色の新生姜ワールド

生姜の酢漬け「岩下の新生姜」で知られる岩下食品の博物館。同商品をイメージしたピンク色で彩られた館内ではその誕生秘話や製造工程を紹介。新生姜色のグランドピアノや世界一大きな新生姜のかぶりもの、オリジナルキャラクターによるゲームなどユニークな展示でいっぱいだ。ここでしか買えないおみやげも人気。

DATA & ACCESS

☎0282-20-5533 所栃木県栃木市本町1-25 開10:00～18:00、カフェは11:00～18:00(LO17:30) 休火曜(祝日の場合は開館) 料無料 交JR両毛線・栃木駅から徒歩12分 Ｐあり

⬆独特の世界観を漂わせながら食の体験や情報を発信

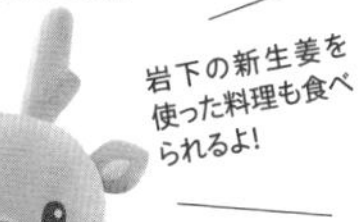

岩下の新生姜を使った料理も食べられるよ!

⬅部屋の住人「新生姜」と恋人気分で記念撮影

➡世界で1台の岩下の新生姜をイメージしたパールピンクのグランドピアノ。ライブでも活躍

⬆ステージではライブイベントも開催。土・日曜、祝日はイワシカちゃんグリーティングも

⬅岩下の新生姜ピザ1000円。トッピングされた新生姜がアクセント

➡岩下の新生姜肉巻きプレート1100円。さっぱりとした味わいで食べごたえあり

おみやげをチェック!!

⬅やみつき岩下の新生姜490円。刻んだ岩下の新生姜をオイル漬けにした人気商品

➡岩下の新生姜グミ220円。岩下の新生姜ならではのさわやかな風味が広がる

⬅岩下の新生姜230円ロングセラー「岩下の新生姜」は、幅広い年代の人々に愛されている

⬆ユニークなグッズやコラボ商品がたくさん

450g入りマヨネーズの50万倍もある巨大「マヨネーズドーム」は迫力!

マヨテラス

東京都調布市

マヨネーズの歴史やおいしさの秘密を知る

日本の食卓に欠かせないマヨネーズ。発祥はスペインなど諸説あるが、日本で最初に作ったのはキユーピーだった。その歴史やおいしさの秘密を教えてくれ、マヨネーズにまつわるさまざまなトピックスも楽しく知ることができる。品質を守る工夫を体感し、マヨネーズの新しい魅力を楽しみながら発見できる。

DATA & ACCESS

☎03-5384-7770 所東京都調布市仙川町2-5-7 仙川キユーポート 開10:00～17:00(完全予約制) 休土･日曜･祝日、ほか臨時休あり 料無料 交京王線･仙川駅から徒歩7分 Pなし(周辺駐車場利用)

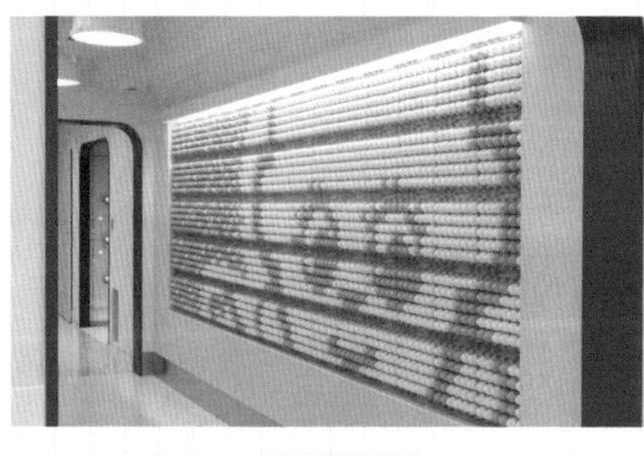

←「ファクトリーウォーク」へ向かう通路には卵を使ったキユーピーの顔が

↓日本初のマヨネーズの容器やキユーピー人形など貴重な資料を展示

↑「ファクトリーウォーク」へ入室する前には実際の工場のようにエアシャワー室があり、ここを通っていく

→キユーピー仙川工場跡地に誕生した仙川キユーポートに平成26年(2014)、オープンした

人気漫画キャラクターの等身大フィギュアがお出迎え。その高度な表現力に圧倒される

海洋堂フィギュアミュージアム黒壁 龍遊館

かいようどうフィギュアミュージアム
くろかべ りゅうゆうかん

滋賀県長浜市

⇧長浜市旧市街の大正レトロな洋館を利用している

⇧フィギュアの塗装やジオラマ制作などの体験もできる(有料)

あの名作に出会える フィギュアファンの聖地

フィギュアや模型製作で世界的に名を馳せる海洋堂。その歴史と世界観を一堂に集めたファン垂涎のスポットだ。創業初期から最近までの4000点以上に上る作品を紹介するほか、フィギュアを使ったジオラマを展示。オリジナルフィギュアの制作体験や常時100種類以上を取り揃えたカプセルフィギュア販売もある。

⇧博物館や美術館の展示に採用された公式モデルやコレクションレベルの作品が集結

⇧最新フィギュアやミュージアム限定など、ここでしか手に入らないものが充実

⇧プラモデルの製造から始まった歴史を年表と作品で紹介

DATA & ACCESS

☎0749-68-1680 (所)滋賀県長浜市元浜町13-31 (開)10:00～17:00(最終入館16:30)、フィギュアワークショップは土·日曜·祝日の10:00～15:00(春休み、夏休み、冬休み期間は毎日開催) (休)不定休 (料)1000円 (交)JR北陸本線·長浜駅から徒歩5分 (P)なし(周辺駐車場利用)

明るく開放的な空間の下、お寿司や鍋料理をテーマにした楽しい体験ができる

ミツカンミュージアム

愛知県半田市

お酢の歴史を通じて知る日本の食文化とおいしさ

お酢でおなじみのミツカングループの200年の歴史と、酢造りや技術、酢を使った食文化の魅力などを伝える博物館。入館は完全予約制で、江戸時代と現在の醸造法や酢造り職人の知恵や工夫を体感できるほか、オリジナルラベルの「マイ味ぽん」造りなどを約90分のコースで楽しむことができる。

DATA & ACCESS

☎0569-24-5111 所愛知県半田市中村町2-6
開9:30〜17:00(完全予約制) 休木曜
料300円 交JR武豊線・半田駅から徒歩3分
Pあり

大桶など江戸時代の道具を通して、当時の酢造りと現在の酢造りが見られる

創業地・半田の光景が感じられる写真や音の展示もある

長さ20mの船で酢を運ぶ航海を体感

おみやげをチェック!!

オリジナル帆前掛け。藍染めをはじめ、本物にこだわった前掛け

お酢のボトルをデザインしたペットボトルホルダー

森永エンゼルミュージアム MORIUM

もりながエンゼルミュージアムモリウム

神奈川県横浜市

お菓子の王国のような夢のある施設を見学

見学は森永製菓の歴史や技術、製法などを映像や資料で紹介するMORIUMか工場見学からスタート。商品の巨大模型や過去の貴重な広告資料なども展示され、ミュージアムショップも設けられている。続いて敷地内の鶴見工場で、小枝やハイチュウプレミアムなどのお菓子の製造・包装ラインを見学。夢と工程のつながりが楽しめる。

DATA & ACCESS

☎なし(予約はWebのみ) 所神奈川県横浜市鶴見区下末吉2-1-1 開10:00〜、13:00〜(ツアーは1日2回) 休土・日曜、祝日 料無料(要予約) 交JR京浜東北線・鶴見駅から横浜市営バスで10分、森永工場前バス停下車すぐ Pなし(周辺駐車場利用)

↑2022年1月に鶴見工場内にオープンした施設

↑徒歩で移動し、工場で製造ラインの一部を見学

↑MORIUM 1階の「おいしさのひみつ」エリア。アイスやチョコを展示

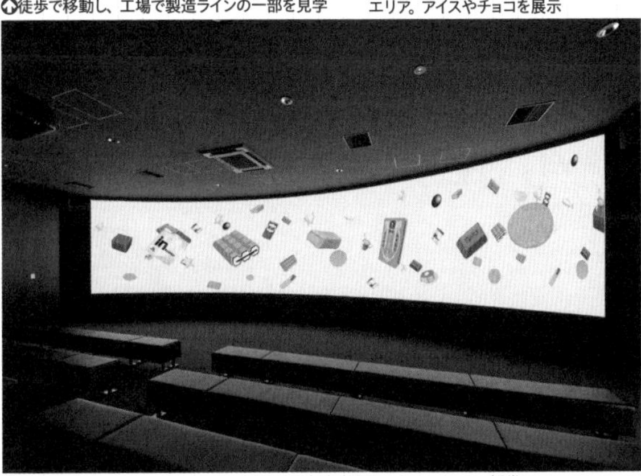

↑1階のシアターでは歴史や商品に関する、限定の映像を巨大スクリーンで観賞

未来をイメージした空間。館名はラテン語の「場所＝ARIUM」とMORINAGAを組み合わせている

巨大ポッキーはトンネルになっていて、ここから工場内へ。絶好の撮影ポイントだ

グリコピア神戸

グリコピアこうべ

兵庫県神戸市

チョコレートの知識やグリコの創意工夫を体験

高さ3mの巨大なポッキーが出迎えてくれるグリコの工場。ポッキーやプリッツの製造工程をガラス越しに見学できる。100mの生産ラインで機械が動き商品が作られる工程は壮観だ。「お菓子と心の発育に役立つおもちゃをひとつに」という考えで生まれたグリコならではは歴代のおもちゃの展示も年齢問わず楽しめる。

歴代から約1500点の粒揃いおもちゃを展示。懐かしいおもちゃに再会

カカオの香りを楽しめるコーナー

2022年に創業100周年を迎えた

デジタル空間で、お菓子作りに挑戦できるデジタルクッキング

DATA & ACCESS

☎078-991-3693 所兵庫県神戸市西区高塚台7-1 開9:30～16:30(工場見学約80分、要予約) 休金曜 料無料 交神戸市営地下鉄·西神中央駅から大久保駅前行バスで高塚台1丁目バス停下車、徒歩1分 Ⓟあり

受け継がれた手仕事の誇り

工芸・日用品

磁器

磁器を通して時代の変遷を見る

佐賀県立
九州陶磁文化館

さがけんりつきゅうしゅうとうじぶんかかん

佐賀県有田町

膨大な古伊万里が圧巻
柴田夫妻コレクション

江戸時代の有田焼（古伊万里）など1万点を超える柴田夫妻の寄贈品のなかから約1000点を展示。様式や技術の変遷などテーマ別に展示され、年に一度展示替えも行う。

世界が注目!!

江戸時代の有田焼を収集した柴田夫妻のコレクション

有田焼の収集家、柴田明彦・祐子夫妻が平成2年（1990）～同15年（2003）の14年間にわたり寄贈した１万311点のコレクション。17～18世紀に作られた古伊万里を中心に、技法や変遷、市場の好みなど作品の背景にある歴史などと合わせ体系的に収集されたコレクションは世界的にも珍しく、大英博物館とともに同文化館に寄贈された。

そめつけふきずみつきうさぎもんさら
染付吹墨月兎文皿
肥前・有田1630～40年代の作。景徳鎮焼を手本にした吹墨文様の月と兎。

いろえくもそうかよもだすきもんはち
色絵雲草花四方襷文鉢
肥前・有田1690～1710年代の作。鮮やかな金彩と草花が幾何学的に配された豪華絢爛な襷文様が特徴。

↑江戸の町民文化にも浸透し、有田の磁器が暮らしを彩ったことを紹介する「有田焼の歴史」

↑古伊万里のコレクションが充実

江戸時代に西欧を沸かせた有田の磁器文化に魅せられる

江戸時代、佐賀の有田で焼かれ伊万里港から出荷されたことで「伊万里焼」とも呼ばれる有田の磁器を中心に展示する博物館。九州の古陶磁から現代の陶磁器、柴田夫妻・蒲原の２大コレクションなど5つの展示室で構成。なかでも1000点余りを常設展示する柴田夫妻コレクションの古伊万里は圧巻。また高さ193cmの有田焼のからくり時計も必見だ。

DATA & ACCESS

☎0955-43-3681 所佐賀県有田町戸杓乙3100-1 開9:00～17:00(最終入館16:30) 休月曜(祝日の場合は翌日) 料無料 交JR佐世保線・有田駅から徒歩12分 Pあり

平成元年(1989)に重要文化財に指定されている

そめつけさぎもんみつあしさら
染付鷺文三足大皿

肥前・鍋島藩窯1690～1710年代の作。青一色の地文に、蓮の葉上に三羽の白鷺を配した構図となっている。

2022年にリニューアル
有田焼の歴史

有田焼の始まりから現在まで約400年の歴史に沿った7つの項目別に紹介。それぞれ異なる雰囲気の部屋を巡りながら、有田焼のストーリーを体験することができる。

海を渡った古伊万里
蒲原コレクション（有田町所蔵）

有田町出身の蒲原権氏が収集し、有田町に寄贈したコレクションを展示。約300年前にヨーロッパに運ばれ里帰りした古伊万里で、藍色に上絵付けの華やかな金襴手タイプの作品が並ぶ。

高さ193cmの有田焼からくり時計。30分ごとに文字盤が開き、ボールサーカスショーを展開する

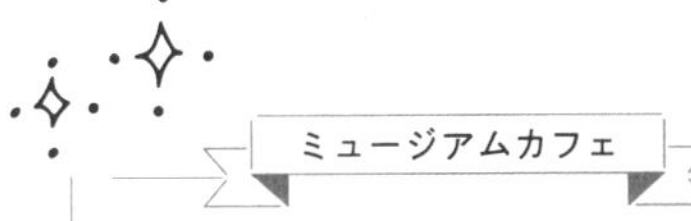

ミュージアムカフェ

カフェテラス 彩
カフェテラスあや

柴田夫妻コレクションの姉妹品である本物の古伊万里カップでコーヒーや紅茶を味わえるカフェ。ケーキなどお菓子やカレー、スパゲッティなど軽食メニューも揃う。

☎0955-43-2078 開10:00～15:00

工芸

工芸・デザインの魅力と出会う

国立工芸館

こくりつこうげいかん

石川県金沢市

近現代工芸の秀作をセレクト 国内随一のコレクション

わが国唯一の工芸専門の国立美術館だった、東京国立近代美術館工芸館が国立工芸館と名を改めて、2020年10月に金沢市に移転、オープンした。明治以降の日本と海外の工芸品とデザイン作品のコレクションは現在約4000点に上る。また、明治31年(1898)に建造された旧陸軍第九師団司令部庁舎と明治42年(1909)に建造された旧陸軍金沢偕行社を移築・活用した建物も見どころのひとつだ。

DATA & ACCESS

☎050-5541-8600 所石川県金沢市出羽町3-2 開9:30～17:30(最終入館17:00) 休月曜(祝日の場合は翌日) 料展覧会による 交各線・金沢駅から北鉄バスで12分、出羽町バス停下車、徒歩5分 P文化施設共用駐車場利用

ミュージアムショップ

↑日本のものづくりにじかに触れ、自分のものにできるワクワク感は格別　写真:太田拓実

3D鑑賞システムもある

工芸とであう

作品画像をタッチすると解説や画像などがポップアップされる

工芸の技法や専門用語をわかりやすく解説するコーナー。コレクションから、気になる作品の解説や技法を閲覧できるデジタル技術も導入し、作品と向き合いながら、より詳細に作品を知ることができる。

写真:太田拓実

人間国宝の仕事場を再現

松田権六の仕事場

蒔絵師、松田権六(1896～1986)の仕事場はわずか4畳半ほどの和室。漆を乾かす漆風呂や洗い場などがあり、仕事のできる空間は狭いが、この部屋から代表作が次々に生まれたという。

専門図書が並ぶ

アートライブラリ

国内外の工芸やデザイン関連の本が閲覧できる。誰でも無料で利用でき、貸し出しはしていないが、複写サービスがある。

写真:太田拓実

写真：太田拓実

鈴木長吉《十二の鷹》

金工家鈴木長吉（1848～1919）の明治26年（1893）の作品で国指定重要文化財。同年のシカゴ万国博覧会に出品された当時の姿を復元し、開館1周年記念展で展示された。
写真：池田紀幸

二十代堆朱楊成《彫漆六華式平卓》（にじゅうだいついしゅようぜい《ちょうしつりっかしきひらしょく》）

南北朝時代のわが国堆朱彫の元祖から現代まで続く堆朱工20代目（1880～1952）の大正4年（1915）の作品。
撮影：尾見重治 ©2012

飯塚琅玕斎（いいづかろうかんさい）
《花籃　あんこう》（《はなかご　あんこう》）

竹細工を芸術作品に高めたとされる竹工芸家琅玕斎（1890～1958）の代表作のひとつで昭和32年（1957）の作品。
撮影：大屋孝雄 ©2020

板谷波山（いたやはざん）
《葆光彩磁牡丹文様花瓶》（《ほこうさいじぼたんもんようかびん》）

やわらかい色調の端正で格調高い作品で知られる近代陶芸の至宝、板谷波山（1872～1963）の大正11年（1922）の作品。
撮影：エス・アンド・ティ フォト ©2018

元は将校の社交場だった。明治期の洋風建築の雰囲気が漂う

写真：太田拓実

ケヤキ造りの階段にシンプルモダンなシャンデリアがマッチ

写真：太田拓実

※掲載の作品はいずれも常設ではありません

タイル

モザイクタイルの新たな可能性

多治見市モザイクタイルミュージアム

たじみしモザイクタイルミュージアム

岐阜県多治見市

映えスポットとしても人気 貴重なモザイクタイルの殿堂

施釉磁器モザイクタイル発祥の地で全国一の生産量を誇る多治見市笠原町にあるミュージアム。館は独創的な建築で世界的な評価の高い建築家、藤森照信氏による設計で、タイルの原料を掘り出す「粘土山」を思わせるファンタジックな外観は、地場産業のシンボルにも。膨大なタイルコレクションが収蔵・展示され、体験工房やミュージアムショップもある。

DATA & ACCESS

☎0572-43-5101 所岐阜県多治見市笠原町2082-5 開9:00～17:00(最終入館16:30) 休月曜(祝日の場合は翌日) 料310円 交中央自動車道・多治見ICから車で25分 Pあり

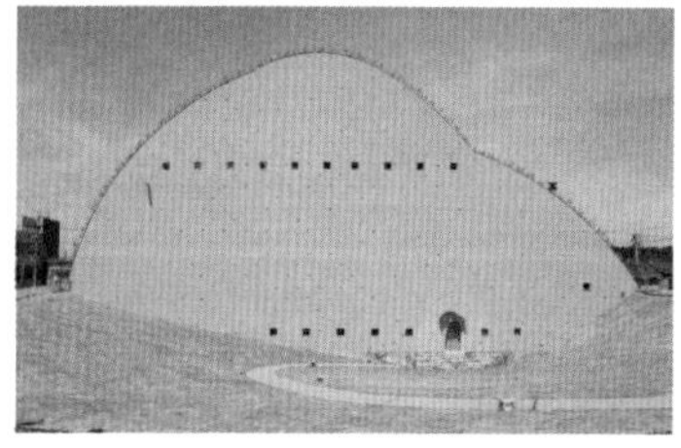

白亜の写真スポット
4階展示室

白亜の空間に、地元を中心に各地から収集されてきたモザイクタイル画の壁面、銭湯の絵タイル、洗面、風呂などを展示。吹き抜けスペースにあるタイルをちりばめた「タイルのスダレ」は人気の写真スポット。

ユニークで独創的

さまざまな工夫が施された建築に注目

2階から4階まで3つの展示室があり各階でタイルの異なる表情を感じられる。さまざまな風合いを有するモザイクタイルを象徴するように、館内は光と影を巧みに使い来館者の感情をゆさぶる空間デザインに。陽光に照らされたオブジェは時間帯で美しく姿を変えていく。

伝統技術や歴史を学ぶ
3階展示室

多治見のモザイクタイルの製造工程や歴史がたどれるコレクションの展示。タイル産業の歩みを記した年表や貴重な昭和のタイルの見本のほか、製造工程と歴史の紹介映像も見られる。

4階の扉が開くと藤森照信氏のディレクションによる非日常の空間へ。誰もが美しさに魅了される

タイルを暮らしのなかに
2階展示室

一般財団法人たじみ・笠原タイル館が直接管理する産業振興エリア。現在流通しているタイルを、実際の生活のなかでどのように活用したらよいか、16のシーンに分けて紹介している。

体験！MUSEUM

タイルに親しめる制作&加工体験を用意

オリジナル小物制作
好きな小物を選び、さまざまな色や形のモザイクタイルを貼って自分だけのオリジナル小物に。小さな子どもでも楽しく簡単に作れる。

ミュージアムショップ

←アンティーク食器は、戦前から昭和20年代の食器、代用陶器など、地元に残されていたものから出品している

↓モザイクタイル詰め放題550円。カップや袋に好きなモザイクタイルを詰め込める

漆

漆の里から漆芸の魅力を発信

石川県輪島漆芸美術館

いしかわけんわじましつげいびじゅつかん

石川県輪島市

国指定の重要無形文化財保持団体である輪島塗技術保存会が、5年の歳月をかけて作り上げた輪島塗大型地球儀「夜の地球 Earth at Night」

近世から現代に至る漆芸の歴史と名品の数々を紹介

日本を代表する伝統工芸「輪島塗」の産地で平成3年(1991)に開館した、漆芸専門の美術館。日本芸術院会員・人間国宝をはじめとする漆芸作家の作品や国内各地の名品、世界各地の漆器など漆芸に特化したユニークなコレクションにより、総合的な漆文化が体験できる。さまざまな企画展のほか、常設展では輪島塗の技と歴史を、制作道具の展示や映像を交えてわかりやすく紹介している。

DATA & ACCESS

☎0768-22-9788 所石川県輪島市水守町四十苅11 開9:00～17:00(最終入館16:30) 休展示替え期間 料630円 交能越自動車道・のと里山空港ICから車で25分 Pあり

ミュージアムショップも併設。石川県立輪島漆芸技術研修所で漆工芸を学び、卒業後も活動している若手漆作家「チャレンジショップ+」の作品も販売している

職人の技と魂を吹き込む 輪島塗の制作工程

輪島塗は、完成までに木地、下地、研ぎ、上塗り、加飾(沈金・蒔絵・呂色)といった各工程があり、それぞれを担当する職人による完全分業制で作られている。

近現代の名品が集結 コレクションの数々

国内やアジアの各地域で生産された漆器、日本の工芸史を代表する作家が制作した漆芸美術品が揃う。

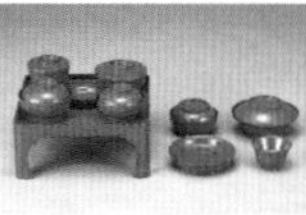
←朱漆塗宗和膳・椀 文政11年(1828)

→老松沈金四段重 石屋清九郎 嘉永元年(1848)

体験！MUSEUM

伝統技法を気軽に楽しむ

沈金(ちんきん)スプーン色付体験

初心者でも15分ほどで完成。スプーンのほかにも沈金箸や蒔絵ストラップの手作り体験もあり、漆塗りをより身近に感じることができる。

楽器

世界中から楽器を収集

浜松市楽器博物館

はままつしがっきはくぶつかん

静岡県浜松市

原則として展示ケースに入れない露出展示方式なので、楽器の質感を間近で堪能できる。常設展は写真撮影もOK

太古から続く楽器や音楽と人類との深い関係を知る

世界的にも大規模な、日本で唯一の公立楽器博物館。「世界の楽器を偏りなく平等に展示して、楽器を通して人間の知恵と感性を探る」を基本コンセプトに、貴重な1500点の資料を地域別、種類別、年代別に公開。コンサートなどに使うホールや特別展スペース、自由に楽器や音具が演奏できる体験ルームもある。「みる・きく・ふれる」展示から、楽器の世界の素晴らしさを味わうことができる。

DATA & ACCESS

☎053-451-1128 所静岡県浜松市中区中央3-9-1 開9:30～17:00 休第2・4水曜(祝日の場合は翌日)、8月は無休 料800円 交JR東海道本線・浜松駅から徒歩10分 Pなし

工芸品としての価値も高い

世界的な名器

フランスのF.E.ブランシェ作のチェンバロなど、世界各地の希少な展示物がずらりと並ぶさまは圧巻のひと言。

初めて目にする楽器も多数

アフリカの楽器

タンザニア、ケニア、エチオピアなどの楽器130点を展示。現地で撮影された演奏風景の視聴もできる。

ここでしか揃わない展示も

アジアの楽器

インドネシアのガムランや韓国の宮廷楽器など420点を展示。モンゴル、インド、チベット、イラン、トルコなどの資料も充実している。

注目のイベント

ミニコンサート＆レクチャー

日曜日や祝日、夏休み期間中は、天空ホールにて職員やゲストによるミニコンサートやレクチャーが不定期で開催。普段はなかなか聴くチャンスがない世界の楽器や音楽が紹介されることも。

カメラ

光に挑んだ企業の歴史を凝縮

ニコンミュージアム

東京都港区

創業100周年にオープン
歴史と技術を集約した博物館

カメラや双眼鏡メーカーとして全世界を席巻してきたニコンが、平成29年(2017)の創業100周年を記念して品川本社にオープンしたミュージアム。伝統の光学技術の進化、宇宙やバイオ分野等への展開など、各事業の歴史・製品・技術などを一堂に展示するほか、写真展などの企画展も開催。設立当時から受け継がれるニコンの精神と進化が感じられる。

DATA & ACCESS

☎03-6433-3900 所東京都港区港南2-15-3 品川インターシティC棟2F 開10:00〜17:00 休日・月曜、祝日 料無料 交JR山手線・品川駅から徒歩7分 Pなし

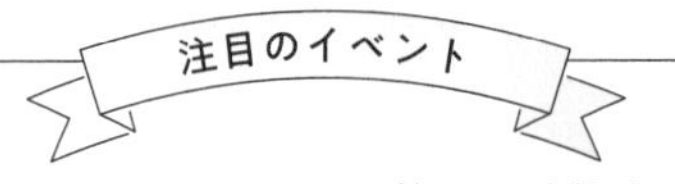

200インチの画面で美しい映像を

4Kプロジェクターと200インチの大型平面スクリーンを備えたシアタースペースでは、レンズの魅力を再認識してもらうため「Through the Lens(レンズを通して)」をテーマに、多彩な映像作品を上映している。

ニコンカメラの歩み

映像とニコン

カメラ、レンズなど約500点が一堂に並んでいる様子は圧巻。専用ディスプレイを用いたカタログライブラリーも必見。

半世紀以上継承されてきたニコン独自のレンズマウント「ニコンFマウント」。約400点の「Fマウント・NIKKOR」レンズを展示

多産業を支える技術力
産業とニコン

半導体露光装置やFPD露光装置、測定・検査機器、エンコーダなど、さまざまな産業を支える製品や技術を紹介する。

天体・宇宙分野に貢献
宇宙とニコン

長年人気がある天体望遠鏡から人工衛星に搭載される光学機器まで、パネルや模型を使い天体観測や宇宙開発への貢献を解説。

ミュージアムグッズ

↑「ニコンF」などのイラストが描かれたオリジナル一筆箋500円

←「F3」の誕生40周年を記念したクリアファイルの第2弾400円

↓一眼レフカメラと交換レンズの絵をあしらったトートバック1220円

世界が注目!!
優れたガラス作りへの飽くなき探求

展示されている全長約130cmの合成石英インゴットは、ニコンが培ってきた光学素材製造技術の粋。大正6年(1917)の創業時から「光をつかめ」を合言葉に、世界をけん引する独自の高度な光学技術を追求。その高い技術力が多様な産業展開の原動力となっている。

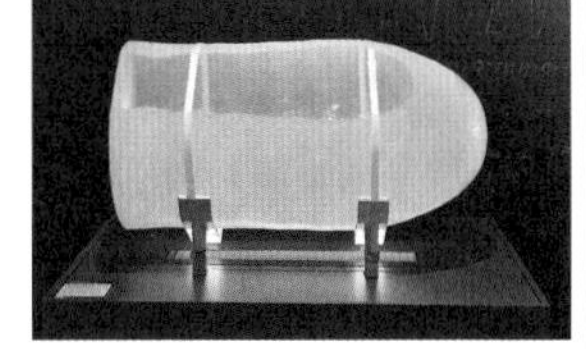

時計

今もなお時を刻む古時計

松本市 時計博物館

まつもとしとけいはくぶつかん

長野県松本市

海外、国内の貴重な古時計は全国でも有数のコレクション

外観に設置されている国内最大級の振り子型時計がシンボル。時計コレクターの本田親蔵(ちかぞう)氏(1896～1985)が生涯をかけて収集した貴重な和洋の古時計コレクションを中心に、それぞれのテーマに基づいて展示・解説し、収蔵する600点余りの時計のうち常時約110点を展示している。「時計は動いてこそ価値がある」とした本田氏の意思を引き継ぎ、多くの時計が今も時を刻んでいる状態で展示されている。

DATA & ACCESS

☎0263-36-0969 所長野県松本市中央1-21-15 開9:00～17:00(最終入館16:30) 休月曜(祝日の場合は翌日) 料310円 交JR篠ノ井線・松本駅から徒歩10分 Pなし

ミュージアムグッズ

↑時計博物館のロゴマークが入った、一番人気のオリジナル腕時計。見やすさ重視のシンプルデザイン

箱入掛け時計

江戸中期の二挺天符の掛け時計。針は上を指したまま動かず、文字盤が回転して時刻を表示する。

水銀振り子時計

19世紀フランス製。温度変化による振り子の周期のずれを自動調整するため、振り子の錘(おもり)に水銀を用いた、当時にしては高精度な時計。

グランドファーザークロック

18世紀イギリスの長い振り竿と重い分銅が使われた風格のある時計。童謡から由来した名前がつけられている。

工業デザイン

世界で認められたデザイン

先入観なしに作品と向き合えるよう、キャプションや説明文は一切ない

柳宗理記念デザイン研究所

やなぎそうりきねんデザインけんきゅじょ

石川県金沢市

無心で作品と向き合って美を感じとれる展示空間

戦後の日本の工業デザインの確立と発展の最大の功労者といわれる柳宗理氏の作品世界を堪能できる。柳氏のデザイン関係資料7000点余りが、約50年にわたり教鞭をとった縁から、金沢美術工芸大学に寄託され、大学附置施設として設立されたが、一般にも公開されている。常設展示資料室には、ダイニングやキッチンなど、日常の生活空間のなかに、約200点の作品が展示されている。

DATA & ACCESS

☎076-201-8003 所石川県金沢市尾張町2-12-1
開9:30～17:00 休月曜（祝日の場合は開館） 料無料
交JR北陸本線・金沢駅から城下まち周遊バスで11分、橋場町（金城樓前）バス停下車、徒歩3分 Pあり

デザインを感じとる

展示資料室1

ダイニングテーブルやサイドテーブルなどが、生活シーンをイメージしたレイアウトで展示されている。

柳宗理氏のプロフィールやプロダクトデザインの変遷などを紹介

スタッキングチェアからカトラリーにいたるまで、シンプルで実用的なデザイン

企画展示が中心

展示資料室2

教育活動の成果発表の場として、同大学のデザイン科製品デザイン専攻の学生の作品などを展示している。

3階の展示室では、日本刀が鑑賞しやすいよう、照明の明るさや角度が工夫されている

刀剣

美術工芸品となった日本刀の魅力

刀剣博物館

とうけんはくぶつかん

東京都墨田区

1000年の時を越えて輝く日本刀 日本の伝統文化の魂を鑑賞

日本美術刀剣保存協会の付属施設で、旧安田庭園内にあり日本刀を保存・公開している博物館。古来から武器という性質以外に信仰の対象や権威の象徴であり、美術品としても鑑賞されてきた日本刀。ここでは国宝の太刀をはじめ、今も製作当時の輝きを失っていない名刀などが展示され、刀装具や古伝書にいたるまでの資料を観覧できる。太刀をめぐる日本の歴史や文化、1000年を越えて大切に保存されてきた名刀の魅力を体感したい。

DATA & ACCESS

☎03-6284-1000 所東京都墨田区横網1-12-9 開9:30〜17:00(最終入館16:30) 休月曜(祝日の場合は翌日)、展示替え期間 料通常展1000円 交JR総武線・両国駅から徒歩7分 Pなし(周辺駐車場利用)

日本文化の芸術性にふれる

展示室

国宝 太刀 銘 延吉をはじめとする刀剣のほか刀装、刀装具、金工資料、古伝書などを多数所蔵し、テーマに沿った企画展を開催している。

強さと美の兼備を知る

情報コーナー

日本刀の歴史や姿、素材や製造工程に関することなどの情報が展示されている。

日本美術刀剣保存協会が運営する「日刀保たたら」が、日本古来の製鉄法で製造した玉鋼

開放感のあるカフェ。ゆったりしていて、日本刀鑑賞後のひと休みに最適

ミュージアムショップ

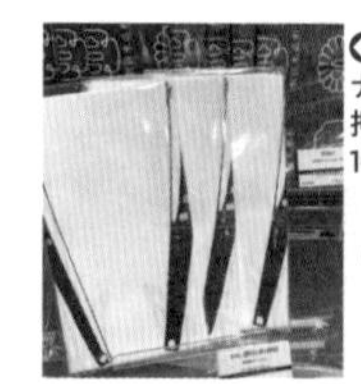

←博物館オリジナル、国行(来)押形の手ぬぐい 1010円

→日本刀をモチーフにした雑貨など個性的なグッズが並ぶ

包丁をはじめナイフやハサミなどの上質な生活用品で、世界的に知られる関の刃物を展示

刃物

進化する刃物づくりの現場

岐阜関刃物会館 関の刃物直売所

ぎふせきはものかいかん せきのはものちょくばいじょ

岐阜県関市

鍛刀技術のDNAが刻まれた関の刃物が約2000点集結

世界三大刃物産地のひとつで、刃物生産量日本一を誇る関市。名高い関の刃物800年の歴史は鎌倉時代に始まった。関に移住した鍛冶の刀祖らが美しく洗練された日本刀を鍛造して以来、その刃物製造の技法と精神はこの地で脈々と受け継がれてきた。包丁・ハサミ・ナイフ・爪切り・キッチン用品など約70を超えるメーカーが集まる。この会館では刃物製品約2000点が取り揃えられ「関の刃物」を体感しながら選ぶことができる。

DATA & ACCESS

☎0575-22-4941 所岐阜県関市平和通4-12-6
開9:00〜17:00 休無休 料無料 交長良川鉄道・せきてらす前駅から徒歩1分 Ⓟあり

自分にぴったりな刃物と出会う場所

岐阜関刃物会館

「世界三大刃物産地」の高品質な製品をリーズナブル価格で販売。実際に手に取り握り具合を試したりしながら選べる。展示販売をしている約370点の包丁のなかから、自分に合うマイ包丁が見つかりそうだ。

ハサミ、爪切り、カミソリ、台所用品などを販売

関の刃物直売所

刃物企業イチオシ商品展や、期間限定アウトレット商品展などを随時開催。小・中学生対象の鉛筆削り体験コーナーも設置している。

体験！MUSEUM

正しい研ぎ方で切れ味をキープ

包丁研ぎ体験

包丁の切れ味を保つには、定期的に研ぐことが肝心。ここでは研ぎ職人による対面指導が受けられる。時間は約10分、無料で体験可能。

鞄

カバンを通して文化にふれる

世界のカバン博物館

せかいのカバンはくぶつかん

東京都台東区

エレベーターで7階へ。多くのカバンが掛けられたモダンな雰囲気のエントランス

国内ブランドメーカーによる屈指のカバンコレクション

国内を代表するカバンメーカーのエース株式会社が、昭和50年(1975)に企業内博物館として開館。世界5大陸、約50カ国以上から収集された貴重なカバンコレクション約550点からセレクトし、展示されている。カバンの素材を手でさわることができる体験ゾーンや古代から現代までのカバンの変遷がわかる資料展示のほか、カバンのメンテナンス方法などもパネルや映像を通じて紹介。企画展示も開催されている。

DATA & ACCESS

☎03-3847-5680 所東京都台東区駒形1-8-10 開10:00～16:30(最終入館16:00) 休日曜、祝日、ほか不定休あり 料無料 交地下鉄浅草線・浅草駅から徒歩1分 Pなし

新川柳作記念館を併設したビューラウンジからは東京スカイツリーが眺められる

ほかでは見られない珍品
世界のカバンコレクション

展示品は時期によってセレクトが異なる。フランス製ワニ皮のキャビントランクやクジャクのハンドバッグなど、世界に数点しかない珍しいアイテムに出会えることも。

著名人のカバンの数々
わたしのカバン

プロレスラーのレジェンド、アントニオ猪木氏やプロフィギュアスケート選手の羽生結弦氏など著名人が所有していたカバンが展示され、ファン必見のコレクションが並ぶ。

古代から現代まで解説
カバンの歴史

時代のなかでカバンがどのような役割を果たしたか、起源や発展した経緯などを年表やパネルなどで詳しく解説。世界的なカバンの歴史と並行して日本の歴史を確認できる。

写真提供：紙の博物館

紙

世界有数、紙専門の博物館

紙の博物館

かみのはくぶつかん

東京都北区

日本の洋紙発祥の地、東京・王子にある施設。紙に関する資料を幅広く収集・保存し、歴史資料や製造工程、種類や用途、紙の工芸品、生活用品などを常設展示している。企画展や紙をテーマとしたイベントも開催、毎週末の「紙すき教室」は多くの参加者を集める。

DATA & ACCESS

☎03-3916-2320 所東京都北区王子1-1-3
開10:00～17:00(最終入館16:30) 休月曜(祝日の場合は開館)、祝日の翌平日、ほか不定休
料400円 交JR京浜東北線・王子駅から徒歩5分
Pなし

紙の誕生から製造工程まで、古くから日本の文化に根付いてきた和紙の展示が充実

毎週土・日曜には牛乳パックの再生原料からはがきを作る紙すき教室を開催(左)。近代的な製紙産業の歴史についても理解が深まる(右)

桐生織

1300年の歴史ある織物

桐生織物記念館

きりゅうおりものきねんかん

群馬県桐生市

日本を代表する伝統的工芸品である桐生織。桐生織物記念館は昭和9年(1934)築の登録有形文化財で、2階では貴重な織機や資料、製品を展示し、1階では桐生織の反物やスカーフ、ネクタイなどを販売。桐生織物を発信する拠点でありレトロな建物も好評だ。

DATA & ACCESS

☎0277-43-2510 所群馬県桐生市永楽町6-6
開10:00～17:00 休8月13～16日 料無料 交JR両毛線・桐生駅から徒歩5分 Pあり

資料展示室では桐生で使われていた織機のほかさまざまな資料やパネル展示で桐生織物を解説

レトロなたたずまいは高く評価され、映画やドラマのロケにも頻繁に活用されている(左)。1300年の歴史を持つ「桐生織」の伝統的な技術・技法を工程に沿って、さまざまな道具や作品とともに紹介(右)

有松絞り

絞りの体験教室も開催

有松・鳴海絞会館
ありまつ・なるみしぼりかいかん

愛知県名古屋市

天下普請で九州から来ていた人が着ていた絞り染めをヒントに作られるようになった有松絞りは、藩の特産品として保護され、間(あい)の宿(しゅく)・有松で販売すると、旅人に評判となった。歴史的にも工芸的にも価値の高い製品や資料を展示し、実演も行う。

DATA & ACCESS

☎052-621-0111 所愛知県名古屋市緑区有松3008 開9:30～17:00(実演は～16:30) 休無休 料資料室300円、体験実習1800円～(要予約) 交名古屋鉄道名古屋本線・有松駅から徒歩5分 Pあり

↑約400年の歴史を持つ有松絞りの貴重な資料を展示している

→1階では商品の販売も行っている。予約すると体験教室に参加でき伝統の技にふれられる

こけし

伝統的な東北の技と心

日本こけし館
にほんこけしかん

宮城県大崎市

最も古いこけしの生産地、鳴子。詩人で童話作家の深沢要さんから寄贈されたコレクションと、毎年のこけし祭りに全国の工人たちから奉納されたこけしを展示している。受け継がれてきた素朴な東北の心を、多くの人に伝えたいという願いが込められた施設だ。

DATA & ACCESS

☎0229-83-3600 所宮城県大崎市鳴子温泉尿前74-2 開8:30～17:00(12月9:00～16:00) 休無休(1～3月冬期休業) 料400円 交JR陸羽東線・鳴子温泉駅から車で6分 Pあり

↑高松宮殿下秘蔵のこけしも展示している

→施設の駐車場で訪問者を迎える優しい面差しのこけし。職人さんの手描きによるもの(左)。絵付け体験(1100円)でオリジナルこけしが作れる。絵付け後、ロウで磨いてもらい完成(右)

鎌倉彫

伝統を守り現代に息づく技

鎌倉彫工芸館

かまくらぼりこうげいかん

神奈川県鎌倉市

彫りの陰影や漆の濃淡の色調が特徴の鎌倉彫は、鎌倉時代に仏師が仏具として作り始めた。以来、800年間受け継がれている伝統工芸品だ。館内では鎌倉彫の作品や商品、鎌倉彫や漆工芸の材料、道具などを展示販売している。鎌倉彫の彫刻体験教室も開催。

DATA & ACCESS

☎0467-23-0154 所神奈川県鎌倉市由比ガ浜3-4-7 開9:30〜16:30(土曜11:00〜16:00) 休日・月曜、祝日、ほか不定休 料無料 交JR横須賀線・鎌倉駅から徒歩10分 Pあり

↑鎌倉彫ならではの深い色合いの盆や皿、手鏡、文箱ほか小物類などが展示されている

→盆や皿ほか下地となる資材を扱うコーナー(左)。講習会や体験教室は事前に問合せを(右)

印傳

印傳の歴史と文化を伝える

印傳博物館

いんでんはくぶつかん

山梨県甲府市

しなやかな鹿革に漆付けで模様を彩る印傳。甲州で400年受け継がれてきた伝統工芸品だ。歴史的な印傳作品や鹿革工芸品を中心に、約1500点を収蔵、テーマに合わせた展示を行っている。戦国武将や江戸の洒落者を惹きつけた洗練の品々が鑑賞できる。

DATA & ACCESS

☎055-220-1621 所山梨県甲府市中央3-11-15 印傳屋 本店2F 開10:00〜17:00 休印傳屋本店休業日 料200円 交JR中央本線・甲府駅から徒歩15分 Pあり

↑展示室。火消しの頭などが着用した「革羽織」はじめ、興味深い作品が並ぶ

→縁起の良い菊亀甲模様が漆付けされた三ツ巻財布。技術の高さや当時のトレンドがうかがえる(左)。印傳屋の直営店に併設(右)

暮らしを支えるテクノロジー

交通・インフラ

鉄道

鉄道の始まりから未来まで

鉄道博物館

てつどうはくぶつかん

埼玉県さいたま市

蒸気機関車など車両展示から科学技術や未来予想まで体験

JR東日本のメインプロジェクトとしてオープンし、平成30年(2018)に南館を新たに加えてリニューアル。「車両・歴史・仕事・科学・未来」の5つのコーナーに分かれ、各々豊富な資料を集めた展示や、テクノロジーを駆使した映像・音響は、五感を通して学べる。屋上まである広い館内には、駅弁コーナーや食堂車型レストランもあり、列車旅の気分を満喫することもできる。

DATA & ACCESS

☎048-651-0088 所埼玉県さいたま市大宮区大成町3-47 開10:00～17:00(最終入館16:30) 休火曜 料1330円 交各線大宮駅からニューシャトルで鉄道博物館(大成)駅下車、徒歩1分 Pあり

広い緑の広場には車両型のすべり台や乗り物があり、子どもに大人気のてっぱくひろば

ミニ新幹線&在来線がミニチュア都市を囲む1200mの線路を駆けめぐる

鉄道の陰の専門家たち

仕事ステーション

鉄道の安全安定輸送は、いろいろな分野のプロが正確に連携することで成り立つ。そんな鉄道を支えるプロの仕事を映像・実物展示・グラフィック・体験などで紹介。

最大の展示室には、文明開化から近年に至る車両が勢揃い。迫力ある雄姿に誰もが息をのむ

圧巻の歴史的車両群

車両ステーション

明治4年(1871)製造の1号蒸気機関車から気動車、新幹線、御料車など全36両を一堂に展示。映像やICTを駆使し、車両が活躍した当時の迫力ある走行を音と光で体感できる。

列車が走るメカニズム
科学ステーション

「電車はどうして走るの?」。素朴な疑問を科学の視点で探求。鉄道の基礎知識を伝え、原理も学べる実験型ミュージアム。

過去にタイムスリップ
歴史ステーション

日本初の鉄道は、明治5年(1872)に新橋ー横浜間で開業。約150年の歴史を6つに区分し、時代を追って技術の進歩を展望する。

未来の鉄道を創造する
未来ステーション

未来都市の中にある未来鉄道に、自分の分身を作成してアニメの中で疑似体験できる。見学者の案から未来の鉄道を創造する。

体験! MUSEUM
多彩な体験で鉄道がもっと身近に!!

D51シミュレータ

デゴイチの愛称で親しまれたD51形のキャブ部分を使って製作。蒸気機関車のメカニズムを徹底的に再現。

E5シミュレータ

最高時速320kmで走る東北新幹線の実物大模型。高速での運転を体験できる。

運転士体験教室

ディスプレイ付き簡易運転台の前で、計器画面の見方や運転時の指差し喚呼等を学ぶ。気分はもう運転士。

写真提供:鉄道博物館

❶ 日本で最初の鉄道
1号機関車
(150形蒸気機関車)

明治5年(1872年)、日本の鉄道を幕開けさせたのが、イギリスから輸入したこの150形蒸気機関車。日本国鉄や島原鉄道で活躍したあと、平成9年(1997)に鉄道車両として初めて国の重要文化財に指定。

❹ 電車時代を開く
クハ181形電車
(181系電車)

国鉄初特急用電車151系の改良型。昭和40年(1965)に製造され、優れた性能と快適性を有するこの車両は、勾配に強く、険しい山間部の特急走行を可能にした。

❸ 独特な流線形
EF55形 電気機関車

昭和11年(1936)、特急列車のけん引機として登場。流線形の個性的な車両は話題を集め、東海道本線特急「富士」「燕」をけん引。

❷ 入換機関車の決定版
DD13形 ディーゼル機関車

昭和33年(1958)から製造された液体式ディーゼル機関車。出力アップし、構内での車両入替を目的として量産された。

車両ステーション

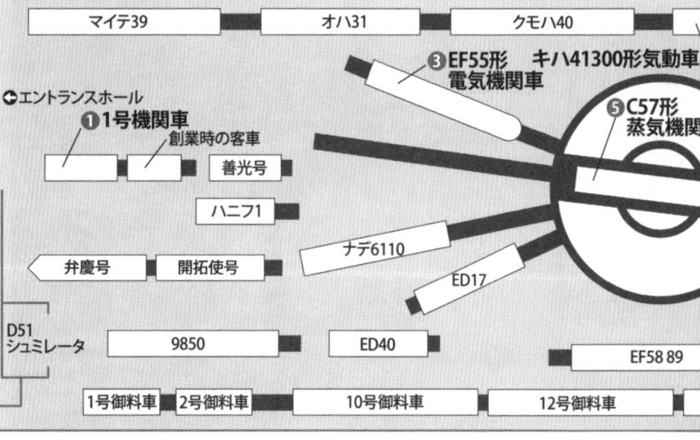

1階

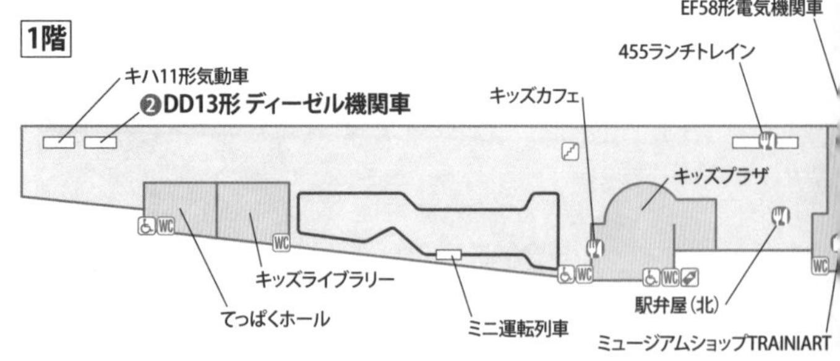

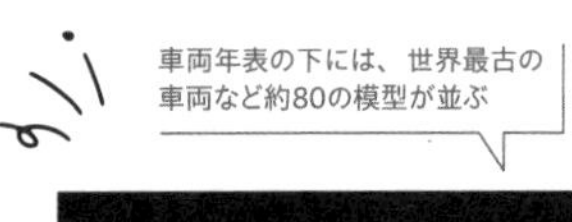
車両年表の下には、世界最古の車両など約80の模型が並ぶ

⑤ 貴婦人の愛称で親しまれた C57形蒸気機関車

昭和15年(1940)製造の細身のボイラーを装備した旅客用蒸気機関車。鉄道ファンからは、通称「シゴナナ」と呼ばれ親しまれる。

⑥ 地方の近代化を担う キハ41300形気動車

昭和9年(1934)製造時は、ガソリンエンジンの気動車。小海線の車窓からの映像と走行音が楽しめる演出あり。

⑦ 雪の中を駆け抜ける 222形新幹線電車 (200系電車)

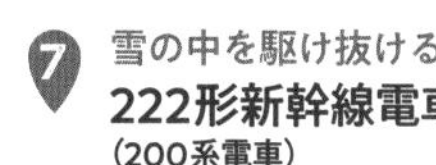

豪雪地帯を走るために開発され、耐寒耐雪装備を備えている。車両の前に設置されたAR装置により、視覚的演出に加え、振動と風の演出で、その迫力を体感。

⑧ 全車両ダブルデッカー E153形新幹線電車 (E1系電車)

地方から都心への新幹線通勤者の増加に伴い、平成6年(1994)に導入。Max(マックス)の愛称を持つ白と青色の2階建て車両。

EF66
コキ50000
レムフ10000
ED75
クハ481
モハ484
0系カットモデル
クモハ455
⑦222形新幹線電車
南館➡
④クハ181形電車
ナハネフ22
クモハ101
9号御料車
7号御料車
C51
0系

インフォメーション
車両ステーション(上図)
⑧E153形新幹線電車
⑨E514形新幹線電車
411形系新幹線電車
車両ステーション
仕事ステーション
WC
D51シミュレータ
駅弁屋(南)
183ランチトレイン
てっぱくひろば
車掌シュミレータ
エントランスカウンター

⑨ 未来志向の超高速車両 E514形新幹線電車 (E5系電車モックアップ) 411形新幹線電車 (400系電車)

E5系は最高速度320km/hで運行する国内最速の新幹線(右)。400系は新幹線から在来線に乗り入れ可能な日本初の車両(左)。

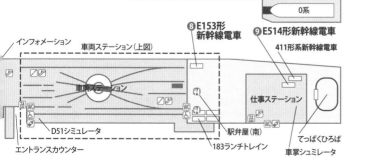

写真提供:鉄道博物館

鉄道

地域と歩む鉄道の文化拠点

京都鉄道博物館

きょうとてつどうはくぶつかん

京都府京都市

SLから新幹線までが一堂に楽しく学べる鉄道の博物館

明治5年(1872)に新橋ー横浜間の開通に始まった日本の鉄道の歴史。その歴史はそのまま日本の近代化の歴史と重なる。京都鉄道博物館は、かつての梅小路蒸気機関車館を拡張、リニューアルして平成28年(2016)にオープン。鉄道の歴史を実物車両の展示や関連資料で紹介するほか、SLの乗車体験などの体験型展示もあり、鉄道ファンだけでなく、子どもから大人まで楽しめると人気を博している。

DATA & ACCESS

☎0570-080-462 所京都府京都市下京区観喜寺町 開10:00~17:00(最終入館16:30) 休水曜 料1500円 交JR嵯峨野線·梅小路京都西駅から徒歩2分 Pなし(周辺駐車場利用)

扇形車庫では動態保存車両8両(営業運転車両3両)を含む蒸気機関車20両を保存展示している

体験!MUSEUM

蒸気機関車の旅へGO!

SLスチーム号

C56形、C62形など、本物の蒸気機関車がけん引する客車に乗車できる。往復1km、約10分間、蒸気機関車の旅気分を味わえる。

懐かしい電車も並ぶ

本館1階

広大な空間には、500系新幹線電車や昼夜両用車として活躍したクハネ581形電車など、JR西日本を代表する電車を展示。鉄道の仕組みや特徴をわかりやすく紹介している。

国指定の重要文化財
扇形車庫

現存する日本最古の鉄筋コンクリート造りの扇形車庫には、明治から昭和にかけて活躍した代表的な蒸気機関車を展示。転車台での方向転換なども見ることができる。

歴史的価値あるトラス構造
トワイライトプラザ

大正3年(1914)から昭和25年(1950)まで京都の玄関だった2代目京都駅の大正時代のトラス構造を再利用。平成27年(2015)に引退した寝台特急「トワイライトエクスプレス」など貴重な車両を展示する。

和風建築に洋風の意匠が融合
旧二条駅舎

明治37年(1904)の開業から平成8年(1996)まで現役だった日本最古級の木造駅舎。京都鉄道博物館の出口にもなっているレトロな駅舎内には、ミュージアムショップが設けられている。

駅のプラットホームをイメージ
プロムナード

エントランスホールと本館を結ぶ全長120mの屋外スペース。"夢の超特急"と呼ばれた初代の新幹線0系21形の4両など、時代を象徴する実物車両を連結した形で展示している。

運転士の仕事を体験
運転シミュレータ

運転シミュレータで、運転士の仕事体験ができるほか、さまざまな角度から運転の仕事を学ぶことができる。

ミュージアムグッズ

◀京都鉄道博物館の公式キャラクター「ウメテツ」のマスコット1320円

▼電車のブレーキハンドルの形にそっくりのボトルキャップオープナー各1100円

自動車

日本初の自動車ミュージアム

日本自動車博物館

にほんじどうしゃはくぶつかん

石川県小松市

日本最大級の展示台数を誇る 1万2000㎡の広大なスペース

所有台数約800台、常時約500台の自動車を使用していた当時の状態で展示する国内最大級の自動車博物館。昭和53年(1978)に富山県小矢部市にて日本初の自動車博物館として開館し、平成7年(1995)に規模を拡大して現在の場所に移転した。幅広いジャンルで構成され、特に日本製の古い商用車を多数展示しているのが特徴。ここでしか見ることのできない貴重な車も多数展示されている。

DATA & ACCESS

☎0761-43-4343 所石川県小松市二ツ梨町一貫山40 開9:00〜17:00(最終入館16:30) 休水曜(祝日の場合は翌日)、8月は無休 料1200円 交JR北陸本線・加賀温泉駅から加賀周遊バス キャンバスで20分、日本自動車博物館バス停下車すぐ Pあり

1〜3階フロアで構成される館内には、産業黎明期から戦後までの車が、メーカーやジャンルなど、さまざまなコンセプトの分類で展示されている

英国要人来日時の公用車

ロールス・ロイス シルバースパーII (1993年)

イギリスの故・ダイアナ妃が来日された際、実際に使用した英国大使館の公用車。直線基調のボディラインや角型ヘッドランプなどモダンなスタイリングで、チャールズ皇太子(現国王)やサッチャー元首相も使用した。

先進的な2ドアセダン

トヨペットSA型 (1948年)

昭和22年 (1947)にトヨタ自動車が初めて小型車枠の2ドアセダンとして発売。当時の欧州車の水準に照らしても極めて進歩的な機構が採用されている。生産台数は約200台強。

戦前の高級アメリカ車

パッカード スーパーエイト ツーリングセダン (1937年)

第二次世界大戦以前の世界を代表する名門高級車メーカーのひとつ「パッカード」が生産したV8エンジン搭載車。展示車は4ドアモデルの昭和12年(1937)型。

象徴的なスポーツカー

ニッサン フェアレディ Z 432 (1970年)

昭和44年(1969)から販売されたフェアレディZの3グレードの中のひとつ。スカイラインGT-Rと同じエンジンを搭載し、4年間で約420台のみの生産。展示車は昭和45年(1970)モデル。

和製スーパーカー

ジオット キャスピタ (1989年)

「公道を走れるF1マシン」を目指したスーパーカー。スバル、童夢、ワコールの3社が市販を前提に共同で製作し、日本初の量産スーパーカーとして期待されたが、市販化にいたらず終了した。

歴史に残るアメリカ車
❶ 開拓者の広場

昭和5年(1930)代のキャデラック・フェートン、クライスラー・インペリアル、パッカード・スーパーエイトなどを展示。日本への輸入第1号車ともいわれるロコ・モービル社製の蒸気自動車も見られる。

ドイツのフォルクスワーゲン
❷ ワーゲンの街

リアウインドウに縦の格子があるビートルの原型に最も近いワーゲンをはじめ、ABC(朝日)放送の会長だった原清氏が愛用したカルマンギアクーペなどを展示。

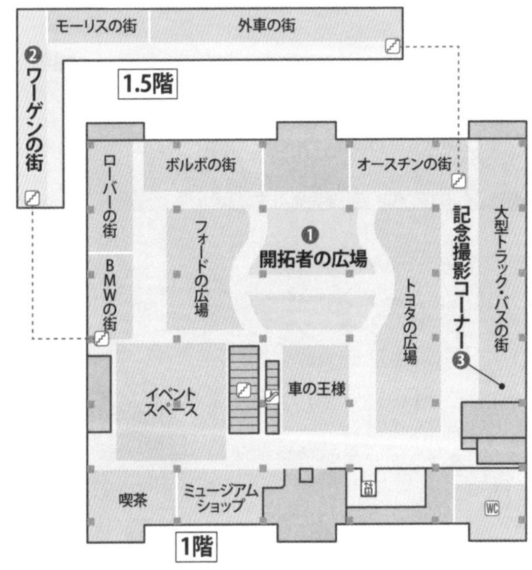

各フロアで異なる車種
❸ 記念撮影コーナー

1階は映画『ALWAYS 続・三丁目の夕日』で使用された、いすゞのボンネットバスBXD30を展示している。

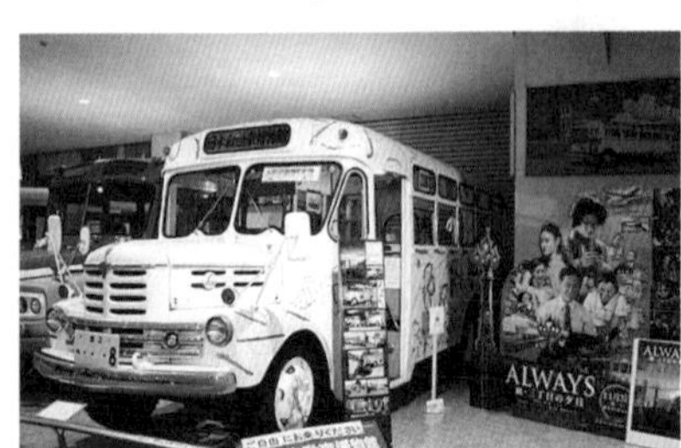

ミュージアムショップ

◀多彩なオリジナル商品をはじめ、石川・金沢のおみやげ品も揃う

▶博物館オリジナルのレトルトカレー550円

④ 懐かしい軽四輪自動車 日本のスモールカーの街

スバル360、マツダキャロル、スズキフロンテ·ホンダN360、三菱ミニカなど昭和24～25年(1967～68)頃の軽自動車を展示。

⑦ 優美なヨーロピアンカー ヨーロッパの広場

ヨーロッパの代表的な名車のMGシリーズ、フィアット、シトロエン、マセラティなどを展示。特にフィアットシリーズは、映画『ローマの休日』に登場するトッポリーノや、アニメ『ルパンIII世』に登場のノバ500も展示している。

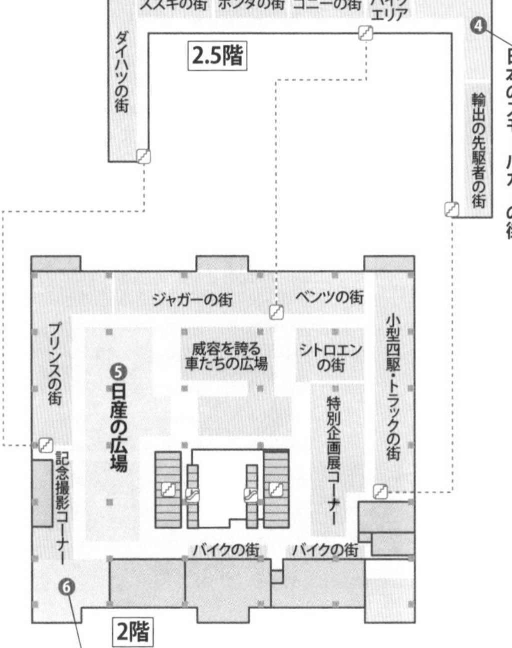

⑤ 歴代スカイラインも集結 日産の広場

オールドダッサンやダットサン114型、セドリックシリーズ、ブルーバードシリーズがずらり。スカイラインシリーズはプリンススカイラインスポーツをはじめ、初代スカイラインから10代目までが一堂に並ぶ。

⑥ 国内外のお宝ミニカー 世界のミニチュアカーの部屋

壁一面のショーケースに世界各国の珍しいクラシックミニカーを展示。貴重なブリキ製のミニカー、日本自動車博物館の歴代オリジナルミニカーも展示されている。

⑧ 戦後日本経済の担い手 三輪トラックの街

三輪トラックの元祖·日本自動車ニューエラをはじめ、三菱みずしま、ダイハツなどバーハンドルや丸型ハンドルの「オート三輪」を展示。

飛行機

空と宇宙への人類の挑戦

岐阜かかみがはら航空宇宙博物館

ぎふかかみがはらこうくううちゅうはくぶつかん

岐阜県各務原市

日本を代表する本格的な航空と宇宙の専門博物館

前身の「かかみがはら航空宇宙科学博物館」を全面改装し、国内唯一の専門博物館として平成30年(2018)にリニューアルオープン。愛称は「空宙博(そらはく)」で、約9400㎡の展示スペースには、「飛燕」や「F-4ファントム」「はやぶさ2」「キュリオシティ」などの実機や実物大模型がずらりと並ぶ。空と宇宙への挑戦の歴史が体系的に学べるとともに、飛行機のシミュレーター操縦体験を楽しむこともできる。

DATA & ACCESS

☎058-386-8500 所岐阜県各務原市下切町5-1 開10:00〜17:00(土・日曜、祝日は〜18:00)最終入館は各30分前 休第1火曜(祝日の場合は翌日、8月は開館)、ほか臨時休あり 料800円 交東海北陸自動車道・岐阜各務原ICから車で15分 Pあり

第2次世界戦後に開発された23機の実機を展示している

1

航空機の始まりと歴史
航空エリア

航空機開発の歴史や航空産業の始まり、さらには航空機の仕組みまでを順を追って紹介。ライト兄弟のライトフライヤーなどの実物大模型を多数展示している。

2

1 各務原で量産された乙式一型偵察機(サルムソン2A2)の実物大模型
2 戦闘機「飛燕」の実機と「零戦(初号機)」の実寸大模型

屋外では日本で開発・量産された初の旅客機「YS-11」などを展示

飛行機の仕組みを学ぶ
航空機操縦体験

旅客機や小型ジェット機の操縦シミュレーターを通して、飛行機がどうやって飛ぶのかを体感しながら学ぶことができる。

小惑星探査機「はやぶさ2」の実物大模型などを展示している宇宙エリア

宇宙への飽くなき挑戦
宇宙エリア

宇宙空間へ行くための人類の挑戦の歴史や、地球の暮らしを支える人工衛星のメカニズム、さらには宇宙探査の最新の取り組みを、多くの実物や模型の展示により紹介している。

1

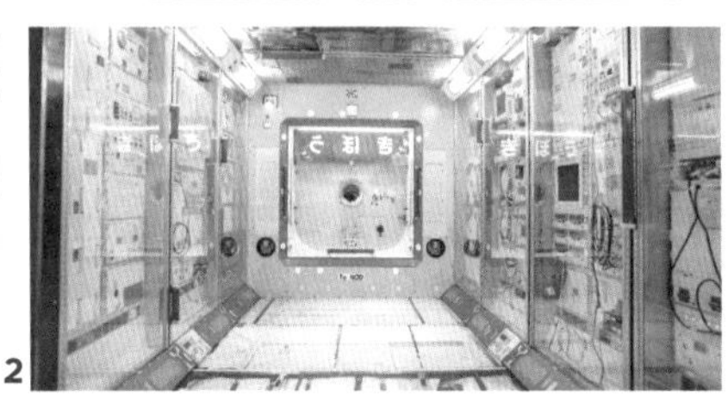
2

1 H-IIロケットの先端部分に格納された衛星を守るフェアリング(実物)
2 現在も運用中の国際宇宙ステーション日本実験棟「きぼう」の実物大模型

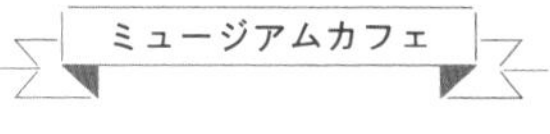

空宙博カフェ
そらはくカフェ

空や宇宙にちなんだメニューや、地元ブランド牛や銘柄鶏などを使った料理が楽しめる。カフェだけの利用は入館料不要。

開11:00〜16:00(土・日曜、祝日10:30〜18:00)LOは各1時間前

航空と宇宙の世界を上映
シアタールーム

人類の飛行機開発の歴史や、日本と世界それぞれの宇宙への挑戦など、4つのオリジナル映像プログラムを30分ごとに大型スクリーンで上映している。

ミュージアムグッズ

↑パイロットベア そらはく各3700円

ボーイング747の大型模型には、西棟1階で出会える

飛行機

成田空港に隣接する博物館

航空科学博物館

こうくうかがくはくぶつかん

千葉県芝山町

見て、触れて、楽しめる 日本の航空の今と未来を展示

航空に関するさまざまな資料を集めた日本初の航空専門の博物館。実機や迫力のジャンボジェットのエンジン、胴体の輪切りなど見応えのある展示物が並ぶ。実物エンジンとプロジェクションマッピングを組み合わせた展示や、1/8スケールの大型模型を後方のコックピットから操作して動かす体験も可能(有料)。展望展示室や展望レストランから成田空港を行き交う旅客機も見られる。

DATA & ACCESS

☎0479-78-0557 所千葉県芝山町岩山111-3 開10:00～17:00(最終入館16:30) 休月曜(祝日の場合は翌日) 料700円 交JR／京成線·成田空港駅からJRバス関東で10分、航空博物館北バス停下車、徒歩1分 Pあり

歴史的な名機も
屋外展示場

日本製のプロペラ旅客機YS-11をはじめ、仏製のヘリコプター、アメリカ製のビジネスジェットほか10機以上が展示されている。

パイロット気分を満喫
体験 シミュレーター

体験館ではボーイング737-MAXとボーイング777のシミュレーターが2台あり、リアルな操縦体験ができる(有料)。

ミュージアムグッズ

↑来館記念にぴったりな航空科学博物館オリジナルグッズのメダル各500円

英国戦艦ロドニー号の巨大な復元模型とプロジェクションマッピングで来場者を包み込む「神戸港 開港150年シアター」

船

神戸港の歴史と未来を発信

神戸海洋博物館

こうべかいようはくぶつかん

兵庫県神戸市

港湾都市「神戸」とともに歩むシンボリックな博物館

昭和62年(1987)に「神戸開港120年記念事業」として建設され、2020年には「神戸とみなとのあゆみ」をテーマにリニューアルオープン。時代とともに移り変わる神戸の街と、海・船・港の歴史と未来を「資料」「模型」「映像」「グラフィック」や体験型の展示を交えてわかりやすく紹介している。大海原を駆ける帆船の帆と波をイメージした白いスペースフレームが特徴的な大屋根も見どころのひとつ。

DATA & ACCESS

☎078-327-8983 所兵庫県神戸市中央区波止場町2-2 開10:00～18:00(最終入館17:30) 休月曜(祝日の場合は翌平日) 料900円 交JR・阪神元町駅から徒歩15分／地下鉄海岸線・みなと元町駅から徒歩10分 Pなし(周辺駐車場利用)

先人の知恵と努力に学ぶ

神戸港を体感できる2つのシミュレーター

神戸開港から今日までの歴史や神戸港の役割と機能を伝え、操船シミュレーターなどの体験型コンテンツを通じて海・船・港の仕事の重要性を理解することができる

1

2

1 操船シミュレーター。神戸港を再現した映像の中で船を操縦。天候や視点などの条件設定も可能

2 ガントリークレーンシミュレーター。船に積まれたコンテナをクレーンで吊り上げてトラックに乗せる体験ができる

港で活躍する船や航路網を紹介

メディアテーブル

港の中を行き交うさまざまな船にタッチすると、航路や取り扱い貨物などそれぞれの役割や特徴がわかる体験型装置。

ミュージアムショップ

←豪華客船「飛鳥II」が描かれたオリジナルクリアファイル385円

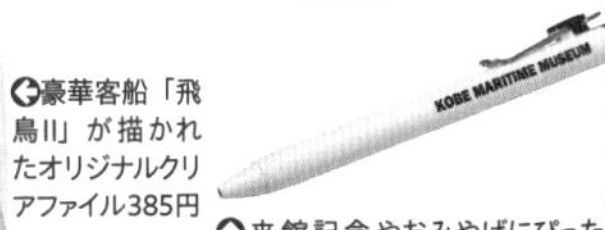

↑来館記念やおみやげにぴったりなオリジナルボールペン220円

※ミュージアムショップの利用は入館料が必要、商品は販売終了・停止の場合あり

ガス

体験型展示が満載

がすてなーに ガスの科学館

がすてなーに ガスのかがくかん

東京都江東区

五感を使って遊びながら エネルギーについて学ぶ

エネルギーやガス、地球環境問題について学べる体験型のミュージアム。実際にさわって動かせる展示物やサイエンスショー、クイズ大会、体験型プログラムなど豊富なコンテンツが用意され、各フロアにいるコミュニケーターが説明や案内をしてくれる。施設自体にも省エネ対策がとられ、最新のエネルギー設備が導入されているほか、ヒートアイランドにも配慮されている。

DATA & ACCESS

☎03-3534-1111 所東京都江東区豊洲6-1-1 開10:30～17:00(最終入館は16:30) 休月曜(祝日の場合は翌日) 料無料 交地下鉄／ゆりかもめ・豊洲駅から徒歩6分 Pあり

模型化した展示物で風力発電や太陽光発電を体験

仕組みを学ぶ

エネルギー

ガスや電気、発電、燃料電池などさまざまなエネルギーの仕組みや使い方などが学べる。本物のガス設備にもさわることができる。

食の大切さを実感

環境・食

環境や食について理解を深めるコーナーでは、身近な料理の材料について考えるフードマイレージや、食育、地球温暖化対策について展示。

クイズに挑戦！

クイズホール

定員200名のホールで、クイズ大会を開催。エネルギー、環境問題などのクイズに答えていくうちに知識が身についていく。

もしもの知識を養う
防災

大きなガスコンロとマイコンメーターの模型を使って、大きな地震で止まったガスの復旧方法を学ぶなど、もしものときの防災知識を学ぶ。

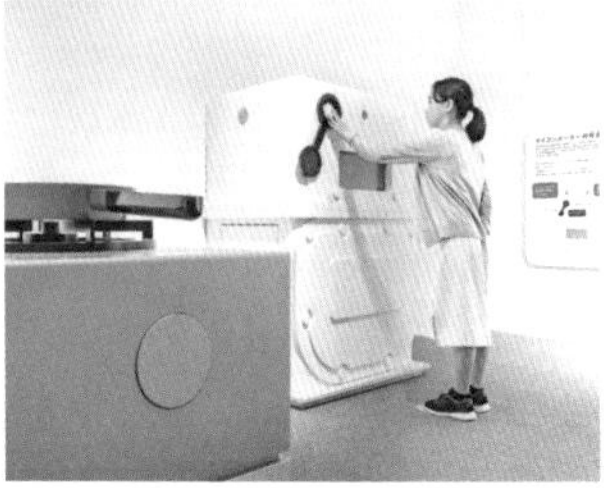

屋上緑化した広大な芝生のひろばからは東京湾を一望する大パノラマが楽しめる

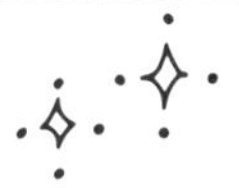

おいしい科学を体験しよう

料理教室
東京ガスネットワークの料理教室。本格派から初心者、親子向けまでバラエティ豊富。眺望抜群のキッチンで気軽に料理が学べる。

過去を語る貴重な資料が並び、通信技術の目まぐるしい発達過程が目の前に現れる

電話

電信・電話の世界を時間旅行してみよう

門司電気通信レトロ館

もじでんきつうしんレトロかん

福岡県北九州市

明治からの流れを俯瞰

電話機の歴史

明治9年(1876)のグラハム・ベル1号機(復元)を始めとし、明治11年(1878)の国産1号電話機など、明治から現代に至る電信電話機が展示されている。昭和の黒電話も懐かしい。

街角の必需品だった

公衆電話の歴史

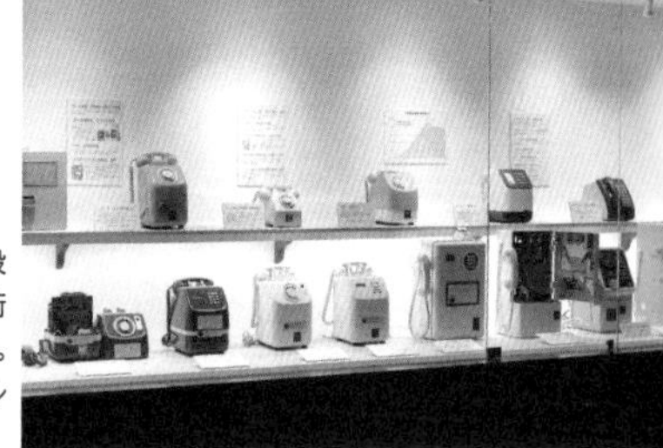

街角や店頭には絶対必要な設備だった公衆電話は、今では街で見かけることも少なくなった。その移り変わりを希少なモデルも交えて紹介する。

体験！MUSEUM

通信の世界を体感

電話交換手を体験

磁石式手動交換機で電話機のハンドルを回し、交換手や相手との会話を楽しむ体験ができる。体験コーナーではそのほか、モールス信号やダイヤル式電話の体験などもできる。

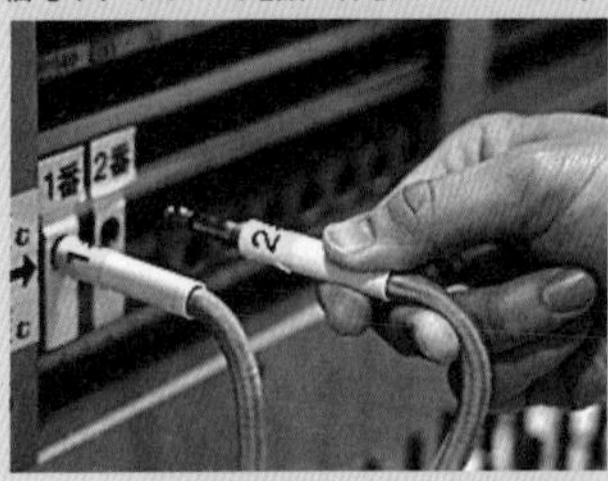

明治33年(1900)設置のわが国初の電話ボックス型公衆電話を復刻したフォトコーナー

ガワーベル電話機
1890年
イギリスから輸入され、明治23年(1890)の電話創業時からわが国最初の実用機として6年間にわたり活躍した。

デルビル磁石式壁掛電話機
1896年
高感度の送話器を持つことで明治29年(1896)に採用されてから、小規模局では昭和40年(1965)頃まで使われた。

共電式公衆電話機
1903年
受話器のフックを上げるだけで交換手と通話できる共電式交換方式の採用に伴って登場。戦後まで使用された。

3号自動式卓上電話機
1933年
送話器と受話器が連結された電話機で約30年にわたって活躍した。さまざまな電話機の原形となったもの。

5号自動式卓上公衆電話機
1955年
料金後納式だった公衆電話に代わり登場した前納式電話機。以後、公衆電話はすべて前納式になった。

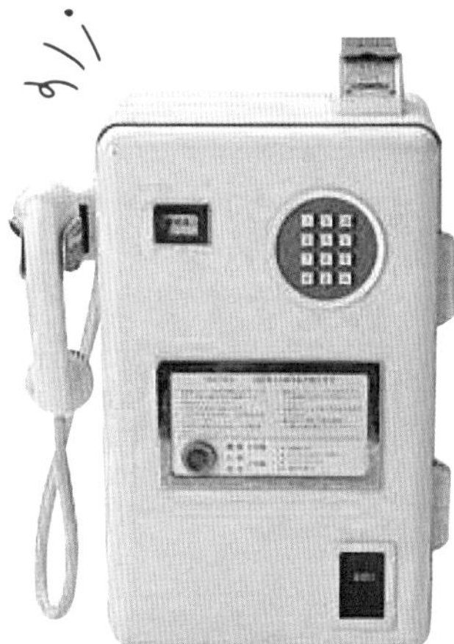

プッシュ式100円公衆電話機
1975年
100円公衆電話機の回転ダイヤル部分の代わりにプッシュ式ダイヤルを取り付けたもの。1回に100円硬貨を9枚投入できた。

建物と保存史料は経済産業省「近代化産業遺産」に認定

平成25年(2013)に北九州市の景観重要建造物に指定された、NTT西日本が管理運営を行う旧NTT門司営業所の建物。大正13年(1924)建設の希少な逓信建築館内では、電話・通信に活躍してきた貴重な設備や史料を保存、一部を展示している。展示、体験コーナーは1階にあり、2階には日本で唯一、動態保存されているクロスバ交換機、3階には天井に漆喰装飾が残る居室がある。2・3階は非公開だが事前予約制で見学可能。

DATA & ACCESS

☎093-321-1199 ㊋福岡県北九州市門司区浜町4-1 ㊐9:00～17:00(最終入館16:30) ㊡月曜(祝日の場合は翌平日) ㊑無料 ㊌JR鹿児島本線・門司港駅から徒歩で10分 Ⓟあり

ICカード公衆電話機
1999年
非接触式のICテレホンカードを使って通話する電話機で、従来の公衆電話をより小型化した。

鉄道

高速鉄道技術の進歩を紹介

リニア・鉄道館

リニア・てつどうかん

愛知県名古屋市

東海道新幹線をはじめ、蒸気機関車や在来線から超電導リニアまで39両の実物車両を展示。運転操作を体験できる新幹線シミュレータや日本最大級の面積を誇る鉄道ジオラマ、時速500kmを模擬体験できるミニシアターなど、年齢を問わず楽しめる施設が充実。

↑有人走行による世界最高速度時速581kmを記録したダブルカスプ形状の「超電導リニアMLX01-1」などを含めた39両の実物車両を展示

DATA & ACCESS

☎052-389-6100 所愛知県名古屋市港区金城ふ頭3-2-2 開10:00~17:30(最終入館17:00) 休火曜(祝日の場合は翌日)詳細はHP参照 料1000円 交あおなみ線・金城ふ頭駅から徒歩2分 Pなし

鉄道

現存する日本最古の駅舎

長浜鉄道スクエア

ながはまてつどうスクエア

滋賀県長浜市

旧長浜駅舎、長浜鉄道文化館、北陸線電化記念館の3施設からなる。旧長浜駅舎内では明治期の様子を再現。長浜鉄道文化館には長浜駅周辺のジオラマなどが、北陸線電化記念館には2台の機関車が展示され、日本の鉄道の歴史を見て、触れて、知ることができる。

↑旧長浜駅舎は、明治15年(1882)、当時の新橋駅を模して建てられた洋風2階建ての建物

↑北陸線電化記念館に展示されている、かつて北陸線で活躍したD51形蒸気機関車

DATA & ACCESS

☎0749-63-4091 所滋賀県長浜市北船町1-41 開9:30~17:00(最終入館16:30) 休無休 料300円 交JR琵琶湖線・長浜駅から徒歩3分 Pなし(周辺駐車場利用)

鉄道

運転シミュレーターが人気

九州鉄道記念館

きゅうしゅうてつどうきねんかん

福岡県北九州市

九州初の鉄道会社、九州鉄道本社の跡地を利用し、明治24年(1891)建造の赤レンガ造りのレトロな本館には、明治時代の客車や九州の鉄道大パノラマなどを展示。屋外には、九州で活躍した9車両が並ぶ車両展示場とリアルな運転体験ができるミニ鉄道公園がある。

↑中央ゲートに展示されている大正11年(1922)に製造された国産貨物機関車59634号

↑戦前の代表的な機械式気動車で、重要文化財に指定されたキハ07形41号気動車

DATA & ACCESS

☎093-322-1006 所福岡県北九州市門司区清滝2-3-29 開9:00~17:00(最終入館16:30) 休不定休(年9日程度のメンテナンス日) 料300円 交JR鹿児島本線・門司港駅から徒歩3分 Pなし

鉄道

歴史、交通、科学が満載

小樽市総合博物館 本館

おたるしそうごうはくぶつかん ほんかん

北海道小樽市

北海道の鉄道、科学技術をテーマに、さまざまな活動を行う。鉄道展示室や蒸気機関車資料館など、貴重な鉄道資料を見学できるほか、夏期は屋外で多種多様な鉄道車両、重要文化財の転車台や、現存する日本最古のレンガ造機関車庫なども見られる。

北海道初の鉄道で活躍した蒸気機関車しづか号をはじめ、50両もの鉄道車両を保存・展示

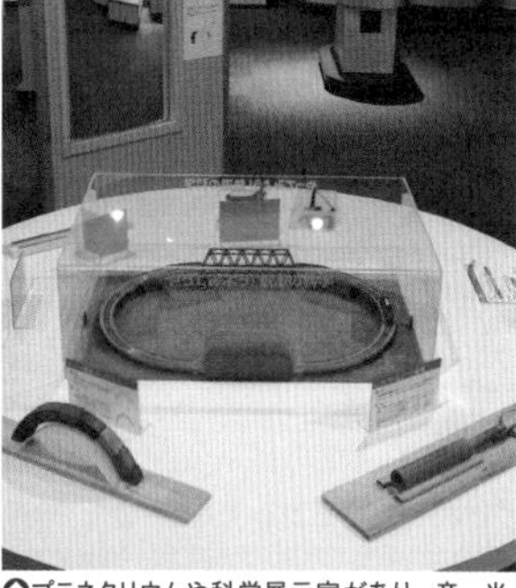

プラネタリウムや科学展示室があり、音、光、電気などの展示で科学を楽しく学べる

DATA & ACCESS

☎0134-33-2523 所北海道小樽市手宮1-3-6 開9:30~17:00 休火曜(祝日の場合は翌平日) 料400円(冬期300円) 交JR函館本線・小樽駅から中央バスで15分、総合博物館バス停下車すぐ Pあり

地下鉄

リアルな運転体験ができる

地下鉄博物館

ちかてつはくぶつかん

東京都江戸川区

地下鉄の歴史からトンネルのつくり方など、「みて・ふれて・動かして」学習できる。リアルな運転体験ができる電車運転シミュレーターや地下鉄が東京の地下をどのように走っているのかがわかるメトロパノラマがある地下鉄プレイランドというコーナーが人気。

「地下鉄をまもる」のコーナーには実物大の単線シールドトンネルが展示されている

電車運転シミュレーターには、本物と同じ運転台を操作でき、車体の揺れが体験できるものも

DATA & ACCESS

☎03-3878-5011 所東京都江戸川区東葛西6-3-1 葛西駅高架下 開10:00~17:00(最終入館16:30) 休月曜(祝日の場合は翌日) 料220円 交地下鉄東西線・葛西駅下車すぐ Pあり

写真：呉市海事歴史科学館

戦艦

愛称は大和ミュージアム

呉市海事歴史科学館

くれしかいじれきしかがくかん

広島県呉市

海軍工廠(こうしょう)の町として栄え、戦艦「大和」をはじめ、戦前・戦後の呉市の造船・製鋼を中心とした科学技術を紹介。大型資料展示室の零式艦上戦闘機や人間魚雷「回天」、屋外の潜水調査船「しんかい」や戦艦「陸奥」の主砲など、すべて実物を展示している。

10分の1戦艦「大和」は、大和ミュージアムのシンボルになっている

4階の展望テラスからは巨大なタンカーや行き交う船など、呉港を一望できる

DATA & ACCESS

☎0823-25-3017 所広島県呉市宝町2-20 開9:00~18:00(最終入館17:30) 休火曜(祝日の場合は翌日) 料500円 交JR呉線・呉駅から徒歩5分 Pあり

船

海と船の文化がテーマ

船の科学館

ふねのかがくかん

東京都品川区

現在、本館の展示公開を休止し、初代南極観測船として活躍した宗谷と別館展示場を公開している。別館展示場では海の環境問題が学べるVRプログラムがあり、宗谷船内は実際に乗船して見学ができる。屋外の大型スクリュープロペラも迫力満点だ。

↑昭和13年(1938)、耐氷型貨物船として建造され、その後南極観測船として活躍した宗谷

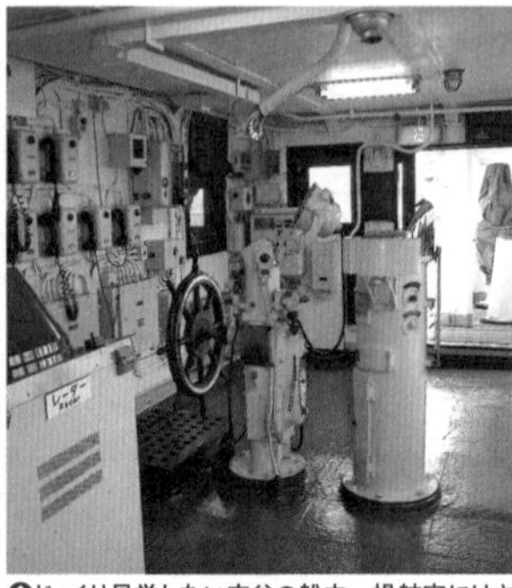

↑じっくり見学したい宗谷の船内。操舵室にはさまざまな操船、航海計器が配置されている

DATA & ACCESS

☎03-5500-1111 所東京都品川区東八潮3-1 開10:00〜17:00(宗谷の乗船は16:45まで) 休月曜(祝日の場合は翌日) 料無料 交ゆりかもめ・東京国際クルーズターミナル駅から徒歩1分 Pなし

船

連絡船80年の航跡をたどる

青函連絡船メモリアルシップ八甲田丸

せいかんれんらくせんメモリアルシップはっこうだまる

青森県青森市

青函トンネルの開業で廃業となった青函連絡船の八甲田丸を就航当時の状態で係留、公開。昭和30年代の青森駅前をジオラマで再現した青函ワールドは見応えがあり、鉄道車両を搭載する車両甲板や操舵室、エンジンルームなど、当時のまま展示している。

↑連絡船のなかでも23年7カ月と就航期間が最も長かった八甲田丸が係留、保存されている

↑世界的にも珍しい車両甲板があり、本物の郵便車両などを当時のまま展示している

DATA & ACCESS

☎017-735-8150 所青森県青森市柳川1-112-15 開4〜10月9:00〜19:00(最終入館18:00)、11〜3月9:00〜17:00(最終入館16:30) 休月曜、3月第2週の月〜金曜 料510円 交JR奥羽本線/青い森鉄道・青森駅から徒歩5分 Pあり

旧車

憧れの名車がずらりと並ぶ

那須クラシックカー博物館

なすクラシックカーはくぶつかん

栃木県那須町

海外から集めたクラシックカーとビンテージバイクを展示。当時の世界スピード記録保持車「MG-EX120」をはじめ、世界で最も美しいといわれるジャガーEタイプ、ポルシェ356やフォードの消防車など、往年の名車に会えるだけでなく、実際に乗車できる車もある。

↑映画『スピードレーサー』のマッハ号(マッハ5)が見れるのは日本ではここだけ

↑ミュージアムショップでは、モデルカーやカーストラップなど、輸入雑貨を扱っている

DATA & ACCESS

☎0287-62-6662 所栃木県那須町高久甲5705 開9:00〜18:00(10〜3月は〜17:00)最終入館は各30分前、変動の場合あり 休無休 料1000円 交東北自動車道・那須ICから車で5分 Pあり

バイク

歴史に残るバイクの聖地

岩下コレクション 世界のモーターサイクル歴史館

いわしたコレクション
せかいのモーターサイクルれきしかん

大分県由布市

世界の希少なヴィンテージバイク200台とクラシックカーの名車を展示。なかでも世界で1台のみ造られたドゥカティ・アポロは必見だ。ほかにも、昭和の街並みを再現した昭和レトロ館と、ダイアナ妃生家のステンドグラスなどもあり、老若男女全世代が楽しめる。

↑昭和レトロ館。オーナー個人のコレクションとしては、あまりにも膨大な岩下コレクション

↑今はなき国産メーカーの希少なバイクのほか、幻の名車インディアンなども展示

DATA & ACCESS

☎0977-28-8900 所大分県由布市湯布院町川北645-6 開9:00〜17:00 休無休 料800円 交大分自動車道・湯布院ICから車で2分 Pあり

電気

体験型の展示が楽しい

でんきの科学館

でんきのかがくかん

愛知県名古屋市

中部電力の展示施設で、電気や環境、エネルギーについて、さまざまな角度から探る「展示室」をはじめ、科学の不思議を解き明かす「おもしろ実験」、自分の顔を取り込んでクイズやゲームに挑戦する「オームシアター」など、楽しい体験を通じて学べる。

↑2階のサイエンスプラザで、発電や音、空気などさまざまな体験型の実験を行っている

↑ウェルカムゲートには、自在な動きを見せる美しく幻想的なプラズマボールがお出迎え

DATA & ACCESS

☎052-201-1026 所愛知県名古屋市中区栄2-2-5 開9:30〜17:00 休月曜(祝日の場合は翌日)、第3金曜(8月は除く) 料無料 交地下鉄東山線・伏見駅から徒歩2分 Pあり

写真:東京都水道歴史館

水道

東京都水道局のPR施設

東京都水道歴史館

とうきょうとすいどうれきしかん

東京都文京区

江戸〜東京400年の水道の歴史と安全でおいしい水を供給するための技術や設備に関わる展示が中心。神田上水や玉川上水などの江戸上水から、近代水道の創設、現在の水道にいたるまで、実物資料や再現模型、映像資料などでわかりやすく紹介している。

↑エントランスには、村山貯水池にあるドーム屋根とアーチ窓の取水塔を実物大で再現

↑江戸上水のフロアでは、江戸時代の長屋が再現され、当時の水との関わりが理解できる

DATA & ACCESS

☎03-5802-9040 所東京都文京区本郷2-7-1 開9:30〜17:00(最終入館16:30) 休第4月曜(祝日の場合は翌日) 料無料 交JR/地下鉄・水道橋駅から徒歩8分 Pなし

日本のエジソン 藤岡市助

ふじおかいちすけ

エジソンの発明から10年後。一人の男の情熱によって、日本で初めて国産電球が点灯された。藤岡市助が灯した白熱電球の輝きは文明開化のシンボルとなった。

エジソンへの一通の手紙が日本の未来を明るく照らした

東芝の創業者は田中久重(たなかひさしげ)と藤岡市助だ。明治17年(1884)、日本の電気工学の草創期を支えた若き研究者藤岡は、国の使節に任命されアメリカに渡った。電気時代の到来を告げる盛大な万国電気博覧会を視察したあと、彼はニューヨークにあったエジソン電灯会社を訪問。そこで白熱電灯をはじめとしてさまざまな機器を見学し、米国の技術に深く感動した藤岡は、次の滞在地ボストンからエジソンに手紙を書き、白熱電球と電話機を日本のリーダーたちに紹介したいので送ってくれるよう依頼。翌年、エジソンから藤岡が勤務する工部大学校に36個の白熱電球と一対の電話機が届いた。藤岡は、国や経済界へ働きかけ、白熱電球の国産化を成し遂げた。

東芝未来科学館蔵

藤岡市助(1857〜1918)
25歳で工部大学校助教授に就任。のちに英国から電球製造機械を輸入して白熱電球の試作から国産白熱電球の開発に成功。

東芝未来科学館蔵

日本初の白熱電球
明治23年(1890)
同じ岩国出身の三吉正一と共同で「白熱舎」を創設し、本格的な電球製造に着手。創業から6年後には生産規模を日産280〜290個まで拡大させた。

東芝未来科学館蔵

デュボスク式アーク灯
明治11年(1878)
工部大学校教授のイギリス人物理学者、ウィリアム・エアトンが、市助など学生らとデュボスク式アーク灯を天井に設置し日本で初めて点灯。

藤岡市助ゆかりのミュージアム

科学の面白さを体験

東芝未来科学館

とうしばみらいかがくかん

東芝の歴史を紹介するヒストリーゾーン、ワークショップなどを通じて、子どもたちが科学技術を楽しく学べるサイエンスゾーンなどから構成。

☎044-549-2200 所神奈川県川崎市幸区堀川町72-34 開9:30〜17:00(事前予約制) 休日・月曜、祝日 料無料 交各線川崎駅から徒歩5分 Pなし

➡ヒストリーゾーンでは2人の創業者の軌跡や1号機製品などを展示

⬆明治23年(1890)に建設された「浅草 凌雲閣」の模型。市助は日本初の電動式エレベーターを設計

植物・生物・動物

好奇心をかきたてる生命の多様な姿

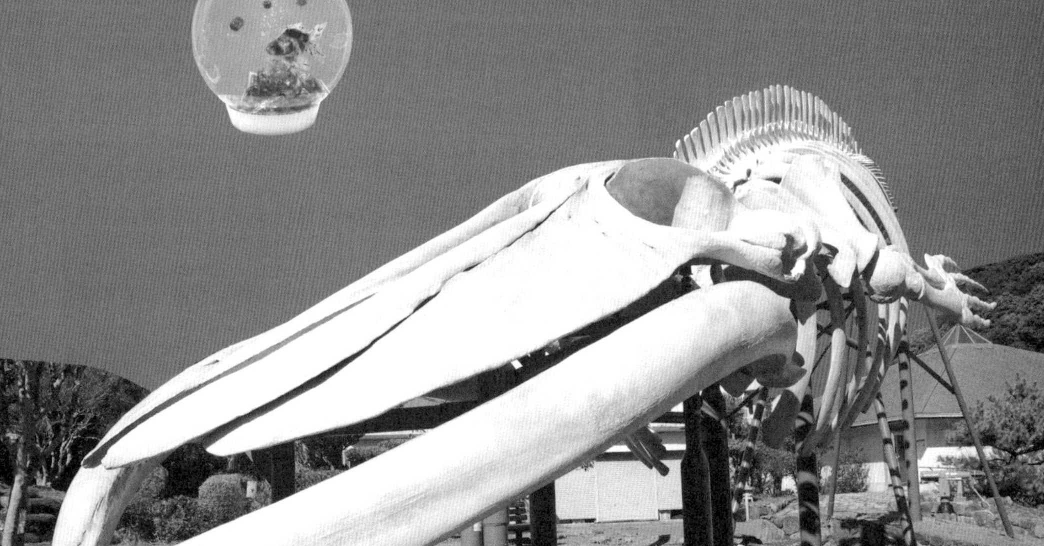

虫

日本最古の昆虫博物館

名和昆虫博物館

なわこんちゅうはくぶつかん

岐阜県岐阜市

世界各国の昆虫が勢揃い 1万2000種の標本を所蔵

大正8年(1919)に開館した、日本で最も歴史がある昆虫専門の博物館。世界各国の珍しいチョウや甲虫などの標本を1万2000種、30万頭以上所蔵している。“勇気のある人のみ限定！”“見ない方がいいかも”などの注意書きがある隠れ展示シリーズや、クイズに答えながら昆虫の世界を体験できる展示など、楽しめる仕掛けがいろいろ。生きている昆虫の展示もあり、間近で観察できる。

DATA & ACCESS

☎058-263-0038 所岐阜県岐阜市大宮町2-18
開10:00～17:00 休火～木曜(祝日の場合は開館)
料600円 交JR東海道本線・岐阜駅から岐阜バスで15分、岐阜公園・歴史博物館前バス停下車、徒歩5分
Ⓟあり

もっと知りたい!!

「昆虫翁」名和靖とは？

名和靖は幕末生まれの昆虫学者で、同博物館の初代館長。子どもの頃から昆虫が好きで、ギフチョウを発見したことで知られている。明治29年(1896)に名和昆虫研究所を設立し、農作物の害虫やシロアリなどの防除の研究に生涯を捧げた。

ミイロタイマイ
アゲハチョウ科
黒地に緑やピンクの美しい模様を持つことで人気が高いアゲハチョウ科の蝶。

アカメガネトリバネアゲハ
アゲハチョウ科
トリバネアゲハ全種のなかでも、オスの翅がオレンジ色になるのはこの種だけ。

オオルリアゲハ
アゲハチョウ科
モルッカからオーストラリアにかけて分布する黒地に大きなルリ色紋の美しい種。

メガネトリバネアゲハ
アゲハチョウ科
サングラスのような模様が特徴的。トリバネアゲハの仲間の代表的な種。

ゴライアストリバネアゲハ
アゲハチョウ科
同じ属のアレクサンドラトリバネアゲハとともに世界最大のチョウとして知られている。

飛ぶ宝石と称される姿に陶酔
世界の美チョウ

2階展示室には、世界で最も豪華で華麗といわれるトリバネアゲハや、鮮やかな色彩のミイロタテハ、カラフルな翅裏のカザリシロチョウなど、多種多様な美しいチョウを展示。クイズを解きながら学べるコーナーもある。

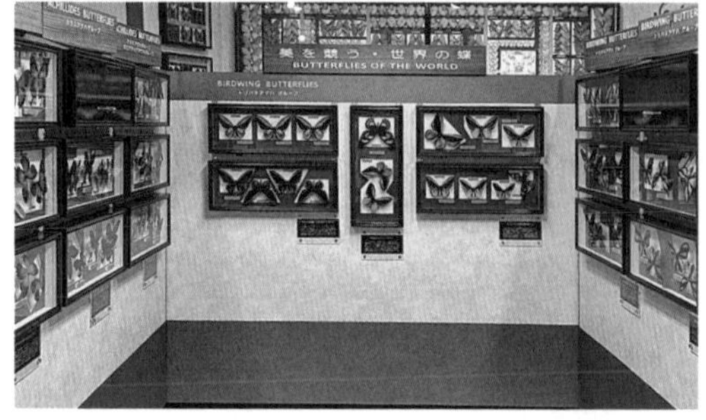

ヘルクレス
オオツノカブト
コガネムシ科

大きな個体では、角を含めると18cmもあり甲虫全体としても世界最大を競う。

オウゴン
オニクワガタ
クワガタムシ科

全身黄金色の美しいクワガタムシ。キバの形も独特で、人気が高い。

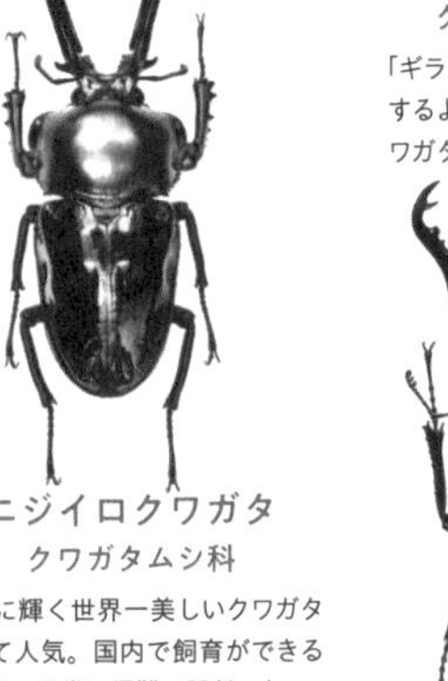

ニジイロクワガタ
クワガタムシ科

七色に輝く世界一美しいクワガタとして人気。国内で飼育ができるまでは、非常に得難い種だった。

ギラファ
ノコギリクワガタ
クワガタムシ科

「ギラファ」がキリンを意味するように、世界最長のクワガタムシである。

人気の昆虫が大集合

世界のカブト・クワガタ

世界中のカブトムシ、クワガタムシが勢揃いした1階展示室。大型種、有名種を中心に展示している。「カブト・クワガタ特選コーナー」には、体長100mmを超える巨大クワガタムシの個体や図鑑でしか見たことがないようなカブトムシなど、貴重な標本が並ぶ。

ミュージアムグッズ

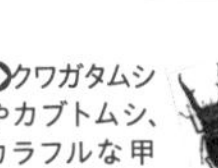

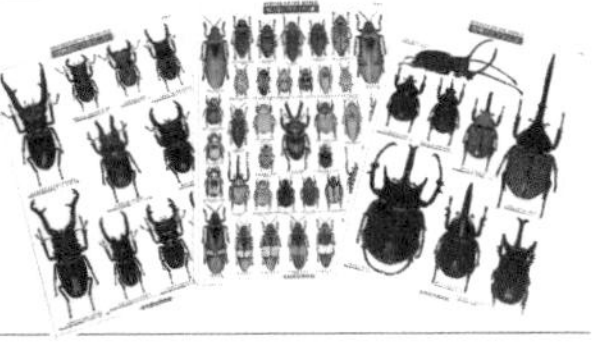

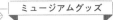

➲クワガタムシやカブトムシ、カラフルな甲虫の実物大写真が載ったオリジナル下敷

サツマニシキ
マダラガ科

本州から南西諸島まで分布する、日本で最も美しい蛾といわれる。

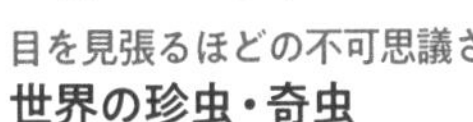

シラフオオツノ
ハナムグリ
コガネムシ科

比較的頻繁に飛翔し、その巨体に似合わぬ速度と機敏さで飛ぶことができる。

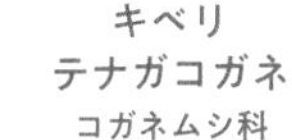

キベリ
テナガコガネ
コガネムシ科

オス成虫の前足が非常に長いことが特徴。沖縄本島に生息するヤンバルテナガコガネの近縁種。

目を見張るほどの不可思議さ

世界の珍虫・奇虫

世界最大のセミやコガネムシ、角のような前足を持つテナガコガネ、ガには見えないガなど、不思議で奇妙な昆虫たちの姿をじっくり観賞できるコーナー。カブリモドキやタマムシなど、色鮮やかな昆虫たちも多く展示し、見応えがある。

中南米に生息するモルフォチョウの標本をアートのように並べた「モルフォチョウの壁」。青く輝く翅が美しい絶好の記念撮影スポット

金魚

魅惑のアクアリウム

NARA KINGYO MUSEUM 奈良金魚ミュージアム

ならきんぎょミュージアム

奈良県奈良市

館内全体が金魚をコンセプトにしたアートワークとなっている。テラリウムと光の演出が印象的なメイン展示

クリエイティブな空間で多種多様な金魚を展示

最新の映像技術を駆使したアーティスティックな空間で、奈良県の名産である金魚を展示。2021年には面積を約2倍に拡大し、日本最大級のアクアリウムとしてリニューアルオープンした。学び・体験・地方創生をコンセプトに、金魚の歴史や生態が学べる映像や、日本を代表するアクアリウムクリエイターが手がける作品もあり、フォトスポットとしても人気を集めている。

DATA & ACCESS

☎080-4689-2142 所奈良県奈良市二条大路南1-3-1ミ・ナーラ4F 開10:00～18:00(最終入館17:30) 休無休 料1200円 交JR関西本線・奈良駅から奈良交通バスで9分、宮跡庭園バス停下車、徒歩6分 Pあり

トリックアートのコーナーでは金魚の絵とともに不思議な写真が撮影できる

圧巻の空間美 Kingyo Museum

プロジェクションマッピングやステンドグラス、壁一面の花やネオンライトに彩られた部屋など、アーティストが手がけた7つの非現実的な空間で金魚を展示。パネルにタッチして遊ぶ体感型アトラクションもある。

金魚の花魁道中 JAPON小路

桜や紅葉など四季折々の風景のなか、江戸時代にタイムスリップしたかのような小路を演出。和傘と光で艶やかな世界を表現し、和柄をあしらった水槽で泳ぐ金魚を花魁道中に見立てているのがユニーク。

伝統技術とコラボ

五百金魚

山口県を代表する民芸品、柳井金魚ちょうちんとコラボ。職人が手作りした500個ものちょうちんを組み上げて祭りをイメージしたオブジェを展示。

万華鏡の世界

JAPANESE AQUARIUM DISCO

ブリリアントカットを採用した世界初のダイヤモンドカット水槽を設置。天井からミラーボールが光り、万華鏡の中で泳いでいるような金魚の姿が楽しめる。

金魚の気分を体感

人間水槽

幅6mの巨大な「人間水槽」の中に入って写真撮影ができる。ろ過器や水草も10倍のサイズで再現し、金魚になった気分が味わえる仕掛けだ。

泳ぐ宝石の姿を堪能

AQUA OASIS

プロジェクションマッピングでさまざまに変わる背景のなかを金魚が泳ぐ。12台の球体水槽と誕生石を組み合わせて宝石のように見せる展示をしている。

金魚のネオンライトが印象的なフォトスポットで、金魚たちと記念撮影

壁一面に六角形の鏡1000枚を並べた「無限金魚空間」。鏡の反射が幻想的な空間をつくる

クジラ

謎多き生態と人との関係を探る

太地町立 くじらの博物館

たいじちょうりつくじらのはくぶつかん

和歌山県太地町

骨格標本から生きたクジラまで展示する自然と一体型の博物館

古くからクジラと深い関わりを持ってきた太地町に位置する、全国的にも珍しいクジラに特化した博物館。貴重な骨格標本や捕鯨に使用した道具類、さらには生きたクジラを展示するなど、いまだ多くの謎に包まれているクジラをさまざまな角度から学ぶことができる。広大な敷地内には、本館をはじめ自然プールや海洋水族館、イルカショープールなどがあり、生き物たちと触れ合える体験機会も設けられている。

DATA & ACCESS

☎0735-59-2400 所和歌山県太地町太地2934-2 休8:30～17:00 料1500円 交JR紀勢本線・太地駅から太地町営じゅんかんバスで10分、くじら館前バス停下車すぐ 休無休 Pあり

貴重な資料を多数展示

博物館本館

1階には鯨類の実物全身骨格標本や古式捕鯨の再現ジオラマなどが展示され、2階はクジラの生態について、3階は人とクジラの関係と歴史についてが、さまざまな資料により紹介されている。

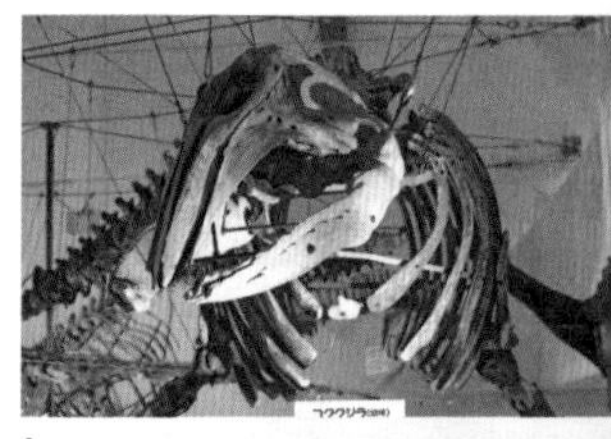

1

1 体長15.2mのセミクジラなど5つの実物骨格標本が吊り下げ展示されている
2 太地で開発されたといわれる網取突取捕鯨をジオラマで再現

世界で最も大きい動物の骨格標本

シロナガスクジラ全身骨格標本(レプリカ)

強化プラスチック製の原寸大標本で、原骨格は明治13年(1880)代初頭にノルウェーで捕獲された体長26mのメスのもの。

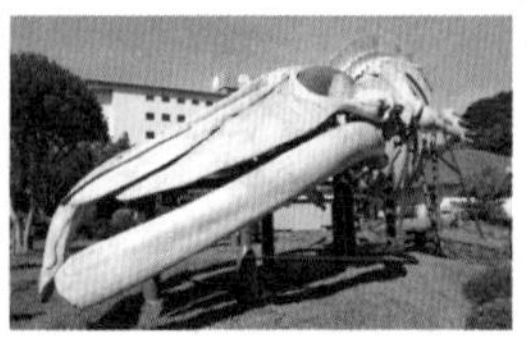

全国でも珍しいセミクジラの等身大模型。グラスファイバー製で、実際に頭部と胸びれ、尾びれから型を取って作られている

2

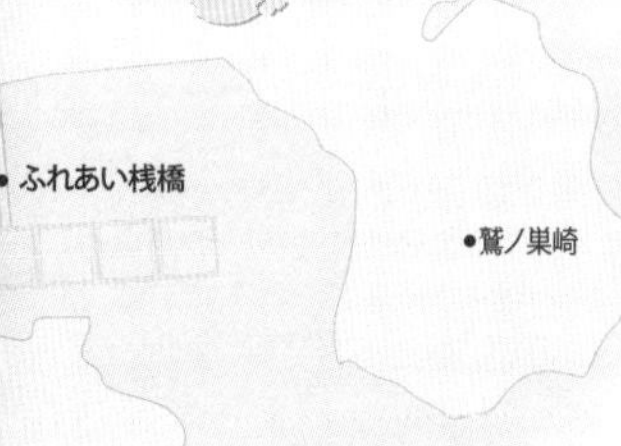

大水槽と29の小型水槽
海洋水族館(マリナリュウム)

大水槽では珍しい小型の鯨類とアルビノのバンドウイルカを飼育展示。さらに小型水槽では太地周辺の魚類やクラゲなどを展示している。

迫力のパフォーマンス
クジラショー

世界でも珍しいゴンドウだけのショーを自然プールで開催。このほか、イルカショーが行われるプールもある(観覧無料)。

生き物たちと大接近

ビーチでふれあい
胴付き長靴を着用して、トレーナーと一緒に海の中へ。目の前でイルカの動きや大きさを体感しながら、やさしく触れることができる(身長制限あり、有料)。

カヤックアドベンチャー
カヤックに乗ってクジラたちに接近し、泳ぐクジラたちを間近に観察。カヤックの上からクジラたちにエサをあげることもできる(有料)。

約1万㎡の体験空間

クジラやイルカが顔をのぞかせる自然プール

自然の入り江を仕切って作られた広大なプール。美しい自然を背景に、クジラショーやさまざまなふれあい体験を楽しむことができる。

ミュージアムグッズ

➲クジラやイルカのポップなイラストや写真を使った博物館オリジナルグッズが充実

このようなことから、
新月前後には月明かりがほとんどないためホタルイカは、岸と沖の方向が分からなくなる。
また、南西の風によって深層から湧きあがる海水（湧昇流）とともに一部のホタルイカの群れが海岸に打ち上げられる。
という説が唱えられています。
「ホタルイカの身投げ」は「ホタルイカ群遊海面」に集中しています。産卵期のホタルイカは水深約200メートルの海底に集まり、夜間浮上して岸近くで産卵しています。富山県東部の海は、この深さの海底が最も接近している地域に当たります。
「ホタルイカの身投げ」について
地元の人の話では・・・
「ホタルイカの身投げ」

ほたるいかの歴史や文学、漁、海上観光などを紹介するギャラリー

ほたるいか

海の不思議とミステリーを体感

ほたるいかミュージアム

富山県滑川市

富山湾の神秘・ほたるいかにふれて学べるミュージアム

豊かな自然に囲まれた富山県滑川市の文化・観光拠点、地域のシンボルとして造られた、世界で唯一のほたるいか専門博物館。館内はほたるいかの不思議な世界と深海を想起させる幻想的な光で演出され、さまざまな技術を駆使したバラエティ豊かな展示によって、ほたるいかの生態や生息する富山湾の神秘について詳しく紹介する、体験型のミュージアムとなっている。

DATA & ACCESS

☎076-476-9300 所富山県滑川市中川原410 開9:00～17:00(最終入館16:30) 休6月1日～3月19日の火曜(祝日の場合は翌日)、1月最終月曜から3日間 料820円 交あいの風とやま鉄道・滑川駅から徒歩8分 Pあり

同館のメイン施設
ライブシアター

ほたるいかや深海の生物の神秘を間近で体感できる、観客一体型の発光ライブショーを開催。(ホタルイカの発光ショーは春季限定)

展示ホール
「ホタルイカ大解剖！」大パネル

ほたるいかを中心に、富山湾の不思議について壁面パネルなどでわかりやすく紹介。

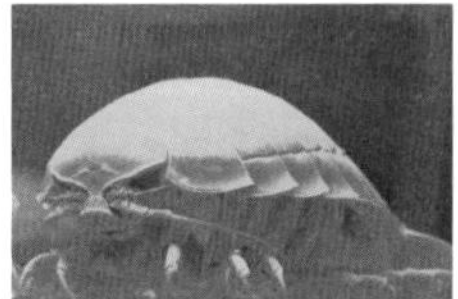

深層水で飼育
深海展示コーナー

深海に棲むダイオウグソクムシやオオグソクムシを展示。ダイオウグソクムシの水槽はミラー水槽なので腹側からもじっくり観察できる。

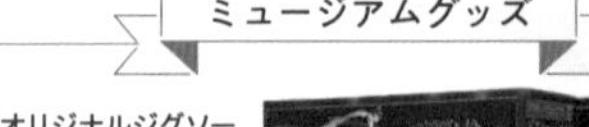

ミュージアムグッズ

➲オリジナルジグソーパズル「ほたるいか」「ダイオウグソクムシ」各1540円

かに

越前がにの生態に迫る！

越前がにミュージアム

えちぜんがにミュージアム

福井県越前町

深海300mを再現した3層吹き抜けの巨大ジオラマ。毎年2～3月に越前がにの卵から幼生がふ化する様子を紹介している

日本海に棲む生き物の神秘を遊びながら学ぶ体験型博物館

新しい「かに文化」に出会えるミュージアムとして、平成12年(2000)にオープン。トンネル水槽や大型スクリーン、本格シミュレーターなどを駆使した多彩な内容で、越前がにや近海の魚たちの神秘を遊びながら学べる。平成28年(2016)のリニューアル時に登場したビックラブシアターや漁船体験シミュレーターも好評。また、隣接するマーケット棟には、新鮮な海産物が並ぶ海鮮市場、越前産の新鮮な魚料理が味わえるレストランがある。

DATA & ACCESS

☎0778-37-2626 所福井県越前町厨71-324-1 開9:30～17:00 休火曜(夏休み期間は無休、11～3月は第2･4火曜) 料500円 交北陸自動車道･鯖江ICから車で50分 Pあり

四季折々の魚たち

海遊歩道

越前沖に棲むさまざまな魚介類の不思議な生態を見ることができるとともに、まるで海の中にいるような癒やしの空間を楽しむことができる。

迫力満点の映像

ビックラブシアター

地中地形や越前がにの生態などの動画を幅10m、高さ3mの大型スクリーンで投影。かに漁の難しさや醍醐味が感じられる。

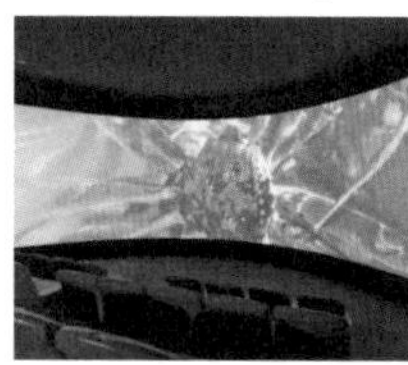

体験！MUSEUM

かに漁に挑戦！

漁船体験シミュレーター

実際のかに漁船の操作を忠実に再現した「船酔い注意！」のシミュレーターと、360度投影の迫力ある映像で、港を出てから戻るまでを体験できる。

鳥

世界の鳥類標本が集結

我孫子市鳥の博物館

あびこしとりのはくぶつかん

千葉県我孫子市

多様な鳥たちの生態と人との共存を探る

千葉県北部の手賀沼のほとりにある、日本では珍しい鳥類専門の博物館。手賀沼の四季と、そこに生息する鳥類を紹介するジオラマをはじめ、絶滅種の復元標本なども展示する。なかでも実物の剥製標本268点を揃えた世界の鳥コーナーは圧巻だ。環境や生活様式によって姿や翼のかたちまでもが異なる鳥たちの多様性や人と鳥の共存について探る展示も行っている。

DATA & ACCESS

☎04-7185-2212 所千葉県我孫子市高野山234-3 開9:30～16:30 休月曜(祝日の場合は翌日)、館内整理日 料300円 交JR常磐線・我孫子駅から阪東バスで6分、市役所前バス停下車、徒歩5分 Ⓟあり

各科ごとに、分布、生息環境や形などの特徴を紹介する「世界の鳥コーナー」

絶滅した野生の日本トキを例に、人類と鳥の共存への道を探る展示も

海鳥や陸の鳥などの翼の形を比較しながら、飛ぶ仕組みを詳細に分析

圧巻の標本数を誇る
世界の鳥コーナー

世界の鳥類1科1種を目標に収集した約268点の標本を展示。環境や生活様式でクチバシの形や指の本数までも変わるという鳥の多様性や共通点を解説する。

ダチョウの仲間たちの展示。体の大きさをはじめ、色や形などさまざまな違いを見比べてみよう

冬に賑わう手賀沼

手賀沼の自然と鳥たち

我孫子市のシンボル・手賀沼の四季を通じて生息する鳥たちの姿を追う。水面やヨシ原、周辺の水田などのジオラマとともに、繁殖や越冬のために飛来する鳥たちを紹介する。

1

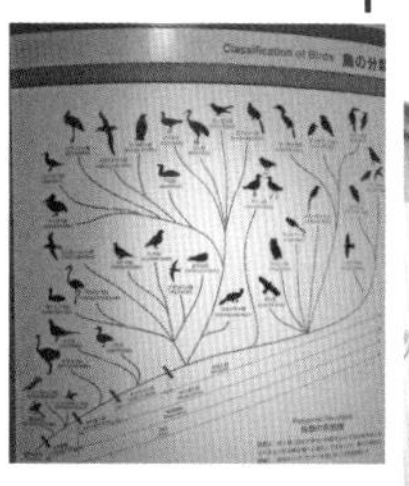

鳥の進化を徹底分析

鳥の起源と進化

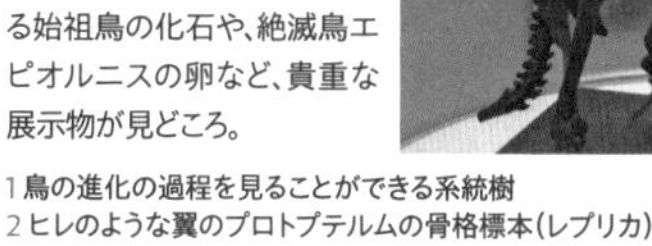

鳥の起源と進化、飛翔の仕組みを探る。鳥類誕生の鍵を握る始祖鳥の化石や、絶滅鳥エピオルニスの卵など、貴重な展示物が見どころ。

1 鳥の進化の過程を見ることができる系統樹
2 ヒレのような翼のプロトプテルムの骨格標本(レプリカ)

2

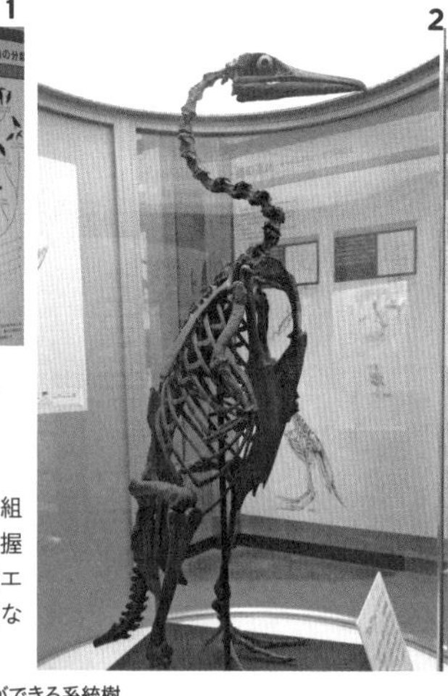

牛

国内ではここだけの専門博物館

奥州市 牛の博物館

おうしゅうし うしのはくぶつかん

岩手県奥州市

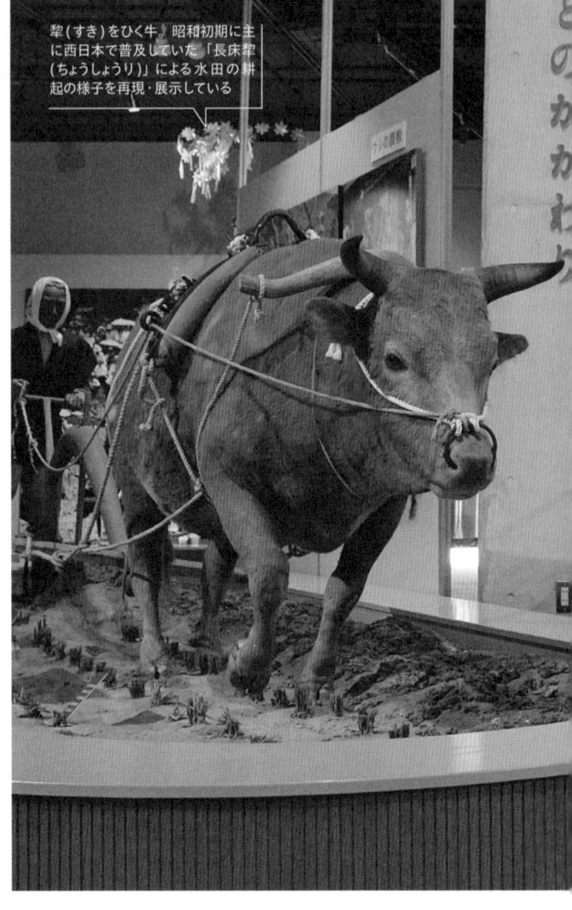

犂(すき)をひく牛。昭和初期に主に西日本で普及していた「長床犂(ちょうしょうり)」による水田の耕起の様子を再現・展示している

生物学と人文科学の両面から知られざる牛の世界を紹介

「牛と人との共存を探り、生命・自然・人間を知る」をコンセプトに、地元の前沢牛をはじめ世界中の牛について研究・展示を行っている日本唯一の牛専門の博物館。常設展示は「生物学」「人とのかかわり」「前沢牛と郷土」という3つの構成からなり、牛の剥製や骨格、化石などの貴重な資料を多数公開している。部位別のおいしい牛肉料理紹介などもあり、子どもから大人まで楽しめる内容となっている。

DATA & ACCESS

☎0197-56-7666 所岩手県奥州市前沢南陣場103-1 開9:30～17:00(最終入館16:30) 休月曜(祝日の場合は翌日) 料400円 交JR東北本線・前沢駅から車で7分 Pあり

1

2

3

生命の神秘

牛の生物学

日本でも発見されているバイソンの化石や、約8000年前に西アジアで家畜化された牛について品種、体の特徴などを体系的に紹介。世界中から集められた貴重な標本が多数展示されている。

1 ヨーロッパ系品種の理想体型模型や家畜牛の分布パネルを展示。剥製はハイランド種
2 アンティクアスヤギュウの全身骨格化石。アメリカ／更新世後期(約2万年前)
3 手前は純粋な日本の牛である見島牛。改良される前は小さかったことがわかる

人類との共存の形
牛と人とのかかわり

労働力や畜産物だけでなく、人の精神的なよりどころとして信仰されてもいる牛と人との関わりを、さまざまな展示を交えて詳しく紹介。

地域との関係
牛の里 前沢

奥州市の特産品「前沢牛」の歴史や産業としての牛を紹介。また、市内で発見された鯨の化石展示を通して郷土を広く紹介している。

1 現在までの前沢牛の歩みを奥州市との関わりとともに紹介する展示コーナー
2 黒毛和種子牛の資質向上に大きく貢献した種雄牛の剥製

ミュージアムグッズ

断面イラストをプリントした「牛の胃袋Tシャツ」1800円

カタログのようなデザインがおしゃれな「牛品種手ぬぐい」各500円

インパクト抜群、A5ランクの「前沢牛肉一筆箋」400円

馬のすべてを学ぶ

馬の博物館

うまのはくぶつかん

神奈川県横浜市

人間と馬の関わりを多角的に紹介

日本初の本格的な洋式競馬施設である根岸競馬場の跡地に開設した馬専門の博物館。馬と人間が育んできた歴史、自然史、民俗、美術工芸、競馬をテーマに、調査や研究を行っている。馬を題材にした国内外の美術品や文化財、馬の骨格標本、馬にまつわる道具など1万5000件以上の資料を収蔵し、常設展示のほか、第2・3展示室では季節ごとに展示替えを行い、テーマ展や特別展などを開催している。

DATA & ACCESS

☎045-662-7581 所神奈川県横浜市中区根岸台1-3 開10:00〜16:30(最終入館16:00) 休月曜(祝日の場合は翌日) 料100円(特別展などの開催期間は200円) 交JR根岸線・根岸駅から横浜市営バスで6分、滝の上バス停下車すぐ Pなし

馬に関わる文化

第2・3展示室

さまざまなテーマで馬に関する資料を紹介している。現在では見る機会の少ない曲家や馬車は、常設展示のスペースで見られる。

1

2

1 外国の大使が宮中を訪れる際に使用していた2頭曳きの馬車。展示室の間の通路に展示されている

2 馬屋と母屋が一体化した伝統的な曲家を岩手県遠野市から移築。第2展示室の一角に常設展示されている

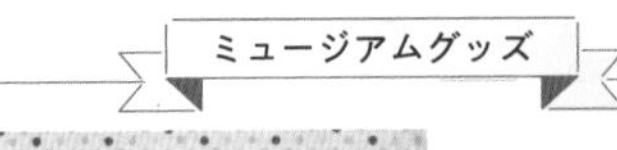

↑馬具を付けて遊べる馬の着せかえシール

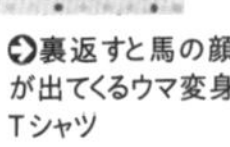

→裏返すと馬の顔が出てくるウマ変身Tシャツ

神の乗り物ともされていた馬と人間の関係を日用品や祭祀、行事から紹介

もっと知りたい!!

根岸競馬場ヒストリー

横浜開港を契機にやってきた外国人たちの熱い要望により、慶応2年(1866)に、日本初となる常設の洋式競馬場を開設。以後、76年間にわたって競馬が開催されていたが、第二次世界大戦の影響もあり昭和18年(1943) に閉場。現在も昭和4年(1929)に再建した一等馬見所の遺構が残っており、博物館からも森の向こうにその一部が見える。

根岸競馬場を描いた浮世絵、『横浜名所之内　大日本横浜根岸万国人競馬興行ノ図』

昭和9年(1934)に撮影された、根岸競馬場のレース風景

犬ほどの大きさだった馬の祖先、ヒラコテリウムの復元模型も展示

1/6

1

進化を可視化
第4展示室

進化の過程や馬の生理、生態を紹介。約5000年前に家畜化されたという馬と人間の長い歴史を、模型や道具などの展示を通して学ぶ。

2

1 日本在来馬の骨格標本などを展示
2 進化の過程を模型で紹介

体験！MUSEUM

馬と無料で触れ合える

ポニーセンター

博物館に併設した施設では、サラブレッドや日本在来馬などさまざまな品種の馬を飼育。無料で、馬場での運動や放牧の様子を見ることができる。

ニンジンをあげたり、ポニーや馬、馬車に乗れるイベントを定期的に開催している

根岸森林公園に隣接した緑豊かな環境

植物

植物の研究と普及活動を行う

牧野富太郎記念館

まきのとみたろうきねんかん

高知県高知市

「牧野富太郎の生涯」では日本の植物分類学の父、牧野富太郎の生涯と業績を、植物図や著書、観察会記録や写真などで紹介

自然生態系のなかで育まれた3000種類以上の植物を観賞

日本の植物分類学の父、牧野富太郎博士の業績を顕彰するため、博士逝去の翌年、昭和33年(1958)に高知市の五台山に開園。高知県立牧野植物園は、起伏を生かした約8haの園地で、博士ゆかりの野生植物など3000種類以上の植物が観賞できる自然生態系が築かれた植物園。植物に関する教育普及と研究の拠点となる牧野富太郎記念館、薬用資源植物の研究を進める薬用植物区などがある。

DATA & ACCESS

☎088-882-2601 所高知県高知市五台山4200-6 開9:00~17:00(最終入園16:30) 休年末年始ほか 料730円 交JR土讃線・高知駅からMY遊バスで30分、牧野植物園正門前バス停下車、徒歩2分 Pあり

体験！MUSEUM

高精細な映像で植物に迫る

展示館シアター

常設展示室にある4K映像のシアター。高精細な映像で植物の世界を体感する牧野植物園オリジナル4作品(各作品 約13分)を上映する。

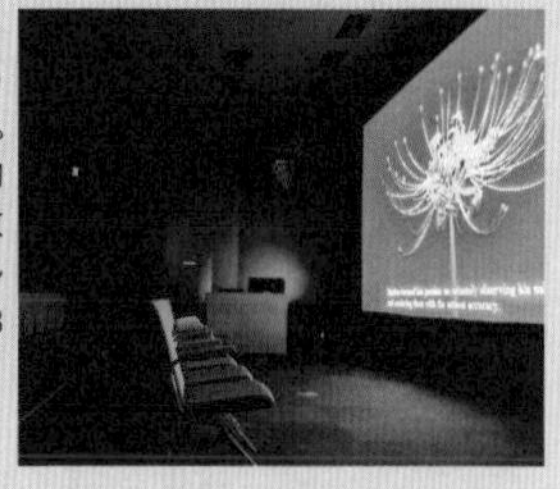

博士の全生涯を解説

展示館

牧野博士の94年にわたる生涯を、少年期、青年期、壮年期、晩年の4つに分けて紹介。牧野博士の書斎「繇條書屋(ようじょうしょおく)」の再現コーナーやからくり人形もある。

多くの植物の名付け親

博士ゆかりの植物に注目

牧野博士は生涯に1500種類以上の植物を命名し、日本の植物学の基礎を築いた。展示館の中庭には牧野博士ゆかりの植物約250種類を植栽。土佐の植物生態園、薬用植物区、南園・50周年記念庭園などさまざまなエリアで博士ゆかりの植物が見られる。

↑オンツツジをはじめ、キリシマツツジやミツバツツジなどが植えられている

↑国内で初めて日本人によって学名が発表されたヤマトグサ

↑サクラ属の園芸品種'仙台屋'。名前の由来は仙台屋という店の庭にあったことから

ウッドデッキが印象的

本館

博士の蔵書や遺品約5万8000点を収蔵する牧野文庫(研究調査のみ利用可)をはじめ、図書室、五台山ホール、教室や講演を行う実習室や映像ホールなどがある。

ミュージアムカフェ

Café arbre
カフェ アルブル

スイーツやドリンクが楽しめるカフェ。牧野博士ゆかりの植物を植栽した展示館の中庭を眺めながらひと休み。

開11:00～17:00

写真提供:高知県立牧野植物園

水生植物を植栽した水鉢などが配され、ウッドデッキから眺める中庭の景色はまるで絵画のような美しさ。中庭を囲むように展示室がある

盆栽

世界初の公立「盆栽美術館」

さいたま市 大宮盆栽美術館

さいたましおおみやぼんさいびじゅつかん

埼玉県さいたま市

名高い大宮の盆栽村に近接 盆栽の魅力を国内外に発信

旧高木盆栽美術館のコレクションをひとつの核とした盆栽の名品や優品、盆栽用の植木鉢である盆器などを常時展示するほか、特別展や企画展では、盆栽が登場する浮世絵などの絵画作品、さらには盆栽に関わる歴史・民俗資料等を系統的に公開。松柏盆栽の名品をはじめ、季節の花もの盆栽などを展示する盆栽庭園など、撮影可能なエリアもあり、盆栽の素晴らしさやおもしろさをより身近に感じることができる。

DATA & ACCESS

☎048-780-2091 所埼玉県さいたま市北区土呂町2-24-3 開9:00～16:30(11～2月は～16:00)最終入館は各30分前) 休木曜(祝日の場合は開館)、ほか臨時休あり 料310円 交JR宇都宮線・土呂駅から徒歩5分 Pあり

推定樹齢500年

五葉松 銘「千代の松」

総高1.6m、横幅1.8mを超え、所蔵品のなかでも最大級の大きさを誇る。その威容は、樹木のたくましい生命力を感じさせる。

記念撮影スポット

ロビー

ロビーの入口正面には、季節ごとにいちばんの見頃を迎える盆栽を展示して来館者を出迎える撮影可能のコーナー「季節の一鉢」が設けられている。

常に約60点の盆栽を展示している盆栽庭園は、本館2階のテラスから一望することが可能。盆栽を360度すべての方向から見られる場所もある

3つの館内展示空間
コレクションギャラリー

プロローグ、ギャラリー、座敷飾りの3つの空間で構成され、プロローグでは美術館コレクションと盆栽の鑑賞方法をパネルで紹介。続くギャラリーと座敷飾りが盆栽の展示空間で、週替わりで展示している。

客をもてなす様式美
座敷飾り 行の間

中国由来の伝統的な型の種類「真・行・草」。厳格な真体とくずした草体の中間が行体で、近代以降のほとんどの座敷は、模様木や花もの盆栽などを飾るのに適した行の様式を用いている。

盆栽の見方

全体と各部それぞれを味わう

盆栽を観賞するには、盆器の中に凝縮された大自然の情景をイメージすることが大切。盆栽全体の姿を見るだけではなく、根(根張り)、幹(立ち上がり)、枝(枝ぶり)、葉という各部分にも見どころがある。

根張りは全方向に根を伸ばす「八方根張り」が理想。モミジやカエデの古木では甲羅状に広がる「盤根」(写真)が見どころ

大きな枝がバランスよく配置され、見苦しい「忌み枝」のないこともよい盆栽の条件

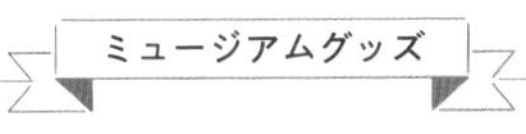

ミュージアムグッズ

↑五葉松 銘「日暮し」をデザインした、手ぬぐい専門店「かまわぬ」コラボ手ぬぐい1300円

↑所蔵の人気盆栽のイラストをデザインしたかわいいマスキングテープ各500円

↘蝦夷松 銘「轟」のシルエットがプリントされたトートバッグ800円

カブトガニ

悠久の歴史を感じる生物に出会う

カブトガニ博物館

カブトガニはくぶつかん

岡山県笠岡市

2億年もの間、姿を変えていないことからカブトガニは「生きている化石」と呼ばれ、笠岡市の神島(こうのしま)水道はカブトガニ繁殖地として国の天然記念物に指定されている。神島水道に面する博物館では、成体や幼生を観察したり、その生態や保護・人工飼育の様子を学んだりできる。

↑大型スクリーンにカブトガニに関する映像が流れるカブトガニシアター。クイズ形式でも楽しめる

DATA & ACCESS

℡0865-67-2477 所岡山県笠岡市横島1946-2 開9:00～17:00(最終入館16:30) 休月曜(祝日の場合は翌平日。春休み、GW、夏休み期間は無休)、祝日の翌平日 料520円 交平日:JR山陽本線・笠岡駅から井笠バス神島線で18分、カブトガニ博物館前バス停下車、徒歩2分／土・日曜、祝日:JR笠岡駅から井笠バス道の駅笠岡ベイファーム行き(3～10月のみ運行)で11分、カブトガニ博物館前バス停下車、徒歩2分 ※11～2月は美の浜バスターミナル行きで8分、終点下車、徒歩20分 Pあり

↑つがいで行動するカブトガニ。より間近で観察できる大型水槽を設置している

↑恐竜公園が博物館に隣接。カブトガニと同じ時代に生きた恐竜の復元模型が展示されている

剥製

野生動物の厳しい世界を垣間見る

滋賀サファリ博物館

しがサファリはくぶつかん

滋賀県甲賀市

野生動物の剥製100体ほどを展示する私設博物館。初代館長でハンターの近藤幸彦氏が、1970年代から世界中をまわり、各国政府の許可を得て動物たちを捕獲した。現在は日本への持ち込みができない貴重な動物も展示されており、その姿や表情に圧倒される。

↑世界4大珍獣のひとつとされるボンゴ。「森の魔術師」と呼ばれ、人の気配を感じるとすぐに姿を消す

→シマウマを捕らえ、獲物にした瞬間のライオンの様子。アフリカ館で展示されている(左)。本館に入って最初に目につくのが北極熊。立ち姿だといっそう迫力が増す(右)

DATA & ACCESS

℡0748-83-0121 所滋賀県甲賀市信楽町黄瀬2854-2 開土・日曜、祝日の9:30～16:30 休平日 料500円 交信楽高原鐵道・紫香楽宮跡駅から徒歩5分／JR東海道本線・石山駅から車で30分 Pあり

貝

個性豊かな貝の姿がおもしろい

真鶴町立 遠藤貝類博物館

まなづるちょうりつえんどうかいるいはくぶつかん

神奈川県真鶴町

真鶴町で育った貝類研究家の遠藤晴雄氏が集めた約4500種類、5万点の標本を所蔵する。施設の位置する真鶴半島をはじめ国内や世界中の貝を展示するなか、注目はオキナエビスガイ類。生きた姿が化石の姿と変わらない「生きた化石」と呼ばれる貴重な貝だ。貝類以外にもウメボシイソギンチャク(天然記念物)やウミウシ類の生体展示を行う。

DATA & ACCESS

☎0465-68-2111 所神奈川県真鶴町真鶴1-1175-1 ケープ真鶴2F 開10:30～15:30(最終入館15:00) 休水・木曜(祝日の場合は開館、翌金曜休) 料300円(企画展期間中は変更の場合あり) 交JR東海道本線・真鶴駅から伊豆箱根バスで20分、ケープ真鶴バス停下車すぐ Pあり

↑真鶴の海や相模湾の貝を展示する第一展示室。中央の展示ケースには真鶴で見つかる貝がずらり

↑世界の貝を展示する第三展示室。色や形、大きさなど、日本の貝との違いを見てみよう

↑メイン展示のオキナエビスガイ。世界に約30種類存在するうちの27種類が見られる

両生類

両生類を通して自然保護を考える

日本両棲類研究所

にほんりょうせいるいけんきゅうじょ

栃木県日光市

昭和45年(1970)に初代所長の篠崎尚次氏により設立された私立研究所は、両生類について身近に学べる博物館。両生類の保全や再生の研究がわかりやすく説明されており、特別天然記念物のオオサンショウウオやアカハライモリが数多く展示されている。

DATA & ACCESS

☎0288-25-6000 所栃木県日光市中宮祠2484 開10:00～17:00(最終入館16:00) 休火曜 料1000円 交東武日光駅から東武バスで54分、大崎バス停下車すぐ／日光宇都宮道路・清滝ICから車で25分 Pあり

↑東日本で特別天然記念物のオオサンショウウオを飼育している数少ない研究施設

↑平成7年(1995)に一度閉館するも、2019年にリニューアルオープン

↑アカハライモリ、オオサンショウウオのぬいぐるみなどのオリジナルグッズも販売している

エコロジストの先駆者

南方熊楠

みなかたくまぐす

超人的な知識と記憶力を駆使し、自然の生態系は「諸草木相互の関係はなはだ密着錯雑」したものと考えた。しかし熊楠の世界はとてつもなく広く、まだまだ多くの不思議が残る。

変形菌世界と生態系から南方マンダラの構想へ

城下町・和歌山で熊楠は慶応3年(1867)に生まれ、9歳の頃から5年間で江戸時代の百科事典『和漢三才図会(わかんさんさいずえ)』全105巻をすべて筆写したという。19歳でアメリカに渡り、キューバでは新種の地衣類を発見し、学会を騒がせた。ロンドンでは大英博物館図書室で膨大な洋書の抜き書きを残した。

帰国後は明治37年(1904)から田辺に定住し、盛んに菌類や変形菌(粘菌)類の採集に出かける。明治42年(1909)からは神社合祀反対運動を、生態系やエコロジーの観点から強力に展開。熊楠は変形菌の採集・研究によって「南方マンダラ」と呼ばれる世界を構想し、生態系そのものが曼陀羅だと考えた。

南方熊楠顕彰館蔵

南方熊楠(1867～1941)

和歌山県出身。東京大学予備門中退後、海外遊学。在野の学者に徹し国内外で多数論文を発表。研究対象は多岐にわたる。

南方熊楠顕彰館蔵

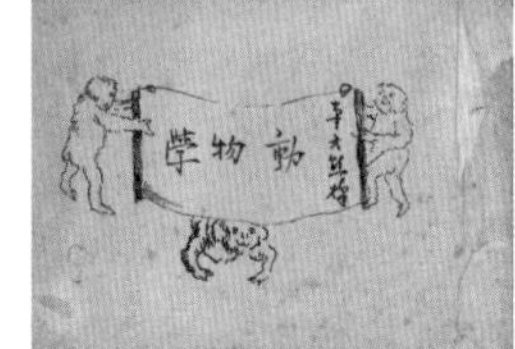

動物学

13歳の頃に洋書や和漢書から独自に書いて編集した最初の著作。3冊の草稿が残されている。

南方熊楠顕彰館蔵

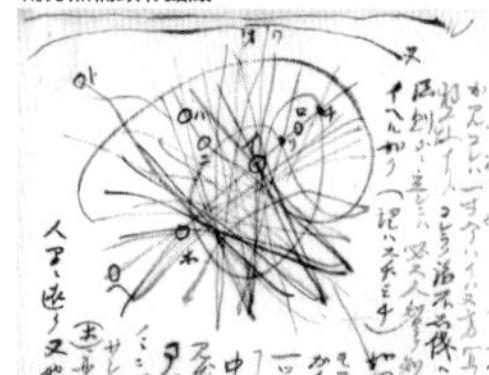

南方マンダラ

真言密教のマンダラの思想をヒントに、自身の思想に読み替えて説明。

国立科学博物館蔵

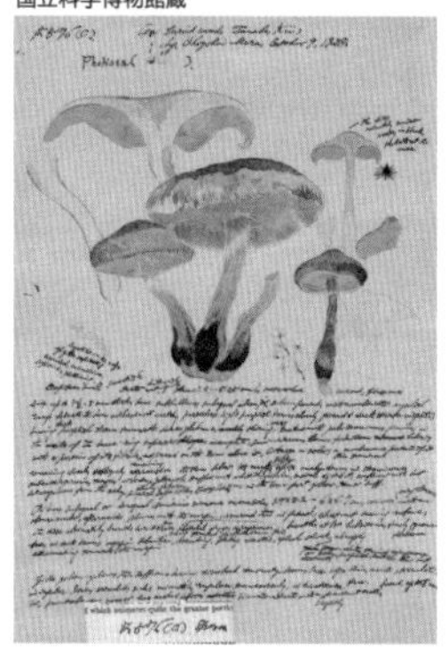

菌類図譜

熊楠が残した菌類図譜は4728までの番号が振られているが、欠番も多い。キノコ類のスケッチで、絵の具による彩色図と英文による採集時のデータや特徴を記載。

南方熊楠ゆかりの博物館

熊楠の残した功績を紹介

南方熊楠顕彰館

みなかたくまぐすけんしょうかん

熊楠が残した蔵書や資料を保存・研究・活用するために、平成18年(2006)に開館。平成12年(2000)に死去した長女・文枝氏が南方熊楠邸や遺品、標本などを田辺市に遺贈したことも拠点設置の大きな契機となった。

↑熊楠の残した蔵書や資料を見るには事前手続きが必要

☎0739-26-9909 所和歌山県田辺市中屋敷町36 開10：00～17：00(最終入館16：30) 休月曜、祝日の翌日 料無料(南方熊楠邸は350円) 交JR紀勢本線・紀伊田辺駅から徒歩10分 Pあり

約800点の遺品・遺稿を収蔵

南方熊楠記念館

みなかたくまぐすきねんかん

「幼少期～青年期」「海外での活躍」「生物学者・南方熊楠」「民俗学者・南方熊楠」「研究生活と熊楠の晩年」をテーマに約800点を展示。

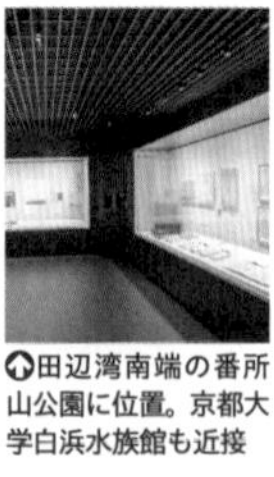

↑田辺湾南端の番所山公園に位置。京都大学白浜水族館も近接

☎0739-42-2872 所和歌山県白浜町3601-1 開9：00～17：00(最終入館16：30) 休木曜(7月21日～8月31日は無休) 料600円 交JR紀勢本線・白浜駅から明光バスで16分、臨海(円月島)バス停下車、徒歩8分 Pあり

信仰・祭り

神秘に導かれた祈りのカタチ

伊勢神宮

神宮の神様のアーカイブ

式年遷宮記念 せんぐう館

しきねんせんぐうきねん せんぐうかん

三重県伊勢市

祈りのかたちを伝える 式年遷宮の記録庫

伊勢神宮(神宮)では、約1300年の昔から20年に一度、式年遷宮が行われてきた。式年遷宮とは神様の社殿や御装束神宝(おんしょうぞくしんぽう)を新しく造り、神様に古い社殿からお移りいただくことをいう。平成25年(2013)には62回目が行われた。式年遷宮によって神明造(しんめいづくり)と呼ばれる建築技術や御装束神宝などの技法を未来へと伝承することができる。「せんぐう館」は式年遷宮に関するさまざまな情報を展示している。

DATA & ACCESS

☎0596-22-6263 所三重県伊勢市豊川町前野126-1 開9:00～16:30(最終入館16:00) 休第2·4火曜(祝日の場合は翌日) 料300円 交JR参宮線·伊勢市駅から徒歩5分 Pなし(周辺駐車場利用)

時を超える本物の重み

エントランスの御扉

せんぐう館の受付を過ぎると大きな木製の扉が目に飛び込んでくる。これは正式には「御扉」と呼ばれ、昭和28年(1953)の式年遷宮のときのもの。樹齢400年を超える檜の一枚板で作られている。

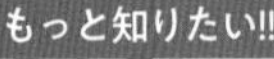

もっと知りたい!!

式年遷宮で解体された社殿の古材の行方

これまでの遷宮で解体された旧社殿の柱などは全国各地の神社に譲渡され、社殿の修復などに使用されている。地震で社殿が焼失した神社にまるごと移転したり、阪神大震災後も内宮小殿を支えた柱が被災した神社の鳥居に使用されるなど、各地で有効利用され、復興にひと役買っている。東日本大震災後も多くの社殿古材が再利用されている。

伊勢神宮の社殿は神明造と呼ばれる建築様式で造られている。これは豊受大神(とようけのおおみかみ)を祀る外宮正殿(げくうしょうでん)の東側側面を、実物と同じ素材で忠実に再現した原寸大模型

神々に捧げる至高の技

匠たちの技を伝承する

式年遷宮で新調するすべての御装束神宝(紡織具・武具・馬具・楽器・文具など)の極めて高度な各種伝統工芸技術や、多様な工芸技術を駆使して調製される太刀や木彫の馬、馬具などについて紹介している。

渡御の様子を6分の1で再現

渡御御列の模型

天照大神が新宮に移る際の渡御御列を6分の1のスケールで再現したもの。お供の神職が捧げ持つ御装束神宝のデザインを細部に至るまで忠実に造形し、映像と音声を使い祭儀の様子を臨場感豊かに再現している。

せんぐう館は外宮まがたま池のほとりにあり、5・6月にはカキツバタや花菖蒲が美しく咲き、来館者を和ませる

出雲大社

宇豆柱（うづばしら）を再現した模型は必見

島根県立 古代出雲歴史博物館

しまねけんりつこだいいずもれきしはくぶつかん

島根県出雲市

歴史や産業にふれる 総合展示室

古代から現代に至る、島根の人々の生活と交流を展示。玉作りや石見銀山、たたら製鉄など島根の歴史と文化を、豊富な資料を交えて紹介する。

日本の神話世界を語り継ぐ 高大な神殿の謎をひもとく

出雲大社に隣接して平成19年（2007）に開館。ロビーには境内遺跡から出土した巨大な宇豆柱が、創建当時は96m、平安時代には48mだったといわれる高大な本殿を彷彿させる。展示は出雲大社の成り立ちや建築、『出雲国風土記』、青銅器の3つのテーマから出雲の古代文化と神話の世界をひもとく。荒神谷遺跡の銅剣の実物300本以上と、加茂岩倉遺跡出土の銅鐸など青銅器類がずらりと並ぶ展示は圧巻。

DATA & ACCESS

☎0853-53-8600 所島根県出雲市大社町杵築東99-4 開9:00〜18:00（11〜2月は〜17:00）最終入館は各30分前 休第3火曜 料620円 交一畑電車大社線・出雲大社前駅から徒歩7分 Pあり

出雲びとの心情を探る 出雲大社と神々の国の祭り

出雲大社が高大さにこだわったのはなぜか。いつ、なぜこの地に造営されたのかといった謎を中心に、祭場や信仰、神話の伝承をひもときながら、聖地としての成り立ちと歴史を解説する。

出雲に集う神々

旧暦10月の出雲は神在月

旧暦の10月は日本各地の神々が出雲に集うことから、出雲地方では「神在月」と呼ばれる。稲佐の浜で八百万の神をお迎えする「神迎祭」が行われ、翌日から7日間、神々が出雲に滞在して人の縁に関わる取り決めをする会議「神議」を行うという。

古代豪族がこぞって求めた出雲ブランドの勾玉。古墳時代後期には国内最大の産地を誇った

かわらけ谷横穴墓出土金銅装双龍環頭大刀。刀身は奇跡的な保存状態で今も1400年前の輝きを放つ

神話伝承を深掘り
出雲神話回廊

『古事記』や『日本書紀』の出雲系神話や、『出雲国風土記』の伝承を、CGやアニメーションで紹介。時代を経て解釈も変化した神話の世界を深く掘り下げる。

平安時代の「雲太(うんた)」と呼ばれる高さ48mの本殿を再現した10分の1スケールの模型が存在感を放つ

巨大神殿を支えた柱
出雲大社境内遺跡出土の宇豆柱

平成12年(2000)に境内の3カ所で出土した宇豆柱。大杉3本1組の巨大な柱は本殿の高さを裏付ける貴重な発見で、石が積み込まれた地下構造も明らかになった。

ミュージアムカフェ

maru café
マル カフェ

庭園や北山山系の眺めを楽しめるガラス張りのおしゃれなカフェ。古代米や地元食材を使ったモーニングセットやランチを味わえる。

☎0853-53-8600 営9:30~17:00(11~12月は~16:30)

↑まるランチ(日替り)1200円

ミュージアムグッズ

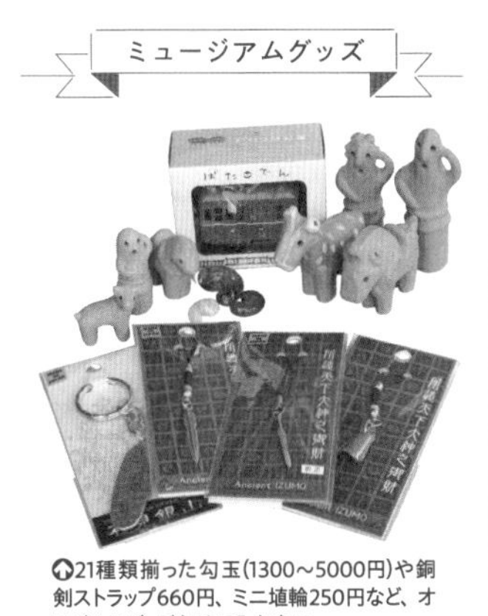

↑21種類揃った勾玉(1300~5000円)や銅剣ストラップ660円、ミニ埴輪250円など、オリジナルグッズも手に入れたい。

写真提供:島根県立古代出雲歴史博物館

信仰・仏像

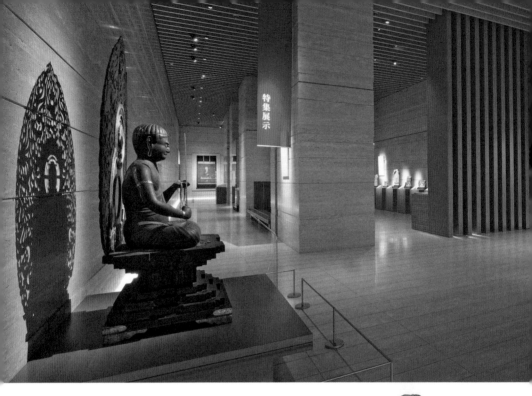

祈りの世界で出会う仏たち

半蔵門ミュージアム

はんぞうもんミュージアム

東京都千代田区

せっぽういんぶつざぞう

説法印仏坐像

釈尊が両手を胸の前に上げ、説法印(転法輪印)を結び結跏趺坐している像。3世紀頃作。

だいにちにょらいざぞう

大日如来坐像

鎌倉時代の仏師・運慶の作品と考えられる。智拳印を結ぶ金剛界の大日如来像。当初は宝冠や胸飾・瓔珞などで荘厳されていたようだ。像高 61.6㎝。建久4年(1193)作(推定)、重要文化財。

大日如来は密教では最高の仏とされ、金剛界、胎蔵界の中心となる仏である

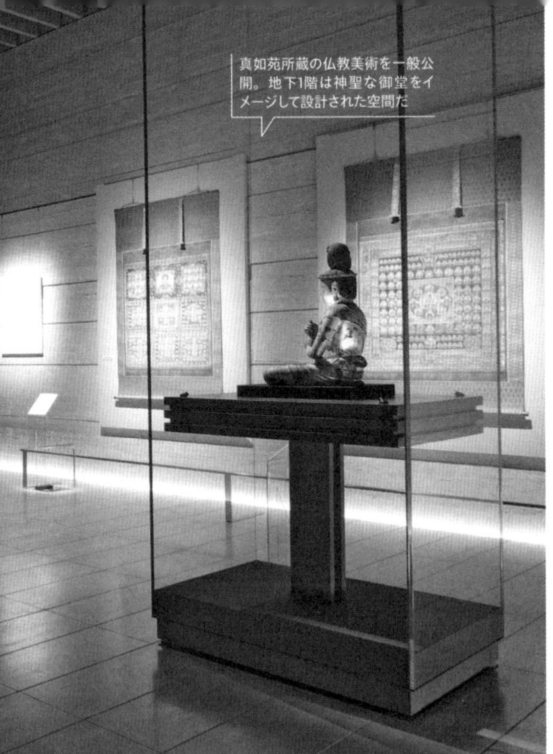

真如苑所蔵の仏教美術を一般公開。地下1階は神聖な御堂をイメージして設計された空間だ

遥かな時を越え仏像や仏画と向き合い仏教文化にふれる

地下1階にある常設展示の空間では、運慶作と推定されている大日如来坐像(重要文化財)を中心に不動明王坐像や両界曼荼羅などを展示。また、ガンダーラの仏教美術なども複数見ることができ、釈尊(しゃくそん)の前世や出家から入滅に至る生涯をわかりやすくたどることができる。静謐な空間で仏たちと向き合い、自己の内なる世界に目を向けてみたい。

DATA & ACCESS

☎03-3263-1752 所東京都千代田区一番町25
開10:00～17:30(最終入館17:00) 休月・火曜 料無料
交地下鉄半蔵門線・半蔵門駅からすぐ Pなし

金剛界曼荼羅(こんごうかいまんだら)

密教のひとつの世界・金剛界(堅固で壊れることのない智慧)を表したもの。真理を9つの過程に分割し、大日如来を中心に1461尊を表す。宝永3年(1706)作。

不動明王坐像(ふどうみょうおうざぞう)

醍醐寺普門院の旧本尊。中興の祖・座主義演(ざすぎえん)が大がかりな修理を施し、金剛輪院(のち三宝院)に移したと台座の墨書銘にある。12世紀作。木造。像高82.7㎝

煩悩にとらわれた者を教化し救うために遣わされた。大日如来の化身とされる

体験！MUSEUM

映像で知る祈りのかたち

多様な仏教文化を映像で楽しむ

3階のシアターでは「大日如来坐像と運慶」「ガンダーラの仏教美術」「曼荼羅」の3本を1日各4回上映。落ち着いて多様な仏教文化にふれることのできる憩いの空間だ。

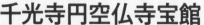

信仰・仏像

漂泊の僧・円空が遺した仏たち

千光寺円空仏寺宝館

せんこうじえんくうぶつじほうかん

岐阜県高山市

2つの顔を持つ伝説の鬼神。『日本書紀』では悪人だが飛騨では英雄とされることが多い

素朴で粗削りな手法ながらあたたかい笑みが魅力的な円空仏

千光寺はかつて丹生川村(にゅうかわむら)と呼ばれた高山市の北東部、標高946mの袈裟山(けさざん)山頂近くに位置する高野山真言宗の古刹である。江戸時代に諸国をめぐり、生涯で約12万体もの仏像を彫ったという円空が晩年に滞在した。寺宝館では両面宿儺像など64体もの円空仏が拝観できる。ナタやノミの彫り跡がそのまま残る素朴な手法ながら、口元に笑みを浮かべたような円空仏は人々を魅了してやまない。

DATA & ACCESS

☎0577-78-1021 所岐阜県高山市丹生川町下保1553 開9:30～16:30 休火～金曜(12～3月は冬期休業) 料500円 交JR高山本線・高山駅から車で30分 Pあり

両面宿儺(りょうめんすくな)

鉈(なた)ばつりによって彫り上げられた逆巻く髪、憤怒の相を浮かべた顔と温かく慈愛に満ちた仏の顔。謎に満ちた両面宿儺をダイナミックに彫り上げた円空の代表作。

三十三観音像(さんじゅうさんかんのんぞう)

衆生済度(しゅじょうさいど)の慈愛に満ちたシンプルで円空らしい作品。三十三観音だが残っているのは31体。病気の人が借りて回復を祈ったという。

寺宝館では千光寺の円空仏すべてを拝観できる。静寂の闇に微笑みを浮かべる姿は安らぎに満ちている

石像・両面宿儺像

慶長3年(1598)に建立された土蔵に安置されている千光寺最大の宿儺像。千光寺を開いた人物として祀られてきた。武人の姿をしている。普段はお堂の小窓から2つの顔を拝顔できる。

円空は自然に生えている木にはしごを掛けて仁王像を彫ったとされる

金剛力士(仁王)立像 吽形

千光寺境内の立ち木をそのまま彫った一対(阿吽)の仁王像のうちのひとつ。高さ2mを超える姿は圧巻。裏側は木の姿がそのまま残っている。

宇賀神

日照りが続き、雨を乞う村人の願いを叶えるために作られたようである。蛇の胴体に老人の頭を持つ神様だが、どこかユーモラスでマスコットのような存在だ。

とぐろを巻いた蛇に老人または女性の頭部を持つ。福の神として信仰されてきた

個性豊かな仏像

円空仏に見られるさまざまな意匠

「円空仏」と呼ばれる独特の作風は彼が修行の旅を続けるうちに生まれた。初期はリアルで採色されているが、次第に簡素化されダイナミックな手法へと変化する。円熟期の鉈ばつりはナタを上から下に振り降ろす(はつる)ことで生まれ、千光寺の円空仏に見られる。端材に簡単な造形を施したおびただしい数の木っ端仏も存在する。

ミュージアムグッズ

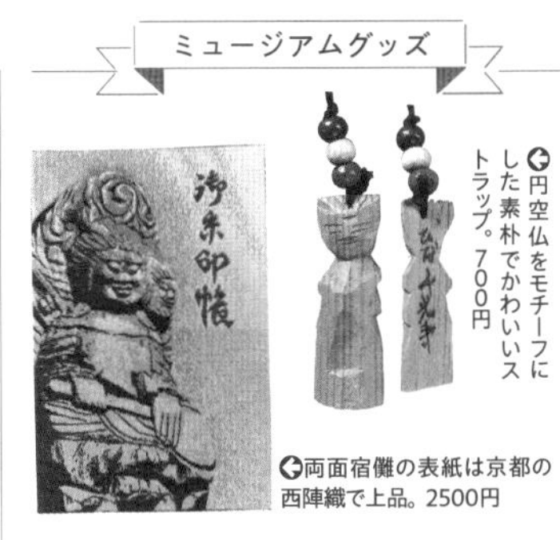

円空仏をモチーフにした素朴でかわいいストラップ。700円

両面宿儺の表紙は京都の西陣織で上品。2500円

山岳信仰

広大な敷地に11施設が点在

立山博物館

たてやまはくぶつかん

富山県立山町

施設と歴史的遺構を有機的に結びつけた広域分散型博物館

富山市中心部から約30km離れた立山山麓に点在する博物館施設や歴史的遺構によって、立山の歴史と文化、立山信仰の世界、さらにはその舞台である自然を総合的に紹介している。平安の昔から変わらぬ立山の山並みを借景とした総面積約13haの広大な敷地は、「教界」「聖界」「遊界」と名付けられた3つのゾーンで構成され、展示物や映像、アート作品、史跡巡り、自然散策などが堪能できる。

DATA & ACCESS

☎076-481-1216 所富山県立山町芦峅寺93-1 開9:30～17:00(最終入館16:30) 休月曜(祝日の場合は翌日)、ほか臨時休あり 料展示館300円、遙望館100円、まんだら遊苑400円 交北陸自動車道・立山ICから車で30分 Pあり

ミュージアムグッズ

↑立山の霊獣「くたべ」をプリントしたエコバッグ各350円

立山信仰の世界を知る

聖界ゾーン

立山の自然と立山曼荼羅の世界の映像を3面大型スクリーンで上映するメイン施設の遙望館をはじめ、南北朝時代の作とされる仏像が安置される閻魔堂などが点在。

聖界のメイン施設・遙望館

立山の自然と人の関わり

教界ゾーン

立山博物館の中核となるメイン施設の展示館では、常設展示や企画展示で立山の自然や歴史、文化を詳しく紹介。ゾーン内には山岳文化に関する資料を展示する山岳集古未来館などもある。

1 

2 

1 1階に受付とミュージアムショップ、企画展示室、3階と2階には常設展示室がある展示館
2 展示館の第1展示室に設けられた「ブナ林の森」

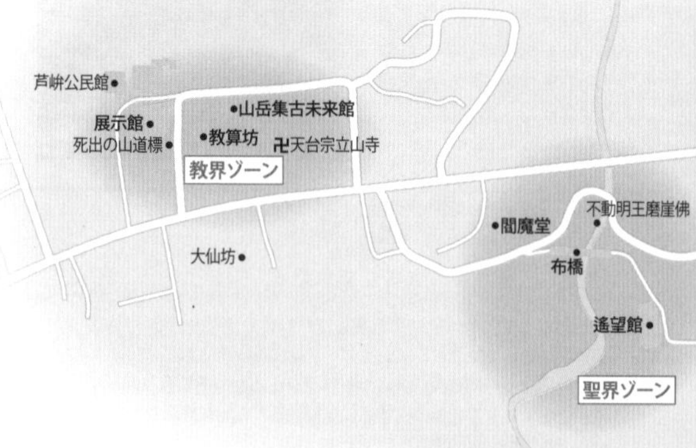

遙望館から見える飛騨山脈・立山連峰の大日岳

1

立山曼荼羅のひとつ「吉祥坊本」。立山への登拝は擬死再生でもあった、立山信仰を広めるために用いられた
所蔵:富山県[立山博物館]

立山曼荼羅の世界を体感

遊界ゾーン

立山信仰の真理を凝集した「立山曼荼羅」の世界を、造形や音、光、香りの演出によるオブジェやアートなどで体感できるメイン施設のまんだら遊苑のほか、創建当時の宿坊建築様式を伝える善道坊や国指定重要文化財の嶋家などがある。

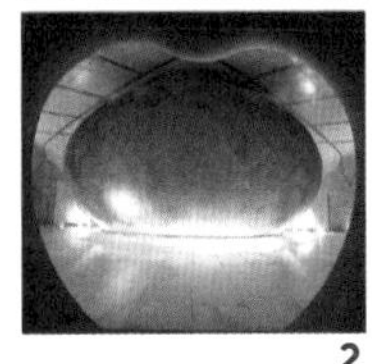

2

3

1地獄の世界を表現した「焔魔堂」内の通路
2 巨大な繭のような形をしたオブジェ「天卵宮」は中に入ることができる
3 常願寺川へ突き出た「精霊橋」。橋の先端には救世の鐘がついている

立山KINGS
有馬家
善道坊
嶋家
遊界ゾーン
かもしか園
まんだら遊苑
N
0
100m

もっと知りたい!!

敷地内には見どころがいっぱい!

広大な敷地にさまざまな施設や史跡が分散する立山博物館は、地域の歴史的空間全体をあちこち散策して巡り、時間をかけてじっくり体感するのがおすすめ。

江戸時代後期の創建と考えられている旧宿坊の「教算坊」

国の特別天然記念物ニホンカモシカの保護と増殖のための施設「かもしか園」

曼荼羅

曼荼羅から学ぶ仏教美術

観蔵院 曼荼羅美術館

かんぞういん まんだらびじゅつかん

東京都練馬区

曼荼羅で知る仏の世界
本館

巨大な曼荼羅を前にその美しさと荘厳さに心打たれ仏画の世界に浸る。静かで落ち着いた空間にたたずむと、諸仏が語りかけてくるような気持ちになる

染川英輔(日本画家・仏画)が18年がかりで完成させた両部曼荼羅をはじめ、その弟子たちによる別尊曼荼羅、小峰智行住職による悉曇文字(梵字)の書などを展示。

曼荼羅を中心に日本やネパールの仏画や書などを紹介

曼荼羅とは密教の世界で考えられている悟りの世界を絵画で表したものをいう。その代表的なものが「金剛界曼荼羅」と「胎蔵界曼荼羅」だ。これらはともに大日如来を本尊としており、二幅一対で両部(界)曼荼羅という。曼荼羅美術館は両部曼荼羅を中心に、日本やネパールの仏画や古代インドの悉曇文字の書、民俗画、ミニアチュールなどをコレクション。仏画の教室なども随時開催している。

DATA & ACCESS

☎03-3996-6858 所東京都練馬区南田中4-15-24 開10:00～16:00(最終入館15:30) 休月～金曜、8月、臨時休あり 料500円 交西武池袋線・練馬高野台駅から徒歩10分 Pあり

ネパールの仏画を展示
別館

現代ネパール最高峰とされる仏画家・ロク・チトラカール氏の仏画を展示。氏は幼い頃から40年以上にわたって仏画を描き続けている。同氏のコレクションは世界随一を誇る。

曼荼羅美術館は観蔵院という寺の境内に位置。自然が豊かで地域文化の中心拠点でもある

↑定番のポストカードや梵字Tシャツといったオリジナルグッズをはじめ、写経セットなども販売している

ナマハゲ

男鹿のナマハゲが勢揃い

なまはげ館
なまはげかん

秋田県男鹿市

「怠け者はいねが〜。泣く子はいねが〜」と大みそかに各家々を練り歩く「男鹿のナマハゲ」は、国指定の重要無形民俗文化財で、ユネスコの無形文化遺産にも登録されている。「なまはげ館」では多種多様なナマハゲ面の展示や映像などで、ナマハゲの文化を詳しく紹介。

DATA & ACCESS

☎0185-22-5050 所秋田県男鹿市北浦真山水喰沢 開8:30〜17:00 休無休 料550円 交秋田自動車道・昭和男鹿半島ICから車で40分 Pあり

男鹿市内各地で実際に使われている150枚以上のナマハゲの面が揃う

男鹿の寒風山で採石される「男鹿石」を多用した石造りの外観

祭り

絢爛豪華な祭屋台が圧巻

飛騨高山まつりの森ミュージアム
ひだたかやままつりのもりミュージアム

岐阜県高山市

毎年春秋の2回行われる高山祭には、“動く陽明門”と呼ばれる絢爛豪華な屋台(山車)が登場する。「まつりの森ミュージアム」には新造された平成屋台とともに、巧みなからくりの実演や日本一を誇る神輿などが展示されている。祭り好きにはたまらない施設だ。

DATA & ACCESS

☎0577-37-1005 所岐阜県高山市千島町1111 開9:00〜17:00 休無休 料1000円 交東海北陸自動車道・高山西ICから車で20分 Pあり

8m級の8台の屋台が一堂に介する様子は圧巻。見事な金具や彫刻など見応えは十分

匠の技を駆使した伝統とハイテクノロジーが融合した現代のハイブリッドなからくり人形

ねぶた

大迫力の立佞武多が鎮座する

立佞武多の館

たちねぷたのやかた

青森県五所川原市

立佞武多は毎年8月4～8日に行われる祭りに登場する巨大な人形灯籠だ。高さ23m重さ約19tに達するものもある。毎年1体が「立佞武多の館」で製作され、祭りが終わると展示室で次の出番を待つ。青森県ゆかりの美術作品や物産コーナー、カフェなどもある。

「竹取物語」のかぐや姫をモチーフにした立佞武多。暗闇に浮かぶ姿は幻想的で美しい

DATA & ACCESS

☎0173-38-3232 所青森県五所川原市大町506-10 開9:00～17:00 休無休 料650円 交JR五能線・五所川原駅から徒歩5分 Pあり

高さ23mの大型立佞武多3台を常設展示。製作体験もできる。展望ラウンジからの眺めも素晴らしい(左)。金魚ねぶたや団扇などの製作体験も(右)

輪島キリコ

キリコがいざなう能登の祭りの世界

輪島キリコ会館

わじまキリコかいかん

石川県輪島市

能登のキリコ祭は江戸時代から続く勇壮で豪快な伝統行事だ。キリコとは巨大な灯籠をいい、最大で4階建てのビルほどの高さがあるという。夏から秋にかけて能登半島各地で行われ、「輪島キリコ会館」では大小のキリコ31基を常設展示。映像でも紹介している。

2階の空中回廊からは巨大なキリコを見下ろせる。またスクリーンで見ることもできる

DATA & ACCESS

☎0768-22-7100 所石川県輪島市マリンタウン6-1 開9:00～17:00 休無休 料630円 交能越自動車道・のと里山空港ICから車で30分 Pあり

日本海に面しており、3階の展望ロビーからは雄大な日本海の荒波を眺めることができる

感動を呼ぶ表現・活動の源泉に迫る

メディア・娯楽・スポーツ

広告

アートな刺激に満ちた広告作品

アドミュージアム東京

アドミュージアムとうきょう

東京都港区

世界的にも類を見ない広告専門のミュージアム

広告に関する研究助成などを行う吉田秀雄記念事業財団が平成14年(2002)に設立した広告専門のミュージアム。江戸時代から現代まで約33万点の広告作品を収蔵している。日本の広告の歴史を紹介する「常設展示室」と、広告賞受賞作やオリジナルの企画展などを開催する「企画展示室」のほか、デジタルアーカイブや専門書籍が揃ったライブラリーも充実している。

DATA & ACCESS

☎03-6218-2500 所東京都港区東新橋1-8-2 カレッタ汐留B2 開12:00~18:00 休日・月曜、ほか臨時休あり 料無料 交地下鉄・汐留駅から徒歩2分 Pなし

入口のそばにはくつろげるスペースとしておしゃれなラウンジがある

心を動かす広告

視聴ブース「4つのきもち」

「元気がでる広告(Yeah!)」「心あたたまる広告(Love)」「考えさせられる広告(Hmmm…)」「びっくりする広告(Wow!)」の4カテゴリーに分けて、心動かされる優れた広告を展示。雲のようなブースの中でじっくり視聴できる。

広告のルーツを見聞

ニッポン広告史

「広告は社会と人間を映す鏡」をコンセプトに、江戸時代から現代まで、時代を象徴する広告を展示。時代を6つに区分けし、年代ごとの世相・風俗とともに、日本の広告の歴史をたどることができる。

1 壁の上部に江戸時代のユニークな看板を展示
2 モダンなデザインが目を引く大正から昭和前期のポスター
3 懐かしさを誘う戦後の復興期から平成期の広告が並ぶ

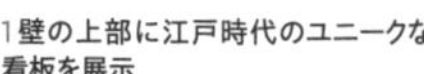

1

2

3

名作揃いのCMが視聴できるブースは映える撮影スポットとしても人気

多彩なCMを自由に閲覧
コレクション・テーブル

1950年代から現在までのTVCMなどを閲覧できる「デジタル・コレクションテーブル」と、引き札や錦絵、絵ビラ、CMの絵コンテなどをパネル展示した「アナログテーブル」がある。

大型モニター上のサムネイルをタッチ！ 時代とキーワードで検索も自在

貴重な資料が充実
ライブラリー

広告に関する専門図書館。国内外の広告関連の書籍や雑誌、広告賞の作品集などが閲覧できる。

ミュージアムグッズ

➡大正時代の輸出用お茶ラベルのデザインを使ったマグネット

⬇大正時代の「ミツワ練歯磨」ポスターをデザインしたコンパクトミラー

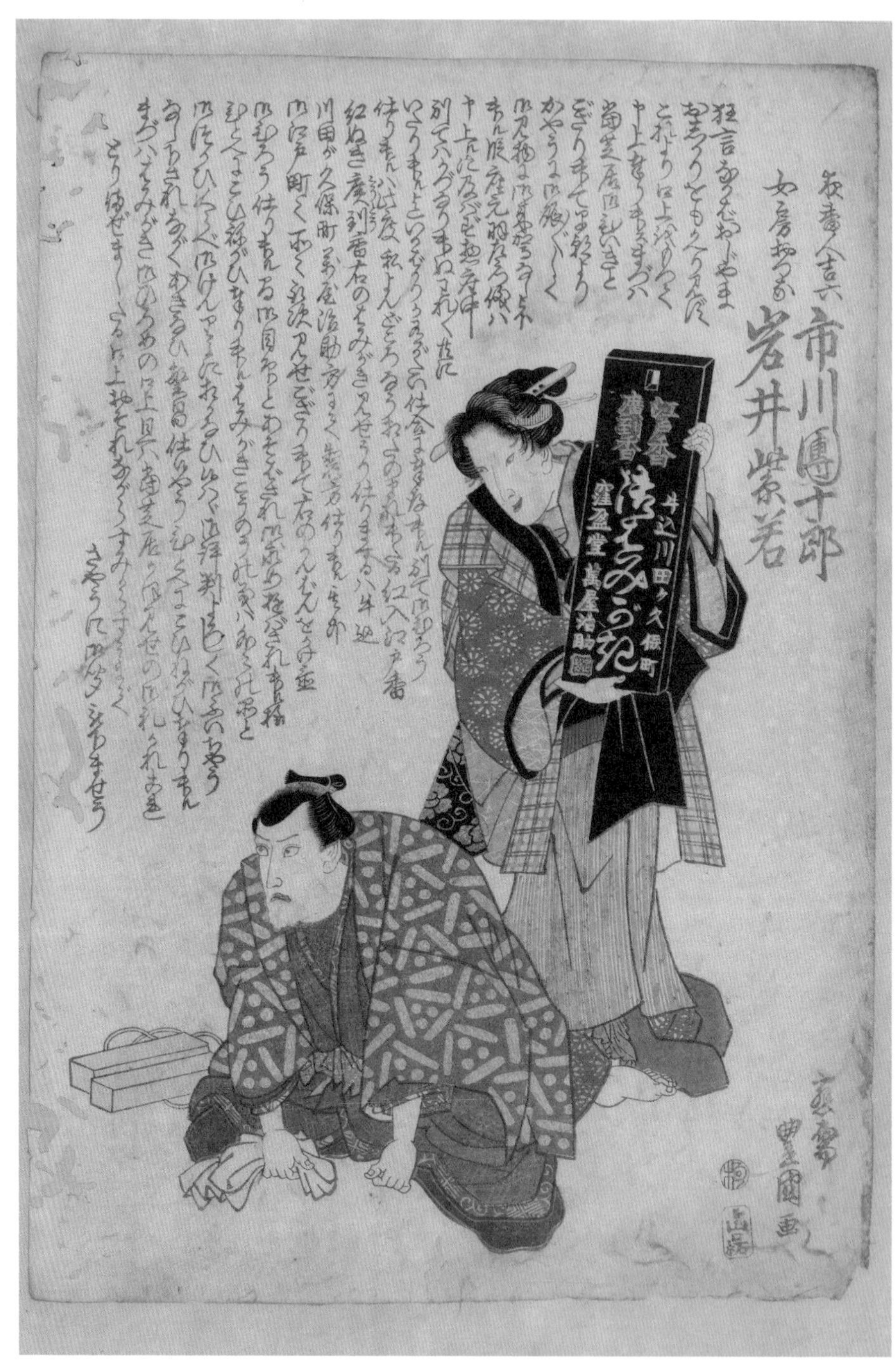

＜錦絵＞
「江戸香」「広到香」御はみがき
歌川豊国 画／文政8年（1825）

文政8年(1825) に制作された歌川豊国の役者絵。歯磨き粉の口上を述べる7代目・市川團十郎と看板を掲げる岩井紫若が描かれ、芝居の幕間に現代のCMのように宣伝を行っていた当時の様子を伝えている。

アドミュージアム東京

＜ポスター＞
春の新柄陳列会
三越呉服店／大正3年(1914)

大正3年(1914)に制作された三越呉服店のポスターは、グラフィックデザイナーの先駆者である杉浦非水が手がけたもの。アールヌーボー様式を取り入れた代表作で、日本のデザイン界に新しい表現をもたらした。

映像

映像づくりの裏側を体感しよう

SKIP シティ 彩の国ビジュアルプラザ 映像ミュージアム

スキップシティ さいのくにビジュアルプラザ えいぞうミュージアム

埼玉県川口市

監督や役者気分を満喫

映像学習ゾーン

編集、効果音、VFX(視覚効果)、アニメ制作、CGなどのコーナーが充実。効果音づくりの体験や実写との合成、セット内での撮影など多種多様な映像体験ができる。

1

2

3

1 オープンカーに乗ってさまざまな景色をドライブする、スクリーンプロセスによる映像合成体験ができる
2 美術セットの中で撮影。カメラマンや役者気分が味わえる
3 映画の撮影現場を再現したジオラマ。ARで映像制作の仕事を学ぶ

「映像の原理」のコーナーでは、映像の成り立ちや歴史をさまざまな機器を通して学ぶことができる

歴史から最新技術まで 遊びながら映像を学ぶ

日本で唯一の映像専門ミュージアム。ホールやライブラリー、スタジオなど映像関連の6施設が集まった彩の国ビジュアルプラザの人気スポットだ。本格的な美術セットや照明、モーションキャプチャーなどの最新技術まで揃い、実際に見て、触れて、体験ができる。遊びながら映画やテレビの仕組みが学べるほか、企画展やワークショップも開催している。

DATA & ACCESS

☎048-265-2500 所埼玉県川口市上青木3-12-63 開9:30～17:00(最終入館16:30) 休月曜(祝日の場合は翌日) 料520円 交JR京浜東北線・川口駅から国際興業バスで13分、川口市立高校バス停下車、徒歩5分 Pあり(有料)

ニュース番組を制作

アナウンサー体験

本格的なニューススタジオでニュース原稿を読むアナウンス体験(土・日曜、祝日のみ)ができる。インストラクターがサポートしてくれるから誰でも気軽にキャスター気分が味わえると人気。

リアルな合成映像を作る

合成撮影アトラクション

空飛ぶじゅうたんに乗って「世界旅行」や「恐竜ランド」へ冒険するクロマキー合成を体験。映画の登場人物になったようなリアルな合成映像がモニターで楽しめる。

体験! MUSEUM

ワークショップを開催

ピタゴラ装置を作って撮影

小学生を対象に第1土曜、第3日曜に開催。身近な材料でピタゴラ装置を制作し、実際に動かしてその様子をカメラやスマホなどで撮影。

わくわくワークショップ

小学生を対象に土・日曜、祝日に週替わりで6種類のワークショップを開催。簡単な工作で映像の原理を学べる。

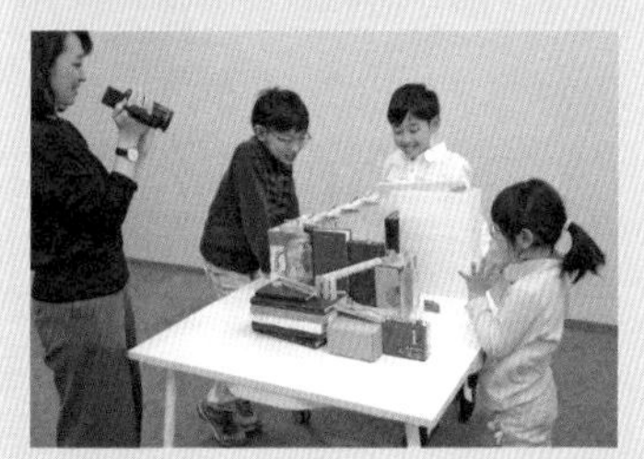

マンガ

マンガを学ぶ、マンガから学ぶ

京都国際マンガミュージアム

きょうとこくさいマンガミュージアム

京都府京都市

ここにしかない貴重な資料も世界が注目するマンガの殿堂

博物館的機能と図書館的機能を併せ持った新しい文化施設として、平成18年(2006)に開館。江戸期の戯画浮世絵から明治・大正・昭和初期の雑誌、戦後の貸本から現在の人気作品、海外のものまで、約30万点を所蔵し、常設展や企画展などで選出して公開している。制作実演や紙芝居などライブ型展示も充実。昭和初期建造の元・龍池小学校校舎を活用した建物は、当時のたたずまいが残されている。

DATA & ACCESS

☎075-254-7414 所京都府京都市中京区烏丸通御池上ル 開10:30〜17:30(最終入館17:00) 休火・水曜(祝日の場合は翌日 ※2023年4月1日より水曜のみ)、メンテナンス期間 料900円 交地下鉄烏丸線・烏丸御池駅から徒歩2分 Pなし

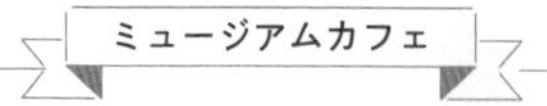

前田珈琲 マンガミュージアム店

まえだコーヒー マンガミュージアムてん

壁面に描かれたマンガ家直筆イラストやサインを眺めながら、コーヒーや軽食、企画展とのコラボメニューなどを味わえる。

☎075-251-8811
開10:00〜18:00
(LO17:30)

1970年代以降に発行されたマンガ単行本を中心とする約5万冊を、館内の壁中に広がる総延長200mの書架「マンガの壁」に配架。自由に閲覧することができる

伝説技法の巨大彫刻

「火の鳥」オブジェ

手塚治虫の代表作のキャラクターを「寄木造り」や「玉眼」など仏像彫刻の技術を駆使して制作した、縦4.5m×横11mのアート作品。吹き抜け壁面に設置。

©Tezuka Productions

世界にふたつとないお宝

来館記念 石膏手型「マンガ家の手」

イベント等で来館したマンガ家の手をそのままかたどった石膏手型を100以上展示。それぞれの手の特徴やペンの持ち方の違いを観察することができる。

マンガ制作の現場を公開

マンガ工房

プロとして活躍しているマンガ家が、原稿用紙に絵を下描きするところから完成までを実演。マンガの描き方について相談できるコーナー（有料）も設置している。

オリジナル似顔絵

ニガオエコーナー

作家オリジナルのタッチやアニメ風タッチなどイラストの仕上がりも選べる。作家と楽しく話しながら描いてもらえる（有料。土・日曜、祝日のみ実施）。

ミュージアムショップ

↑限定アイテムや珍しい翻訳マンガ、研究資料など約3000点のグッズがずらりと並ぶ

↑MM オリジナル絵ハガキ（約4種類）各150円

マンガ

巨匠が集った伝説のアパート

豊島区立トキワ荘マンガミュージアム

としまくりつトキワそうマンガミュージアム

東京都豊島区

マンガの聖地の象徴として マンガ・アニメ文化を発信

かつて手塚治虫をはじめとするマンガの巨匠たちが住み集い、青春の日々を過ごした伝説のアパートを模したミュージアム。現在の人々に当時の思いやエネルギーを伝えることにより、マンガ・アニメを核とする地域文化の継承・発展を目指している。外観・内装は、マンガ家たちが切磋琢磨した当時のトキワ荘を忠実に再現し、昭和20年代後半〜30年代の生活風景を体感することができる。

DATA & ACCESS

☎03-6912-7706 所東京都豊島区南長崎3-9-22 開10:00〜18:00(最終入館17:30) 休月曜(祝日の場合は翌平日) 料特別企画展期間中は全館有料 交地下鉄大江戸線・落合南長崎駅から徒歩5分 P障がい者専用のみ2台分(要事前連絡)

トキワ荘マンガミュージアムから徒歩圏内にあるトキワ荘通り昭和レトロ館。昭和時代の歴史や文化を、次世代に継承するため整備された文化施設だ。六畳一間で、昭和時代に思いを馳せる

トキワ荘をリアルに再現

2階フロア

9つの居室と共同炊事場、便所、常設展示室で構成。マンガの道具や描き方、トキワ荘や地域の歴史を紹介するコーナーもある。

描きかけの原稿やペンが置かれたマンガ家の部屋。当時の生活ぶりや雰囲気までが伝わってくる

細部まで徹底して再現
昭和の木造アパート

写真や関係者への聞き取りから、外観から間取りまでを忠実に再現。外壁や内装はあえて汚す演出で、使い込まれたトキワ荘をよみがえらせている。

1

2

1 踏むとギシギシと鳴る音まで再現した当時の姿の木造階段
2 昭和の古いアパートや下宿ではポピュラーだった共用内廊下

トキワ荘ゆかりの
マンガ家作品を展示
マンガラウンジ

トキワ荘ゆかりのマンガ家の作品を壁面の大型書棚に展示。トキワ荘のジオラマやマンガ史年表の展示、マンガ家たちのインタビュー映像の上映も行っている。

企画展示室とマンガラウンジのある1階フロアは、マンガの新たな魅力を感じられる空間

屋上にある「はらっぱ」にはおなじみの土管や藤子作品のキャラクターが点在。フォトスポットとしても人気

マンガ

作品に込めた思いを未来へ伝え続ける

川崎市 藤子・F・不二雄ミュージアム

かわさきしふじこ・エフ・ふじおミュージアム

神奈川県川崎市

夢と遊び心があふれる「すこしふしぎ」な世界へ

藤子・F・不二雄が長年暮らした多摩区にあり、『ドラえもん』をはじめとする作品の世界や、そのメッセージにふれられる美術館。「S.F.とは『すこしふしぎ』という意味」と語っていたF先生を表すかのように、展示室や読書コーナー、映像シアター、作品にちなむメニューが並ぶカフェなど、夢と遊び心にあふれた空間になっている。人気キャラクターのいる「はらっぱ」を含め、時間を忘れて楽しめる場だ。

DATA & ACCESS

☎0570-055-245 所神奈川県川崎市多摩区長尾2-8-1 開10:00～18:00 休火曜 料1000円(日時指定の予約制) 交小田急線・登戸駅から徒歩16分、または登戸駅から直行バス(有料)あり Pなし

©Fujiko-Pro

※展示内容は変更の場合あり

特別展示
『藤子･F･不二雄とドラえもん』
展示室Ⅰ

マンガ、アニメ、映画などのクロスメディアの先駆けとして活躍し続けている『ドラえもん』のマンガ連載50年の歩みを振り返ることができる。

数々の名作が生まれた
先生の部屋

大好きな恐竜のフィギュアに囲まれたF先生愛用の仕事机を展示。天井までのびる膨大な資料が並ぶ本棚からは、子どもたちに対する真摯な姿勢がうかがえる。

ミュージアムグルメ & グッズ

フレンチトーストde アンキパン1080円

ドラえもんフィナンシェ1080円

デニムドラえもんぬいぐるみ2200円

1階の天井材には、昭和39年(1964)東京大会でアイルランドなどの選手団が持ち寄った母国の木の種を大事に育てた北海道遠軽町の木々を使用している

オリンピック

日本のオリンピック・ムーブメントの発信拠点

日本オリンピックミュージアム

にほんオリンピックミュージアム

東京都新宿区

オリンピックのレガシーと未来を知る、学ぶ、体験する

「みんなのオリンピックミュージアム」をコンセプトに、JOCとアスリート、来館者とともにつくり上げる「日本のオリンピック・ムーブメントの発信拠点」として2019年にオープン。オリンピックの歴史や意義を知り、オリンピックとは何かを来館者が自ら考え、体験し、学ぶことができる。オリンピアン自身が運営・企画へ参加し、国民とのコミュニケーション活動の場としても活用されている。

DATA & ACCESS

☎03-6910-5561 所東京都新宿区霞ヶ丘町4-2 JAPAN SPORT OLYMPIC SQUARE 1-2F 開10:00～17:00(最終入館16:30) 休月曜(祝日の場合は翌日)、展示替え期間 料500円 交地下鉄銀座線・外苑前駅から徒歩5分 Ⓟなし

体験！MUSEUM

オリンピアンの身体能力に挑戦

オリンピックゲームス

最新テクノロジーを使って、競技に共通する複数の身体の動きをブース内で測定することができる。

歴史を踏まえ全体像を探る

世界とオリンピック

オリンピックが世界とどのように関係してきたかをさまざまな視点から紹介。歴代の聖火リレートーチやメダルなどの貴重な展示物も必見。

日本の歴代大会を紹介

日本とオリンピック

昭和15年(1940)の幻の東京大会を含め歴代大会の資料を展示し、その背後にあった日本人の挑戦に焦点を当てることで、日本がオリンピックに与えた影響を学ぶことができる。

選手の肉声や言葉を伝える

オリンピズムストーリーズ

オリンピアンや関係者たちの内面に着目し、インタビューやエピソードを映像で紹介。各々の考え方や生き方にふれ、オリンピズムへの理解が深められる。

オリンピック

冬季オリンピックの感動とレガシー

札幌オリンピックミュージアム

さっぽろオリンピックミュージアム

北海道札幌市

氷雪に刻まれた物語を追体験できる展示とシミュレーター

オリンピックやパラリンピックの歴史と理念を伝え、ウインタースポーツの普及と発展を目指す施設。館内には、スポーツの精神や感動、選手たちの偉業を紹介する多彩な展示、競技を体感できる数々のシミュレーターが揃っている。また、昭和47年(1972)の札幌大会の遺産を今に伝えるコーナーもあり、真冬に繰り広げられた熱き闘いや人々の興奮を追体験することができる。

DATA & ACCESS

☎011-641-8585(大倉山ジャンプ競技場) 所北海道札幌市中央区宮の森1274(大倉山ジャンプ競技場内) 開9:00～18:00(11月1日～4月30日9:30～17:00)最終入館は各30分前 休不定休 料600円 交地下鉄東西線・円山公園駅から車で10分 Pあり

冬季パラリンピックの競技やルールなどとともに、パラリンピック誕生のきっかけや崇高な精神、発展の歴史を紹介

メダリストたちのグッズ

日本のオリンピアンコーナー

大会出場選手が実際に使った競技用具を展示するギャラリー。普段は間近で見ることができない、希少な用具が多数並んでいる。

躍動感と感動を体感

パノラマシアター

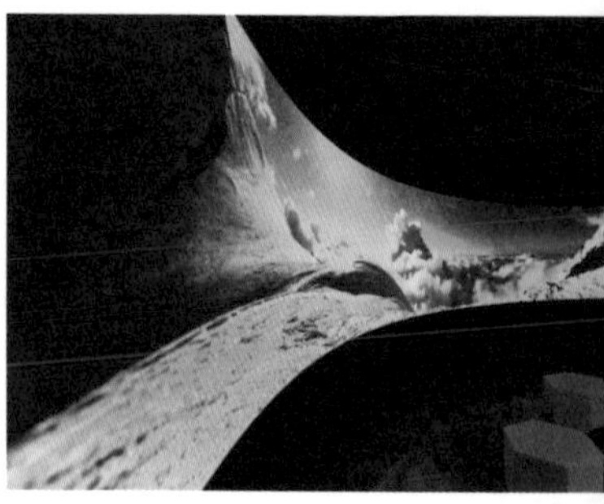

壁に沿って湾曲した巨大円形スクリーンに、さまざまな競技の記録映像やオリンピックの伝統と歴史が学べる映像の数々が映し出される。大迫力の映像に、思わずオリンピズムの世界に引き込まれる。

スキーやスケートの歴史紹介や企画展示のコーナー、さまざまな競技の体験シミュレーターなどがある1階フロア

冬季オリンピックの歴史
オリンピックゲームス

90年を超える冬季オリンピックの歴史を歴代のメダルのデザインやトピックスなどとともに紹介。時代とともに進化する競技用具も展示されている。

札幌1972大会の軌跡
札幌オリンピックレガシー

アジア初の冬季オリンピックが開催された道のりや大会のハイライトを、日本初の西洋式山小屋を再現したパラダイスヒュッテ内で紹介。

札幌オリンピックレガシーコーナーでは、札幌1972大会のメダルや聖火トーチも展示している

体験！MUSEUM
選手の視点で競技を体感

1階体験ブース

「スキージャンプ」「クロスカントリースキー・レース」「ボブスレー滑走」「テイクオフタイミング」「アイスホッケーゴールキーパー体験」「スピードスケートトレーニング」の6種類のシミュレーターがあり、アスリートの闘いを選手の視点で体感。シミュレーターを通じて、氷雪の世界独特のスピード感や飛翔感を味わうことができる。

大型映像スクリーンの前に立ってラージヒルジャンプを疑似体験(小学生以上対象)

トレーニング用のスライドボードで、スピードスケートの選手の運動量を体感

実物大の4人乗りボブスレーに乗り込み、滑走スピードやコーナリングを体感できる

写真:国立映画アーカイブ

映画

日本で唯一の国立映画機関

国立映画アーカイブ
こくりつえいがアーカイブ

東京都中央区

映画を保存・公開し、映画に関する教育拠点、映画を通した国際連携・協力の拠点として機能。2つの上映ホールと展示室、図書室を備え、さまざまなテーマの企画上映を行うほか、展示室では映画資料の展示、図書室では映画文献の公開を行っている。

↑膨大な数の映画フィルムや映画関連資料を保存し、映画文化の振興を図っている

↑監督、ジャンル、時代などテーマごとの特集上映を行っている310席の長瀬記念ホールOZU

DATA & ACCESS

☎050-5541-8600(ハローダイヤル) 所東京都中央区京橋 3-7-6 開展示室11:00～18:30(毎月最終金曜は～20:00)最終入館は各30分前 休月曜、上映準備・展示替え期間 料展示室250円 交地下鉄銀座線・京橋駅から徒歩すぐ Pなし ※上映ホール、図書室の利用時間、定休日、料金はHPで要確認

映画

尾道ゆかりの映画が中心

おのみち映画資料館
おのみちえいがしりょうかん

広島県尾道市

「映画のまち・尾道」で撮影された小津安二郎監督の『東京物語』や、広島県出身の新藤兼人監督の『裸の島』など、尾道ゆかりの作品や資料を中心に展示している。ミニシアターでは、尾道ゆかりの映画の予告編などを上映している。

↑明治時代の倉庫を改装し、入口には映写機が置かれ、この館のシンボルになっている

↑尾道が舞台となった映画のロケ写真や往年の日活映画のポスターなどが展示されている

DATA & ACCESS

☎0848-37-8141 所広島県尾道市久保1-14-10 開10:00～18:00(最終入館17:30) 休火曜(祝日の場合は翌日) 料520円 交JR山陽本線・尾道駅から徒歩15分 Pなし(尾道市役所駐車場を利用)

写真:NHK放送博物館

放送

放送の歴史や技術を体験

NHK放送博物館
エヌエイチケイ ほうそうはくぶつかん

東京都港区

世界初の放送専門博物館として、昭和31年(1956)に“放送のふるさと”愛宕山に開館。放送の歴史に関する約2万7000件の資料と約8000点の図書を所蔵。番組公開ライブラリーでは約1万件の番組が、愛宕山8Kシアターでは最新の8K番組が視聴できる。

↑展示フロアの歴代の懐かしい人形劇や子ども番組に関する展示は、世代を超えて楽しめる

↑ヒストリーコーナーには、放送を支えた歴代のテレビカメラなどを展示している

DATA & ACCESS

☎03-5400-6900 所東京都港区愛宕2-1-1 開10:00～16:30(最終入館16:00) 休月曜(祝日の場合は開館) 料無料 交地下鉄日比谷線・神谷町駅から徒歩8分 Pあり

新聞

日刊新聞発祥の地から発信

ニュースパーク（日本新聞博物館）

ニュースパーク（にほんしんぶんはくぶつかん）

神奈川県横浜市

日本新聞協会が運営する情報と新聞の博物館。新聞記者になって取材体験をするゲームやオリジナルの新聞づくりができる「製作工房」など体験コーナーが充実し、新聞・ジャーナリズムが果たす役割を歴史的資料だけでなく、体験型展示で楽しく学べる。

タブレットで昔の横浜を取材して新聞を作るゲーム。完成した新聞は持ち帰ることができる

情報が大量にあふれる時代に、情報とのつきあい方と新聞の役割を学べる

DATA & ACCESS

☎045-661-2040 所神奈川県横浜市中区日本大通11 横浜情報文化センター 開10:00～17:00(最終入館16:30) 休月曜(祝日の場合は翌日) 料400円 交みなとみらい線・日本大通り駅直結 Pなし

レコード

100万枚超のレコードを所蔵

レ・コード館

レ・コードかん

北海道新冠町

道の駅 サラブレッドロード新冠に併設。入館無料のレ・コードプラザには、懐かしのレコードジャケットが展示され、見学コースでは世界的にもハイグレードなスピーカーシステムを備えたレ・コードホールで、全国から集まったレコードコレクションを視聴できる。

展望タワーから新冠の街並みや牧場風景、日高山脈などの雄大な自然を一望できる

国内最大級のオールホーン・スピーカーシステムを誇るレ・コードホール

DATA & ACCESS

☎0146-45-7833 所北海道新冠町中央町1-4 開10:00～17:00 休月曜(祝日の場合は翌日)、祝日の翌日 料300円 交日高自動車道・日高厚賀ICから車で15分 Pあり

マンガ

マンガ文化を楽しく紹介

北九州市漫画ミュージアム

きたきゅうしゅうまんがミュージアム

福岡県北九州市

松本零士、わたせせいぞう、畑中純、陸奥A子など北九州ゆかりのマンガ家を中心に、マンガ作品や関連資料を収集・保存し、マンガの特性や魅力を発信。館内は見る・読む・描くの3つのテーマで構成され、約7万冊のマンガ単行本を閲覧できるコーナーもある。

エントランスでは、等身大のキャプテンハーロックのフィギュアと記念撮影ができる

ゆったりとマンガが読み放題！一日中いたくなる夢の空間

DATA & ACCESS

☎093-512-5077 所福岡県北九州市小倉北区浅野2-14-5 あるあるCity5-6F 開11:00～19:00(最終入館18:30) 休火曜(祝日の場合は翌日) 料480円 交JR鹿児島本線・小倉駅から徒歩2分 Pなし

エリア別博物館リスト

北海道・東北

北海道●函館市
市立函館博物館
しりつはこだてはくぶつかん
「北海道志海苔中世遺構出土銭」を含む考古資料やアイヌ風俗画、ペリー来航・箱館戦争ほか歴史や民俗資料などを展示。

北海道●江差町
開陽丸記念館
かいようまるきねんかん
徳川幕府が建造し明治元年に沈没した開陽丸。平成2年(1990)実物大で復元し海底から引き揚げた遺物、約3000点を収蔵。

北海道●札幌市
北海道博物館
ほっかいどうはくぶつかん
自然環境と人との関係やアイヌ民族の文化、本州からの移住者の暮らしなど、北海道の自然・歴史・文化を紹介する。

青森県●外ヶ浜町
青函トンネル記念館
せいかんトンネルきねんかん
青函トンネルの数々の軌跡を音や映像、立体モデル、海面下140mの体験坑道や当時の現場の再現などで展示紹介。

青森県●青森市
八甲田山雪中行軍遭難資料館
はっこうださんせっちゅうこうぐんそうなんしりょうかん
明治35年(1902)に起きた陸軍歩兵第五聯隊の事件について、背景や行軍計画、遭難・捜索の様子を資料展示と映像で紹介。

岩手県●盛岡市
岩手県立博物館
いわたけんりつはくぶつかん
地質時代から現代に至る地質・考古・歴史・民俗・生物など、岩手県の自然と文化に関する貴重な資料を展示する総合博物館。

岩手県●遠野市
遠野市立博物館
とおのしりつはくぶつかん
昭和55年(1980)に開館した民俗専門博物館。『遠野物語』発刊100周年と開館30周年の平成22年(2010)にリニューアルした。

岩手県●久慈市
久慈琥珀博物館
くじこはくはくぶつかん
国内唯一の琥珀専門博物館。中から昆虫化石が発見され考古学的にも注目される中生代白亜紀後期の貴重な琥珀を展示。

宮城県●多賀城市
東北歴史博物館
とうほくれきしはくぶつかん
縄文人や東北各地の無形文化財などの総合展示とともに、人気マンガ『キングダム』の展覧会など興味深い企画展も開催。

宮城県●塩竈市
鹽竈神社博物館
しおがまじんじゃはくぶつかん
鹽竈神社境内にあり、伝来の宝物を中心に神社の歴史資料などを公開。主祭神・塩土老翁神関連の資料も展示している。

北海道・東北

宮城県●気仙沼市
シャークミュージアム

東日本大震災後、奮闘する地元の人々の記録や、気仙沼と関係の深いサメの生態、人々の海との絆を体感型展示で紹介。

秋田県●秋田市
秋田県立博物館
あきたけんりつはくぶつかん
考古・歴史・民俗・工芸・生物・地質関係の資料と、秋田ゆかりの江戸後期の旅行家、菅江真澄(すがえますみ)の資料を展示。

秋田市●秋田市
秋田市立赤れんが郷土館
あきたしりつあかれんがきょうどかん
明治45年(1912)築、ルネサンス様式基調の旧秋田銀行本店を修復した施設。秋田の歴史・民俗・美術工芸の企画展を開催。

秋田県●にかほ市
白瀬南極探検隊記念館
しらせなんきょくたんけんたいきねんかん
市内出身で日本人初の南極探検隊長、白瀬矗(しらせのぶ)を軸に明治末期の南極での壮絶な記録など、観測隊の歴史と現在を展示。

山形県●鶴岡市
致道博物館
ちどうはくぶつかん
庄内藩主酒井家の旧屋敷を公開。重要文化財の役所や住宅、旧鶴岡警察署庁舎など歴史的建築物も移築されている。

山形県●河北町
河北町紅花資料館
かほくちょうべにばなしりょうかん
近郷の豪商、堀米四郎兵衛の屋敷跡で、残されていた武器や生活用品、古文書などを公開。節句には雛人形の展示も。

山形県●鶴岡市
出羽三山歴史博物館
でわさんざんれきしはくぶつかん
出羽三山神社境内にある旧宝物館。出羽三山の歴史や資料、仏像、名刀 月山など神仏習合の修験道時代の宝物を展示。

福島県●会津若松市
福島県立博物館
ふくしまけんりつはくぶつかん
会津鶴ヶ城、三ノ丸跡地にある総合博物館。歴史、考古、自然などの展示に加え、震災の記憶を写真展などで展示。

福島県●南相馬市
南相馬市博物館
みなみそうましはくぶつかん
東ヶ丘公園の相馬野馬追祭場地に隣接。重要無形民俗文化財「相馬野馬追」を中心に周辺地域の自然・歴史・民俗を展示。

福島県●双葉町
東日本大震災・原子力災害伝承館
ひがしにほんだいしんさい・げんしりょくさいがいでんしょうかん
地震、津波、原発事故の被害を伝える実物資料や証言映像に加え、タッチパネル、模型などで未曽有の複合災害を体感。

関東

茨城県●坂東市
ミュージアムパーク茨城県自然博物館
ミュージアムパークいばらきけんしぜんはくぶつかん
茨城の風土に根ざした自然史系博物館。地球環境問題や生物多様性、自然と人間の関わりについて発信している。

茨城県●水戸市
茨城県立歴史館
いばらきけんりつれきしかん
茨城の歴史資料や美術工芸品を展示する本館のほかに、敷地内に江戸時代の農家や明治時代の洋風校舎を移築展示。

茨城県●つくば市
地図と測量の科学館
ちずとそくりょうのかがくかん
地図や測量に関する歴史、原理や仕組み、新技術などを総合的に展示。地図や測量の役割を楽しみながら体感できる。

茨城県●東海村
原子力科学館
げんしりょくかがくかん
原子と原子力の基礎、原子力と放射線の利用、原子力の安全について紹介。CG映像やゆかりの科学者を通して原子力を学ぶ。

栃木県●宇都宮市
栃木県立博物館
とちぎけんりつはくぶつかん
栃木の自然や、そのなかで築かれた暮らしや文化遺産などを展示。「戦争の記憶を引き継ぐ」などの貴重な企画展も開催。

栃木県●日光市
栃木県立日光自然博物館
とちぎけんりつにっこうしぜんはくぶつかん
華厳ノ滝と中禅寺湖に隣接し、自然や歴史を紹介するほか、地域の情報発信基地として自然体験イベントなども行っている。

群馬県●高崎市
群馬県立日本絹の里
ぐんまけんりつにっぽんきぬのさと
繭や生糸に関する資料や絹製品の展示、養蚕の歴史や蚕の生態などを紹介。繭クラフトや手織り、染色などの体験もできる。

群馬県●高山村
群馬県立ぐんま天文台
ぐんまけんりつぐんまてんもんだい
きれいな星空で知られる高山村にあり、人がのぞける世界最大級の望遠鏡での天体観測や、流星群の観察会など開催。

群馬県●高崎市
群馬県立歴史博物館
ぐんまけんりつれきしはくぶつかん
国宝指定の「群馬県綿貫観音山古墳出土品」を常時展示。銅水瓶や金銅製馬具などの副葬品や埴輪群像を鑑賞できる。

埼玉県●さいたま市
埼玉県立歴史と民俗の博物館
さいたまけんりつれきしとみんぞくのはくぶつかん
歴史、民俗、美術工芸を総合的に扱う人文系博物館。日本の運動文化を表す「埼玉武術英名録」などの企画展も開催。

関東

埼玉県●入間市
入間市博物館ALIT
いるましはくぶつかんアリット
地域の歴史・民俗・自然・文化に関する情報を紹介しつつ、狭山茶の産地として国内外の茶文化の多彩な情報を発信。

埼玉県●所沢市
角川武蔵野ミュージアム
かどかわむさしのミュージアム
アート、文学、博物のジャンルを超えた複合施設。角川が運営するポップカルチャー発信拠点「サクラタウン」にある。

千葉県●佐倉市
国立歴史民俗博物館
こくりつれきしみんぞくはくぶつかん
先史・古代から現代までの歴史を6つの展示室で紹介。縄文時代の集落や江戸の町並みなどリアルな再現の展示は必見。

千葉県●千葉市
千葉県立中央博物館
ちばけんりつちゅうおうはくぶつかん
房総の自然と歴史、自然と人間の関係をテーマに常設展示。隣接の生態園では自然を再現し動植物の生態が見られる。

東京都●墨田区
江戸東京博物館
えどとうきょうはくぶつかん
江戸開府以来の約400年を中心に江戸東京の歴史と文化を実物資料や模型で紹介。大規模修繕のため2025年まで休館。

東京都●墨田区
たばこと塩の博物館
たばことしおのはくぶつかん
たばこは歴史や発生と伝播など4つのコーナーがあり、世界の喫煙具なども紹介。塩は日本の塩づくりなど3コーナーで構成。

東京都●大田区
昭和のくらし博物館
しょうわのくらしはくぶつかん
東京郊外にある昭和26年(1951)築の庶民住宅を家財道具ごと保存し丸ごと公開している。昭和の庶民の暮らしから今を探る。

神奈川県●横浜市
神奈川県立歴史博物館
かながわけんりつれきしはくぶつかん
原始/古代・中世・近世・近代・現代/民俗の5つのテーマの常設展で、豊富な収蔵品とともに神奈川県域の歴史を紹介する。

神奈川県●川崎市
川崎市立日本民家園
かわさきしりつにほんみんかえん
東日本の代表的な民家と船頭小屋・高倉・歌舞伎舞台など25件の建物を野外展示。伝統工芸館では藍染め体験もできる。

神奈川県●横浜市
原鉄道模型博物館
はらてつどうもけいはくぶつかん
鉄道模型収集家・原信太郎氏が製作・所蔵した鉄道模型と鉄道関係コレクションを展示。日本をはじめ世界の鉄道が揃う。

エリア別博物館リスト

北陸・甲信越

新潟県●長岡市
新潟県立歴史博物館
にいがたけんりつれきしはくぶつかん
新潟県の歴史･民俗を総合的に紹介する施設で、同時に全国的･世界的視点から縄文文化を広く研究･紹介している。

新潟県●小千谷市
小千谷市錦鯉の里
おぢやしにしきごいのさと
錦鯉発祥の地で名産地である小千谷にあり、錦鯉の歴史や各種資料を展示。鑑賞池では美しい錦鯉を間近に鑑賞できる。

富山県●氷見市
氷見市立博物館
ひみしりつはくぶつかん
氷見地方の歴史や考古･民俗資料を調査･研究し特別展で公開。昭和期のモノクロ写真展では当時の民具も展示。

富山県●高岡市
高岡市万葉歴史館
たかおかしまんようれきしかん
大伴家持（おおとものやかもち）が国守として在任した地ならではの、『万葉集』や「越中万葉」に関する常設展示や企画展を行っている。

石川県●金沢市
鈴木大拙館
すずきだいせつかん
禅文化を海外に広めたことで知られる金沢が生んだ仏教哲学者、鈴木大拙の世界観にふれられる。建築は谷口吉生（たにぐちよしお）の設計。

石川県●金沢市
石川県立歴史博物館
いしかわけんりつれきしはくぶつかん
「いしかわ赤レンガミュージアム」の愛称で親しまれ、古代から近現代までの石川県の歴史や文化を幅広く紹介する。

福井県●鯖江市
めがねミュージアム
国内生産フレームの圧倒的なシェアを誇る産地の歴史を紹介。県内約50社の最新モデルを3000本以上展示販売している。

福井県●福井市
福井県立歴史博物館
ふくいけんりつれきしはくぶつかん
福井ならではの実物資料の展示や昭和40年代の越前の農家の暮らしを再現したコーナーなど、楽しみながら歴史が学べる。

福井県●越前市
越前市越前和紙の里 紙の文化博物館
えちぜんしえちぜんわしのさと かみのぶんかはくぶつかん
越前和紙発祥の伝説や和紙の里の歴史を紹介。越前和紙を使った歴史的作品や美術品なども多数展示している。

山梨県●笛吹市
山梨県立博物館
やまなしけんりつはくぶつかん
甲斐のミュージアムで「かいじあむ」が愛称。「山梨の自然と人」をテーマに原始時代から現代までの歴史をたどる。

山梨県●富士河口湖町
山梨宝石博物館
やまなしほうせきはくぶつかん
世界中から集められた主要宝石を原石、カット石、ジュエリー製品で展示し、それぞれの違いを比較しながら鑑賞できる。

長野県●大町市
市立大町山岳博物館
しりつおおまちさんがくはくぶつかん
山岳専門の博物館で、「北アルプスの自然と人」をテーマに後立山連峰を中心とした自然や登山の歴史などを紹介。

長野県●千曲市
長野県立歴史館
ながのけんりつれきしかん
動くナウマンゾウや縄文人の住居、鎌倉時代の善光寺門前、江戸時代の農家など、臨場感あふれる実物大の展示を交え紹介。

東海

岐阜県●関市
岐阜県博物館
ぎふけんはくぶつかん
岐阜県の自然･人文両分野にわたる展示のほか、県民が主催するマイ･ミュージアムギャラリー展示なども行う総合博物館。

岐阜県●瑞浪市
瑞浪市化石博物館
みずなみしかせきはくぶつかん
瑞浪市周辺で採集された化石を中心に25万点以上もの化石を収蔵し、常設展示室では約3000点の化石を展示している。

岐阜県●岐阜市
岐阜市長良川鵜飼伝承館
ぎふしながらがわうかいでんしょうかん
1300年以上の伝統がある長良川の鵜飼をテーマに参加体験型の展示で鵜飼の歴史や技術、醍醐味などを伝えている。

静岡県●静岡市
静岡市立登呂博物館
しずおかしりつとろはくぶつかん
重要文化財775点を含む登呂遺跡の出土品を中心に展示。弥生体験展示室では弥生人の生活を80%のスケールで再現。

静岡県●静岡市
ふじのくに地球環境史ミュージアム
ふじのくにちきゅうかんきょうしミュージアム
閉校した県立高校を利用。地球環境史をテーマにした展示が中心。解説文が少なく、「思考するミュージアム」がコンセプト。

愛知県●北名古屋市
昭和日常博物館
しょうわにちじょうはくぶつかん
昭和時代に普及した電化製品をはじめ、さまざまな生活用品を展示。懐かしい品々を見る回想法で高齢者ケアにも貢献。

愛知県●名古屋市
名古屋市博物館
なごやしはくぶつかん
名古屋を中心とした尾張地方の歴史を紹介。収集資料は市民からの寄贈品を中心に約2万4000件、27万点以上に上る。

東海

愛知県●瀬戸市
愛知県陶磁美術館
あいちけんとうじびじゅつかん
国内屈指の陶磁専門ミュージアム。3点の重要文化財を含む約8000点の国内外の貴重なコレクションを展示している。

三重県●明和町
斎宮歴史博物館
さいくうれきしはくぶつかん
伊勢神宮に仕えた皇女・斎王とその居所・斎宮の歴史を、文献史料や発掘調査とともに紹介。発掘調査などの映像も上映する。

三重県●津市
三重県総合博物館（MieMu）
みえけんそうごうはくぶつかん（ミエム）
国内の陸上哺乳類では史上最大となる「ミエゾウ」の全身復元骨格をはじめ、三重県の自然と歴史、文化を総合的に紹介。

近畿

滋賀県●草津市
滋賀県立琵琶湖博物館
しがけんりつびわこはくぶつかん
淡水生物の展示では日本最大級の水族展示室や五感で楽しめる「ディスカバリールーム」など、琵琶湖について家族で学べる。

滋賀県●近江八幡市
滋賀県立安土城考古博物館
しがけんりつあづちじょうこうこはくぶつかん
城郭と考古をテーマに、弥生～古墳時代の生活を再現した展示や、安土城や織田信長に関する豊富な史料展示を行う。

滋賀県●長浜市
国友鉄砲ミュージアム
くにともてっぽうミュージアム
火縄銃の歴史や鍛冶の様子などの製造過程を映像やジオラマで学び、実物の火縄銃を手にして感触を確かめることができる。

京都府●京都市
京都文化博物館
きょうとぶんかはくぶつかん
京都の歴史・文化資料や美術工芸、祇園祭の懸装品などを展示するほか、京都ならではの特集上映を行うフィルムシアターも。

京都府●京都市
京都市青少年科学センター
きょうとししょうねんかがくセンター
ティラノサウルスの動く復元模型やプラネタリウムなど体験型展示品が100点以上。実験や工作などのイベントを多数開催。

大阪府●大阪市
大阪市立自然史博物館
おおさかしりつしぜんしはくぶつかん
大阪の自然や地球の生命の歴史や変遷などを解説。ナウマンゾウの復元模型やナガスクジラの骨格標本は迫力がある。

大阪府●堺市
シマノ自転車博物館
シマノじてんしゃはくぶつかん
世界最古級の自転車から最新の自転車まで展示され、19世紀に作られたヨーロッパの自転車（レプリカ）の体験試乗も可能。

兵庫県●姫路市
兵庫県立歴史博物館
ひょうごけんりつれきしはくぶつかん
特別史跡・姫路城跡内に開館。兵庫県内に受け継がれる祭りや江戸時代から現代の子どもの世界について学ぶことができる。

兵庫県●神戸市
阪神淡路大震災記念 人と防災未来センター
はんしんあわじだいしんさいきねん ひととぼうさいみらいセンター
地震発生の瞬間を再現した映像や震災直後の街並みを再現したジオラマなど、災害や防災について学ぶことができる。

兵庫県●姫路市
日本玩具博物館
にほんがんぐはくぶつかん
白壁土蔵造りの6棟に、郷土玩具や近代玩具、ちりめん細工など、世界約160カ国の玩具や人形など約9万点を所蔵。

兵庫県●南あわじ市
淡路人形浄瑠璃資料館
あわじにんぎょうじょうるりしりょうかん
重要無形民俗文化財である淡路人形浄瑠璃の名門「市村六之丞座」の貴重な人形・道具等一式を譲り受け、展示している。

奈良県●明日香村
飛鳥資料館
あすかしりょうかん
飛鳥の宮殿や水落遺跡の水時計、高松塚古墳、キトラ古墳、初期仏教寺院など、考古資料を中心に展示解説している。

和歌山県●海南市
和歌山県立自然博物館
わかやまけんりつしぜんはくぶつかん
大水槽がある水族館と動植物の標本や恐竜の化石のレプリカなどが展示され、和歌山の生き物と自然について楽しく学べる。

和歌山県●和歌山市
和歌山県立紀伊風土記の丘
わかやまけんりつきいふどきのおか
国の特別史跡、岩橋千塚古墳群を公開し、資料館、江戸時代の民家、万葉植物園、復元竪穴住居などを見学できる。

中国・四国

鳥取県●鳥取市
鳥取県立博物館
とっとりけんりつはくぶつかん
鳥取砂丘や大山の生物など自然をはじめ、鳥取の歴史や伝統行事、地元の画家や彫刻家、工芸家などの作品を紹介。

鳥取県●鳥取市
鳥取童謡・おもちゃ館
とっとりどうよう・おもちゃかん
童謡・唱歌にまつわる展示が揃う鳥取県立童謡館と国内外のおもちゃを展示する鳥取市立鳥取世界おもちゃ館からなる。

鳥取県●境港市
海とくらしの史料館
うみとくらしのしりょうかん
巨大なマンボウやリュウグウノツカイ、ホホジロザメなど、魚の剥製約700種・約4000点を収蔵するほか、漁船の実物も展示。

エリア別博物館リスト

中国・四国

岡山県●倉敷市
倉敷市立自然史博物館
くらしきしりつしぜんしはくぶつかん
収蔵資料は100万点を超え、ナウマンゾウの骨格模型や古代の化石から、郷土に生息した動物、昆虫などを中心に紹介。

岡山県●岡山市
岡山県立博物館
おかやまけんりつはくぶつかん
国宝の鎧や国の重要文化財の絵画、刀剣、考古資料など吉備国をはじめとする原始・古代～近世の文化遺産を収蔵する。

岡山県●浅口市
岡山天文博物館
おかやまてんもんはくぶつかん
プラネタリウムや太陽観測室など、身近な宇宙を体験できる。展示室では岡山天体物理観測所の模型などの展示も行っている。

広島県●福山市
広島県立歴史博物館
ひろしまけんりつれきしはくぶつかん
福山城公園内にあり、中世の港町だった草戸千軒町遺跡の出土品やその町並みを実物大に復元し、展示している。

広島県●広島市
広島平和記念資料館
ひろしまへいわきねんしりょうかん
被爆者の遺品や被爆の惨状を示す写真や資料を収集・展示し、被爆前後の広島の歩みや核時代の状況などを紹介。

広島県●三次市
三次もののけミュージアム
みよしもののけミュージアム
江戸時代の三次が舞台となった『稲生物怪録』と妖怪コレクターである湯本豪一コレクションから厳選した資料を展示する。

山口県●萩市
萩博物館
はぎはくぶつかん
萩城下町に位置し、吉田松陰、高杉晋作など幕末維新関連の資料をはじめ、萩の自然や歴史、民俗、文化などの展示が充実。

山口県●下関市
豊田ホタルの里ミュージアム
とよたホタルのさとミュージアム
天然記念物の木屋川沿いにあり、ホタルの生態を実物や映像などで解説。下関市の自然史についても紹介している。

山口県●下関市
下関市立歴史博物館
しものせきしりつれきしはくぶつかん
下関の歴史や文化を中心に長門国鋳銭遺物や長府毛利家遺品、幕末維新期の展示が充実。坂本竜馬の手紙収蔵数は日本一。

徳島県●徳島市
徳島県立鳥居龍蔵記念博物館
とくしまけんりつとりいりゅうぞうきねんはくぶつかん
徳島県出身で明治～昭和にかけて活躍した人類学・考古学・民族学者、鳥居龍蔵の生涯や業績、収集した資料を伝えている。

中国・四国

徳島県●美波町
日和佐うみがめ博物館カレッタ
ひわさうみがめはくぶつかんカレッタ
アカウミガメの産卵地、大浜海岸のすぐそばに位置。ウミガメを中心に約15種類のカメを飼育展示。エサやり体験もできる。

香川県●高松市
瀬戸内海歴史民俗資料館
せとないかいれきしみんぞくしりょうかん
木造船や漁撈用具、生活用具、信仰用具、船大工用具などを展示し、特色ある瀬戸内地域の暮らしや文化への理解が深まる。

香川県●高松市
香川県立ミュージアム
かがわけんりつミュージアム
博物館と美術館を兼ね、香川県の歴史を紹介するほか、猪熊弦一郎やイサム・ノグチなどの香川県ゆかりの作家の作品も展示。

香川県●高松市
四国民家博物館
しこくみんかはくぶつかん
屋島山麓の広大な敷地に四国地方を中心とする伝統的な古民家や歴史的建造物33棟を移築復元した野外博物館。

愛媛県●西予市
愛媛県歴史文化博物館
えひめけんれきしぶんかはくぶつかん
愛媛の歴史をはじめ、祭りや四国遍路など民俗についても紹介。広い館内を生かした実物大復元模型の展示が多い。

愛媛県●新居浜市
愛媛県総合科学博物館
えひめけんそうごうかがくはくぶつかん
自然館、科学技術館、産業館からなり、世界最大級の直径30mのドームスクリーンを持つプラネタリウムがある。

愛媛県●今治市
今治市村上海賊ミュージアム
いまばりしむらかみかいぞくミュージアム
戦国時代に海の大名と呼ばれた村上水軍の資料や能島城跡の出土品などを展示し、海賊の歴史や文化を紹介する。

高知県●高知市
高知県立坂本龍馬記念館
こうちけんりつさかもとりょうまきねんかん
坂本龍馬直筆の手紙など貴重な資料が多く、龍馬の生涯や幕末の歴史について、音声やアニメーションで楽しく学べる。

高知県●高知市
高知県立高知城歴史博物館
こうちけんりつこうちじょうれきしはくぶつかん
国宝や重要文化財を含む約6万7千点の土佐藩や高知ゆかりの歴史資料を収蔵。展望ロビーから望む高知城は必見。

高知県●南国市
高知県立歴史民俗資料館
こうちけんりつれきしみんぞくしりょうかん
戦国武将、長宗我部の居城跡(国史跡・岡豊城跡)に位置し、長宗我部氏の関連資料、土佐の歴史や民俗などを展示する。

九州・沖縄

福岡県●福岡市
福岡市博物館
ふくおかしはくぶつかん
国宝の金印「漢委奴国王」をはじめ、織田信長の刀「圧切長谷部」、黒田節で有名な名鎗「日本号」などの収蔵で名高い。

福岡県●北九州市
北九州市立いのちのたび博物館
きたきゅうしゅうしりついのちのたびはくぶつかん
西日本最大級の規模を誇る自然史・歴史博物館。20体ほどの恐竜の等身大骨格標本が並ぶアースモールは圧巻。

佐賀県●佐賀市
佐賀県立博物館
さがけんりつはくぶつかん
旧佐賀城三の丸跡にあり、佐賀県内から出土した考古学資料や重要民俗資料の有明海漁撈用具などを展示している。

佐賀県●吉野ヶ里町
吉野ヶ里歴史公園
よしのがりれきしこうえん
弥生時代の大規模な環壕集落98棟が復元され、展示室では遺跡から発見された資料を展示。各種体験プログラムも揃う。

長崎県●長崎市
長崎歴史文化博物館
ながさきれきしぶんかはくぶつかん
長崎奉行所の一部が復元展示され、御白洲での裁きの様子を寸劇で再現。海外交流に関する資料は8万1000点に及ぶ。

長崎県●長崎市
長崎原爆資料館
ながさきげんばくしりょうかん
被爆の惨状を示す多くの資料をはじめ、被爆から現在までの長崎の復興の様子や核兵器開発の歴史などを紹介。

熊本県●熊本市
熊本市立熊本博物館
くまもとしりつくまもとはくぶつかん
江津湖や金峰山など自然や熊本の歴史に関する展示のほか、プラネタリウムを併設、熊本城天守閣には分館がある。

熊本県●阿蘇市
阿蘇火山博物館
あそかざんはくぶつかん
阿蘇山の成り立ちやカルデラ、国内外の火山を紹介。火口壁に設置したカメラからは、火口状況をリアルタイムで観察できる。

熊本県●天草市
天草市立天草キリシタン館
あまくさしりつあまくさキリシタンかん
島原・天草一揆で使用された武器や天草四郎陣中旗、キリシタン弾圧期の踏み絵など、約200点の資料が展示されている。

大分県●宇佐市
大分県立歴史博物館
おおいたけんりつれきしはくぶつかん
宇佐神宮や国東半島の六郷満山文化を中心に紹介。国宝の富貴寺大堂や臼杵磨崖仏などの実物大の模型を展示。

大分県●大分市
大分市歴史資料館
おおいたしれきししりょうかん
籠に収められた状態で出土した黒曜石をはじめ、土師器、十二月言葉手鑑、府内古図など民俗資料を展示している。

大分県●日田市
鯛生金山地底博物館
たいおきんざんちていはくぶつかん
かつて東洋一の金産出量を誇った鯛生金山の坑道を再現し、約800mの観光コースで、採掘の様子や歴史を伝えている。

宮崎県●宮崎市
宮崎県総合博物館
みやざきけんそうごうはくぶつかん
宮崎の自然、歴史、民俗などを中心に、照葉樹林のジオラマやティラノサウルスの全身骨格など迫力ある展示が満載。

宮崎県●高千穂町
高千穂町歴史民俗資料館
たかちほちょうれきしみんぞくしりょうかん
高千穂に残る神話・伝説の史跡や古代遺跡、古文書などの文化遺産をはじめ、夜神楽の神面や紙飾りなども展示。

鹿児島県●鹿児島市
鹿児島県立博物館
かごしまけんりつはくぶつかん
鹿児島の自然や桜島の噴火の資料を中心に、恐竜の化石展示やプラネタリウムの上映もある自然史系が充実した博物館。

鹿児島県●屋久島町
屋久島町屋久杉自然館
やくしまちょうやくすぎしぜんかん
屋久杉をはじめ、屋久島の植物や森林の成り立ち、森と人々の生活の歴史などをジオラマやCGを使って解説している。

沖縄県●那覇市
沖縄県立博物館・美術館
おきなわけんりつはくぶつかん・びじゅつかん
琉球・沖縄の自然・歴史・文化を知る常設展示とゆかりの作家による近現代美術のコレクションが中心。収蔵数は県内最多。

沖縄県●糸満市
ひめゆり平和祈念資料館
ひめゆりへいわきねんしりょうかん
沖縄戦に看護要員として動員され亡くなったひめゆり学徒227名の遺影や遺品、生存者の証言映像や手記などを展示。

沖縄県●読谷村
ユンタンザミュージアム
世界遺産の座喜味城跡や読谷の自然・文化遺産を中心に展示し、亀甲墓や自然壕(ガマ)のジオラマなどもある。

沖縄県●宮古島市
宮古島市総合博物館
みやこじましそうごうはくぶつかん
宮古の自然・歴史・民俗・文化を紹介。伝統芸能や行事、宮古島の成り立ち、織物・焼物など、島の風土と歴史にふれられる。

博物館マップ

北海道

北海道立オホーツク流氷科学センターP.136
博物館 網走監獄 P.198
P.271 小樽市総合博物館 本館
サッポロビール博物館 P.216
P.66 ニッカウヰスキー余市蒸留所
北海道博物館 P.334
P.330 札幌オリンピックミュージアム
北海道開拓の村 P.182
P.158 北海道大学総合博物館
平取町立二風谷アイヌ文化博物館 P.96
P.92 ウポポイ(民俗共生象徴空間)
レ・コード館 P.333
開陽丸記念館 P.334
市立函館博物館 P.334

青函トンネル記念館 P.334
P.272 青函連絡船メモリアルシップ八甲田丸
八甲田山雪中行軍遭難資料館 P.334
P.316 立佞武多の館
P.107 三内丸山遺跡・縄文時遊館
青森県
久慈琥珀博物館 P.334
P.315 なまはげ館
秋田県
岩手県
P.334 秋田県立博物館
岩手県立博物館 P.334
P.334 秋田市立赤れんが郷土館
遠野市立博物館 P.334
P.334 白瀬南極探検隊記念館
奥州市牛の博物館 P.290
シャークミュージアム P.334
P.334 出羽三山歴史博物館
日本こけし館 P.249
P.334 致道博物館
山形県
宮城県
P.334 河北町紅花資料館
鹽竈神社博物館 P.334
P.203 天童市将棋資料館
東北歴史博物館 P.334
地底の森ミュージアム P.107
南相馬市博物館 P.334
福島県立博物館 P.334
東日本大震災・原子力災害伝承館 P.334
福島県

板橋区
足立区
北区
紙の博物館 P.248
練馬区
観蔵院 曼荼羅美術館
P.314
荒川区
東京大学総合研究
博物館 P.160
P.196 東洋文庫ミュージアム
P.104 古代オリエント博物館
P.326 豊島区立トキワ荘
マンガミュージアム
豊島区
東京国立博物館 P.8
国立科学博物館
地球館 P.118
文京区
中野区
P.273 東京都水道歴史館
P.196 印刷博物館
国立科学博物館
日本館 P.132
台東区
墨田区
たばこと塩の
博物館 P.335
杉並区
P.156 明治大学博物館
P.308 半蔵門ミュージアム
千代田区
江戸東京
博物館 P.335
新宿区
P.197 文化学園服飾博物館
P.196 昭和館
刀剣博物館
P.244
江東区
P.329 日本オリンピックミュージアム
中央区
世界のカバン博物館
P.246
渋谷区
P.332 NHK放送
博物館
Daiichi Sankyo P.197
くすりミュージアム
P.102 古代エジプト美術館
港区
P.152 JPタワー学術文化総合ミュージアム
インターメディアテク
がすてなーに
ガスの科学館
P.266
東京農大学
「食と農」の博物館
P.150
P.318 アドミュージアム東京
セイコーミュージアム
P.44 銀座
世田谷区
目黒区
国立映画アーカイブ
P.332
駒澤大学
禅文化歴史博物館
P.154
P.208 目黒寄生虫館
品川区
日本科学未来館
P.122
P.240 ニコンミュージアム
船の科学館 P.272
P.335 昭和のくらし博物館
大田区
東京拡大図
フォッサマグナ ミュージアム
P.138
野尻湖ナウマンゾウ博物館
P.80
P.221 戸隠そば博物館
とんくるりん
P.336 長野県立歴史館
P.336 市立大町
山岳博物館
長野県
松本市時計博物館
P.242
P.82 茅野市尖石縄文考古館
P.250 印傳博物館
P.84 山梨県立考古博物館
P.336 山梨県立博物館
山梨県
名古屋拡大図
博物館 明治村 P.184
P.336 昭和日常博物館
愛知県陶磁美術館 P.337
左下図
P.336 ふじのくに地球環境史ミュージアム
愛知県
P.336 静岡市立登呂博物館
P.270 リニア・鉄道館
有松・鳴海絞会館 P.249
P.38 INAX ライブ
ミュージアム
ミツカンミュージアム P.228
P.239 浜松市楽器博物館
P.60 資生堂 企業資料館
P.214 ふじのくに茶の都ミュージアム
守山区
トヨタ産業技術記念館 P.52
西区
北区
徳川美術館 P.174
P.56
ノリタケの森
ノリタケ
ミュージアム
東区
千種区
中村区
名古屋市
中区
でんきの科学館 P.273
名古屋市科学館 P.124
昭和区
中川区
P.336 名古屋市博物館
天白区
熱田区
瑞穂区

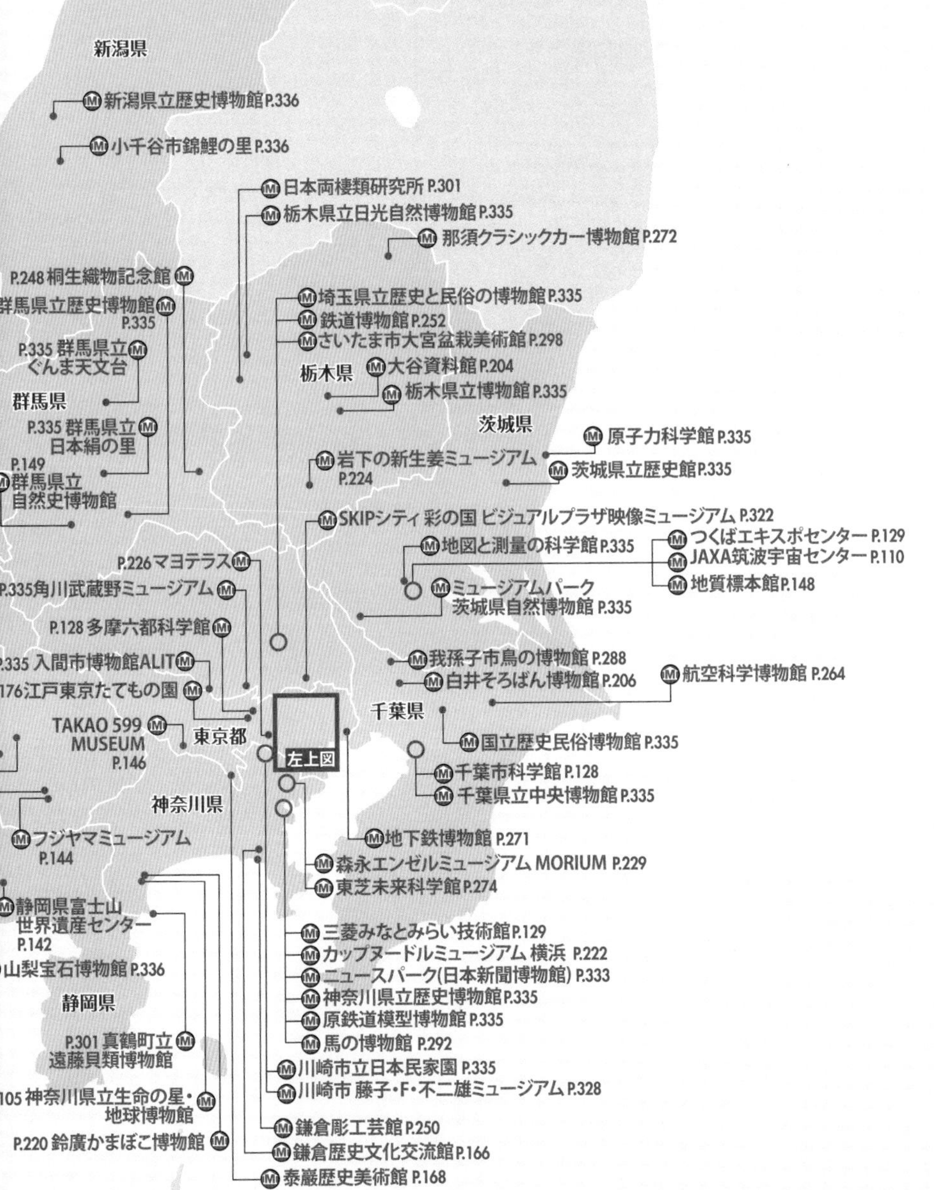
新潟県
新潟県立歴史博物館 P.336
小千谷市錦鯉の里 P.336
日本両棲類研究所 P.301
栃木県立日光自然博物館 P.335
那須クラシックカー博物館 P.272
P.248 桐生織物記念館
群馬県立歴史博物館 P.335
P.335 群馬県立ぐんま天文台
群馬県
P.335 群馬県立日本絹の里
P.149 群馬県立自然史博物館
埼玉県立歴史と民俗の博物館 P.335
鉄道博物館 P.252
さいたま市大宮盆栽美術館 P.298
栃木県
大谷資料館 P.204
栃木県立博物館 P.335
茨城県
原子力科学館 P.335
茨城県立歴史館 P.335
岩下の新生姜ミュージアム P.224
SKIPシティ 彩の国 ビジュアルプラザ映像ミュージアム P.322
地図と測量の科学館 P.335
つくばエキスポセンター P.129
JAXA筑波宇宙センター P.110
地質標本館 P.148
ミュージアムパーク 茨城県自然博物館 P.335
P.226 マヨテラス
P.335 角川武蔵野ミュージアム
P.128 多摩六都科学館
P.335 入間市博物館ALIT
176 江戸東京たてもの園
我孫子市鳥の博物館 P.288
白井そろばん博物館 P.206
航空科学博物館 P.264
千葉県
TAKAO 599 MUSEUM P.146
東京都
左上図
国立歴史民俗博物館 P.335
千葉市科学館 P.128
千葉県立中央博物館 P.335
神奈川県
フジヤマミュージアム P.144
地下鉄博物館 P.271
森永エンゼルミュージアム MORIUM P.229
東芝未来科学館 P.274
静岡県富士山世界遺産センター P.142
山梨宝石博物館 P.336
静岡県
三菱みなとみらい技術館 P.129
カップヌードルミュージアム 横浜 P.222
ニュースパーク(日本新聞博物館) P.333
神奈川県立歴史博物館 P.335
原鉄道模型博物館 P.335
馬の博物館 P.292
P.301 真鶴町立遠藤貝類博物館
川崎市立日本民家園 P.335
川崎市 藤子・F・不二雄ミュージアム P.328
105 神奈川県立生命の星・地球博物館
鎌倉彫工芸館 P.250
P.220 鈴廣かまぼこ博物館
鎌倉歴史文化交流館 P.166
泰巖歴史美術館 P.168

北区
右京区
京都市
上京区
左京区
京菓子資料館 P.219
京都国際マンガミュージアム P.324
佛教大学宗教文化ミュージアム P.160
京都文化博物館P.337
中京区
京の食文化ミュージアム・あじわい館 P.218
漢検 漢字博物館・図書館 漢字ミュージアム P.207
下京区
東山区
山科区
P.256 京都鉄道博物館
西京区
南区
京都国立博物館 P.28
京都市青少年科学センター P.337
日向市
伏見区
長岡京市
月桂冠大倉記念館 P.210
宇治市
八幡市
P.164 宇治市源氏物語ミュージアム
久御山町
京都拡大図
鳥取二十世紀梨記念館 なしっこ館 P.220
海とくらしの資料館 P.337
P.306 島根県立古代出雲歴史博物館
鳥取県
島根県
岡山県
三次もののけミュージアム P.338
P.338 倉敷市立自然史博物館
岡山天文博物館 P.338
土井ヶ浜遺跡・人類学ミュージアム P.86
広島県
P.300カブトガニ博物館
萩博物館 P.338
P.338広島県立歴史博物館
P.332 おのみち映画資料館
P.338 豊田ホタルの里ミュージアム
P.338 広島平和記念資料館
P.338 岡山県立博物館
山口県
呉市海事歴史科学館 P.271
山口県立山口博物館 P.149
下関市立歴史博物館 P.338
下関市立考古博物館 P.106

輪島キリコ会館 P.316
P.238 石川県輪島漆芸美術館
氷見市立博物館 P.336
高岡市万葉歴史館 P.336
石川県
P.148
魚津埋没林博物館
P.114 宇宙科学博物館コスモアイル羽咋
P.243 柳宗理記念デザイン研究所
富山県
P.336 鈴木大拙館
P.336 石川県立歴史博物館
P.234 国立工芸館
ほたるいか
ミュージアム P.286
立山博物館 P.312
P.258 日本自動車博物館
P.310 千光寺円空仏寺宝館
P.336 福井県立歴史博物館
P.315 飛騨高山まつりの森
ミュージアム
岐阜県
P.336 めがねミュージアム
越前市越前和紙の里
紙の文化博物館
P.336
鳥取童謡・
おもちゃ館 P.337
鳥取県立博物館 P.337
岐阜かかみがはら
航空宇宙博物館 P.262
P.287 越前がにミュージアム
福井県
岐阜関刃物会館
関の刃物直売所 P.245
P.336 岐阜市長良川鵜飼伝承館
P.276 名和昆虫博物館
岐阜県博物館 P.336
P.140 年縞博物館
中津川市鉱物博物館
P.149
P.172 岐阜関ヶ原古戦場記念館
玄武洞ミュージアム
P.78
P.337 国友鉄砲ミュージアム
瑞浪市化石博物館
P.336
兵庫県
日本の鬼の交流博物館 P.200
海洋堂フィギュアミュージアム黒壁 龍遊館 P.227
P.98 国立民族学博物館
京都府
P.337
滋賀県立
琵琶湖博物館
長浜鉄道スクエア P.270
兵庫県立歴史博物館 P.337
多治見市モザイクタイル
ミュージアム P.236
揖保乃糸資料館 そうめんの里 P.221
滋賀県立安土城
考古博物館 P.337
日本玩具博物館 P.337
左上図
滋賀県
栗東歴史民俗博物館 P.108
グリコピア神戸 P.230
滋賀サファリ博物館 P.300
大阪市立科学館
P.129
伊賀流忍者博物館 P.202
P.88 兵庫県立
考古博物館
大阪府
三重県総合博物館（MieMu）P.337
P.22
奈良国立博物館
P.126
明石市立天文科学館
NARA KINGYO MUSEUM P.280
斎宮歴史博物館 P.337
P.265 神戸海洋博物館
シマノ自転車博物館 P.337
三重県
奈良県
P.337 阪神淡路大震災記念人と
防災未来センター
飛鳥資料館 P.337
ミキモト真珠島 P.48
奈良県立万葉文化館 P.162
鳥羽市立 海の博物館 P.192
竹中大工道具館
P.194
P.337
淡路人形
浄瑠璃資料館
式年遷宮記念 せんぐう館 P.304
奈良県立橿原考古学研究所附属博物館
P.107
大阪府立近つ飛鳥博物館 P.90
P.337
和歌山県立紀伊風土記の丘
大阪市立自然史博物館 P.337
P.337 和歌山県立自然博物館
大阪歴史博物館 P.130
P.302 南方熊楠顕彰館
和歌山県
P.302 南方熊楠記念館
太地町立くじらの博物館 P.284

P.333 北九州市漫画ミュージアム
門司電気通信レトロ館 P.268
P.339 北九州市立いのちのたび博物館
P.37 九州国立博物館
P.220 博多の食と文化の博物館ハクハク
九州鉄道記念館 P.270
P.339 福岡市博物館
福岡県
P.106 伊都国歴史博物館
大分県立歴史博物館 P.339
P.339 吉野ヶ里歴史公園
大分県
P.339 佐賀県立博物館
P.339 鯛生金山 地底博物館
P.232 佐賀県立九州陶磁文化館
佐賀県
大分香りの博物館 P.197
P.128 佐賀県立宇宙科学館「ゆめぎんが」
大分市歴史資料館 P.339
熊本県立 装飾古墳館 P.85
岩下コレクション 世界のモーターサイクル歴史館 P.273
P.339 長崎原爆資料館
長崎県
阿蘇火山博物館 P.339
P.339 長崎歴史文化博物館
熊本市立熊本博物館 P.339
P.72 長崎市恐竜博物館
高千穂町 歴史民俗資料館 P.339
御船町恐竜博物館 P.105
P.339 天草市立天草キリシタン館
熊本県
P.106 宮崎県立西都原考古博物館
宮崎県
宮崎県総合博物館 P.339
鹿児島県
鹿児島県立博物館 P.339
P.339 屋久島町屋久杉自然館

P.338 瀬戸内海歴史民俗資料館
香川県立ミュージアム P.338
今治市村上
海賊ミュージアム P.338
四国民家博物館 P.338
香川県
愛媛県総合科学博物館 P.338
徳島県立鳥居龍蔵記念博物館
P.338
徳島県
P.294 牧野富太郎記念館
高知県
日和佐うみがめ博物館カレッタ P.338
愛媛県
高知県立歴史民俗資料館 P.338
P.338 高知県立高知城歴史博物館
高知県立坂本龍馬記念館 P.338
愛媛県歴史文化博物館 P.338

鹿児島県
海洋文化館 P.190
沖縄県
ユンタンザミュージアム P.339
沖縄県立博物館・美術館 P.339
ひめゆり平和祈念資料館 P.339
宮古島市総合博物館 P.339

索引

あ 愛知県陶磁美術館 …… 337
明石市立天文科学館 …… 126
秋田県立博物館 …… 334
秋田市立赤れんが郷土館 …… 334
飛鳥資料館 …… 337
阿蘇火山博物館 …… 339
アドミュージアム東京 …… 318
我孫子市鳥の博物館 …… 288
天草市立天草キリシタン館 …… 339
有松・鳴海絞会館 …… 249
淡路人形浄瑠璃資料館 …… 337
い 伊賀流忍者博物館 …… 202
石川県立歴史博物館 …… 336
石川県輪島漆芸美術館 …… 238
伊都国歴史博物館 …… 106
INAX ライブミュージアム …… 38
茨城県立歴史館 …… 335
揖保乃糸資料館 そうめんの里 …… 221
今治市村上海賊ミュージアム …… 338
入間市博物館ALIT …… 335
岩下コレクション 世界のモーターサイクル歴史館 …… 224
岩下の新生姜ミュージアム …… 224
岩手県立博物館 …… 334
印刷博物館 …… 196
印傳博物館 …… 250
う 魚津埋没林博物館 …… 148
宇治市源氏物語ミュージアム …… 164
宇宙科学博物館コスモアイル羽咋 …… 114
ウポポイ(民族共生象徴区間) …… 92
馬の博物館 …… 292
海とくらしの史料館 …… 337
え 越前がにミュージアム …… 287
越前市越前和紙の里 紙の文化博物館 …… 336
江戸東京たてもの園 …… 176
江戸東京博物館 …… 335
NHK放送博物館 …… 332
愛媛県総合科学博物館 …… 338
愛媛県歴史文化博物館 …… 338
お 奥州市 牛の博物館 …… 290
大分香りの博物館 …… 197
大分県立歴史博物館 …… 339
大分市歴史資料館 …… 339
大阪市立科学館 …… 129
大阪市立自然史博物館 …… 337
大阪府立近つ飛鳥博物館 …… 90
大阪歴史博物館 …… 130
大谷資料館 …… 204
岡山県立博物館 …… 338
岡山天文博物館 …… 338
沖縄県立博物館・美術館 …… 339
小樽市総合博物館 本館 …… 271
小千谷市錦鯉の里 …… 336
おのみち映画資料館 …… 332
か 海洋堂フィギュアミュージアム黒壁 龍遊館 …… 227
海洋文化館 …… 190
開陽丸記念館 …… 334
香川県立ミュージアム …… 338
鹿児島県立博物館 …… 339
がすてなーに ガスの科学館 …… 266
カップヌードルミュージアム 横浜 …… 222
角川武蔵野ミュージアム …… 335
神奈川県立生命の星・地球博物館 …… 105
神奈川県立歴史博物館 …… 335
カブトガニ博物館 …… 300
河北町紅花資料館 …… 334
鎌倉彫工芸館 …… 250
鎌倉歴史文化交流館 …… 166
紙の博物館 …… 248
川崎市 藤子・F・不二雄ミュージアム …… 328
川崎市立日本民家園 …… 335
漢検 漢字博物館・図書館 漢字ミュージアム …… 207
観蔵院 曼荼羅美術館 …… 314
き 北九州市漫画ミュージアム …… 333
北九州市立いのちのたび博物館 …… 339
岐阜かかみがはら航空宇宙博物館 …… 262

岐阜県博物館 …… 336
岐阜市長良川鵜飼伝承館 …… 336
岐阜関ケ原古戦場記念館 …… 172
岐阜関刃物会館 関の刃物直売所 …… 245
九州国立博物館 …… 37
九州鉄道記念館 …… 270
京菓子資料館 …… 219
京都国際マンガミュージアム …… 324
京都国立博物館 …… 28
京都市青少年科学センター …… 337
京都鉄道博物館 …… 256
京都文化博物館 …… 337
京の食文化ミュージアム・あじわい館 …… 218
桐生織物記念館 …… 248
く 久慈琥珀博物館 …… 334
国友鉄砲ミュージアム …… 337
熊本県立装飾古墳館 …… 85
熊本市立熊本博物館 …… 339
倉敷市立自然史博物館 …… 338
グリコピア神戸 …… 230
呉市海事歴史科学館 …… 271
群馬県立ぐんま天文台 …… 335
群馬県立自然史博物館 …… 149
群馬県立日本絹の里 …… 335
群馬県立歴史博物館 …… 335
け 月桂冠大倉記念館 …… 210
原子力科学館 …… 335
玄武洞ミュージアム …… 78
こ 航空科学博物館 …… 264
高知県立高知城歴史博物館 …… 338
高知県立坂本龍馬記念館 …… 338
高知県立歴史民俗資料館 …… 338
神戸海洋博物館 …… 265
国立映画アーカイブ …… 332
国立科学博物館 地球館 …… 118
国立科学博物館 日本館 …… 132
国立工芸館 …… 234
国立民族学博物館 …… 98
国立歴史民俗博物館 …… 335
古代エジプト美術館 …… 102
古代オリエント博物館 …… 104
駒澤大学禅文化歴史博物館 …… 154
さ 斎宮歴史博物館 …… 337
さいたま市大宮盆栽美術館 …… 298
埼玉県立歴史と民俗の博物館 …… 335
佐賀県立宇宙科学館「ゆめぎんが」 …… 128
佐賀県立九州陶磁文化館 …… 232
佐賀県立博物館 …… 339
札幌オリンピックミュージアム …… 330
サッポロビール博物館 …… 216
三内丸山遺跡・縄文時遊館 …… 107
し JPタワー学術文化総合ミュージアム
インターメディアテク …… 152
鹽竈神社博物館 …… 334
滋賀県立安土城考古博物館 …… 337
滋賀県立琵琶湖博物館 …… 337
滋賀サファリ博物館 …… 300
式年遷宮記念 せんぐう館 …… 304
四国民家博物館 …… 338
静岡県富士山世界遺産センター …… 142
静岡市立登呂博物館 …… 336
資生堂 企業資料館 …… 60
島根県立古代出雲歴史博物館 …… 306
シマノ自転車博物館 …… 337
下関市立考古博物館 …… 106
下関市立歴史博物館 …… 338
シャークミュージアム …… 334
JAXA 筑波宇宙センター …… 110
昭和館 …… 196
昭和日常博物館 …… 336
昭和のくらし博物館 …… 335
白瀬南極探検隊記念館 …… 334
市立大町山岳博物館 …… 336
市立函館博物館 …… 334
白井そろばん博物館 …… 206
す SKIPシティ 彩の国ビジュアルプラザ
映像ミュージアム …… 322
鈴木大拙館 …… 336
鈴廣かまぼこ博物館 …… 220
せ 青函トンネル記念館 …… 334

青函連絡船メモリアルシップ八甲田丸……272
セイコーミュージアム 銀座……44
世界のカバン博物館……246
瀬戸内海歴史民俗資料館……338
千光寺円空仏寺宝館……310
た Daiichi Sankyo くすりミュージアム……197
鯛生金山地底博物館……339
泰巖歴史美術館……168
太地町立くじらの博物館……284
高岡市万葉歴史館……336
TAKAO 599 MUSEUM……146
高千穂町歴史民俗資料館……339
竹中大工道具館……194
多治見市モザイクタイルミュージアム……236
立佞武多の館……316
立山博物館……312
たばこと塩の博物館……335
多摩六都科学館……128
ち 地下鉄博物館……271
地質標本館……148
地図と測量の科学館……335
地底の森ミュージアム……107
致道博物館……334
茅野市尖石縄文考古館……82
千葉県立中央博物館……335
千葉市科学館……128
つ つくばエキスポセンター……129
て 鉄道博物館……252
出羽三山歴史博物館……334
でんきの科学館……273
天童市将棋資料館……203
と 土井ヶ浜遺跡・人類学ミュージアム……86
東京国立博物館……8
東京大学総合研究博物館……160
東京都水道歴史館……273
東京農業大学「食と農」の博物館……150
刀剣博物館……244
東芝未来科学館……274
東北歴史博物館……334
東洋文庫ミュージアム……196
遠野市立博物館……334
戸隠そば博物館とんくるりん……221
徳川美術館……174
徳島県立鳥居龍蔵記念博物館……338
豊島区立トキワ荘マンガミュージアム……326
栃木県立日光自然博物館……335
栃木県立博物館……335
鳥取県立博物館……337
鳥取童謡・おもちゃ館……337
鳥取二十世紀梨記念館 なしっこ館……220
鳥羽市立海の博物館……192
トヨタ産業技術記念館……52
豊田ホタルの里ミュージアム……338
な 長崎原爆資料館……339
長崎市恐竜博物館……72
長崎歴史文化博物館……339
中津川市鉱物博物館……149
長野県立歴史館……336
長浜鉄道スクエア……270
名古屋市科学館……124
名古屋市博物館……336
那須クラシックカー博物館……272
なまはげ館……315
NARA KINGYO MUSEUM
奈良金魚ミュージアム……280
奈良県立橿原考古学研究所附属博物館……107
奈良県立万葉文化館……162
奈良国立博物館……22
名和昆虫博物館……276
に 新潟県立歴史博物館……336
ニコンミュージアム……240
ニッカウヰスキー余市蒸留所……66
日本オリンピックミュージアム……329
日本科学未来館……122
日本玩具博物館……337
日本こけし館……249
日本自動車博物館……258
日本の鬼の交流博物館……200
日本両棲類研究所……301
ニュースパーク(日本新聞博物館)……333

ね 年縞博物館 …… 140
の 野尻湖ナウマンゾウ博物館 …… 80
ノリタケの森 ノリタケミュージアム …… 56
は 博多の食と文化の博物館ハクハク …… 220
萩博物館 …… 338
博物館 網走監獄 …… 198
博物館 明治村 …… 184
八甲田山雪中行軍遭難資料館 …… 334
浜松市楽器博物館 …… 239
原鉄道模型博物館 …… 335
阪神淡路大震災記念 人と防災未来センター …… 337
半蔵門ミュージアム …… 308
ひ 東日本大震災·原子力災害伝承館 …… 334
氷見市立博物館 …… 336
飛騨高山まつりの森ミュージアム …… 315
ひめゆり平和祈念資料館 …… 339
兵庫県立考古博物館 …… 88
兵庫県立歴史博物館 …… 337
平取町立二風谷アイヌ文化博物館 …… 96
広島県立歴史博物館 …… 338
広島平和記念資料館 …… 338
日和佐うみがめ博物館カレッタ …… 338
ふ フォッサマグナミュージアム …… 138
福井県立歴史博物館 …… 336
福岡市博物館 …… 339
福島県立博物館 …… 334
ふじのくに地球環境史ミュージアム …… 336
ふじのくに茶の都ミュージアム …… 214
フジヤマミュージアム …… 144
佛教大学宗教文化ミュージアム …… 160
船の科学館 …… 272
文化学園服飾博物館 …… 197
ほ ほたるいかミュージアム …… 286
北海道開拓の村 …… 182
北海道大学総合博物館 …… 158
北海道博物館 …… 334
北海道立オホーツク流氷科学センター …… 136
ま 牧野富太郎記念館 …… 294
松本市時計博物館 …… 242
真鶴町立遠藤貝類博物館 …… 301
マヨテラス …… 226
マルキン醤油記念館 …… 221
み 三重県総合博物館(MieMu) …… 337
ミキモト真珠島 …… 48
瑞浪市化石博物館 …… 336
ミツカンミュージアム …… 228
三菱みなとみらい技術館 …… 129
南方熊楠記念館 …… 302
南方熊楠顕彰館 …… 302
南相馬市博物館 …… 334
御船町恐竜博物館 …… 105
宮古島市総合博物館 …… 339
宮崎県総合博物館 …… 339
宮崎県立西都原考古博物館 …… 106
ミュージアムパーク茨城県自然博物館 …… 335
三次もののけミュージアム …… 338
め 明治大学博物館 …… 156
めがねミュージアム …… 336
目黒寄生虫館 …… 208
も 門司電気通信レトロ館 …… 268
森永エンゼルミュージアムMORIUM …… 229
屋久島町屋久杉自然館 …… 339
柳宗理記念デザイン研究所 …… 243
山口県立山口博物館 …… 149
山梨県立考古博物館 …… 84
山梨県立博物館 …… 336
山梨宝石博物館 …… 336
ゆ ユンタンザミュージアム …… 339
よ 吉野ヶ里歴史公園 …… 339
り 栗東歴史民俗博物館 …… 108
リニア·鉄道館 …… 270
れ レ·コード館 …… 333
わ 和歌山県立紀伊風土記の丘 …… 337
和歌山県立自然博物館 …… 337
輪島キリコ会館 …… 316

STAFF

編集制作 Editors
(株)K&Bパブリッシャーズ

取材・執筆 Writers
好地理恵　篠原史紀(地球デザイン)
松島頼子　ノイエ房　片野優
メニィデイズ(間々田正行／熊本真理子)
成沢拓司　堀井美智子
海川俊世　水野智恵

本文・表紙デザイン Cover & Editorial Design
(株)K&Bパブリッシャーズ
rudy69

表紙写真 Cover Photo
フォッサマグナミュージアム

地図制作 Maps
トラベラ・ドットネット(株)
山本眞奈美(DIG.Factory)
石井正弥

写真協力 Photographs
関係諸施設
関係各市町村観光課・観光協会
PIXTA

総合プロデューサー Total Producer
河村季里

TAC出版担当 Producer
君塚太

TAC出版海外版権担当 Copyright Export
野崎博和

エグゼクティブ・プロデューサー
Executive Producer
猪野樹

旅コンテンツ完全セレクション
心躍る 博物館

2023年4月22日　初版　第1刷発行

著　　者　TAC出版編集部
発 行 者　多 田 敏 男
発 行 所　TAC株式会社　出版事業部
(TAC出版)

〒101-8383 東京都千代田区神田三崎町3-2-18
電話　03(5276)9492(営業)
FAX　03(5276)9674
https://shuppan.tac-school.co.jp

印　　刷　株式会社　光邦
製　　本　東京美術紙工協業組合

ISBN978-4-300-10564-1
N.D.C.291

本書に掲載した地図の作成に当たっては,国土地理院発行の数値地図(国土基本情報)電子国土基本図(地図情報),数値地図(国土基本情報)電子国土基本図(地名情報)及び数値地図(国土基本情報20万)を調整しました。